たまひよ新基本シリーズ

初めての育児

最新版

日本赤十字社医療センター
周産母子・小児センター 元センター長
監修 川上 義 先生

0～1才 赤ちゃんの成長

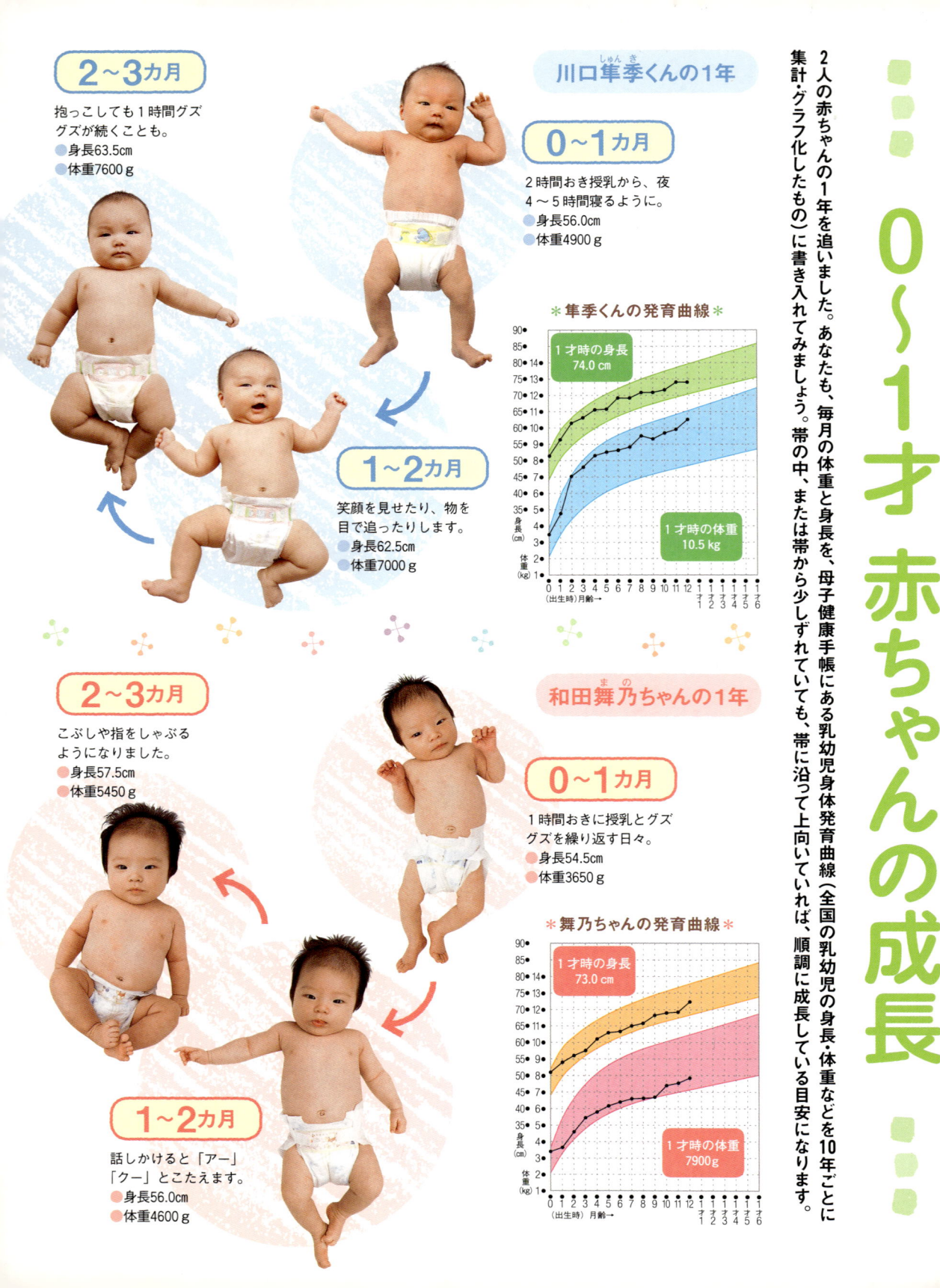

2人の赤ちゃんの1年を追いました。あなたも、毎月の体重と身長を、母子健康手帳にある乳幼児身体発育曲線（全国の乳幼児の身長・体重などを10年ごとに集計・グラフ化したもの）に書き入れてみましょう。帯の中、または帯から少しずれていても、帯に沿って上向いていれば、順調に成長している目安になります。

川口隼《しゅん》季《き》くんの1年

0～1カ月

2時間おき授乳から、夜4～5時間寝るように。
- 身長56.0cm
- 体重4900ｇ

1～2カ月

笑顔を見せたり、物を目で追ったりします。
- 身長62.5cm
- 体重7000ｇ

2～3カ月

抱っこしても1時間グズグズが続くことも。
- 身長63.5cm
- 体重7600ｇ

＊隼季くんの発育曲線＊

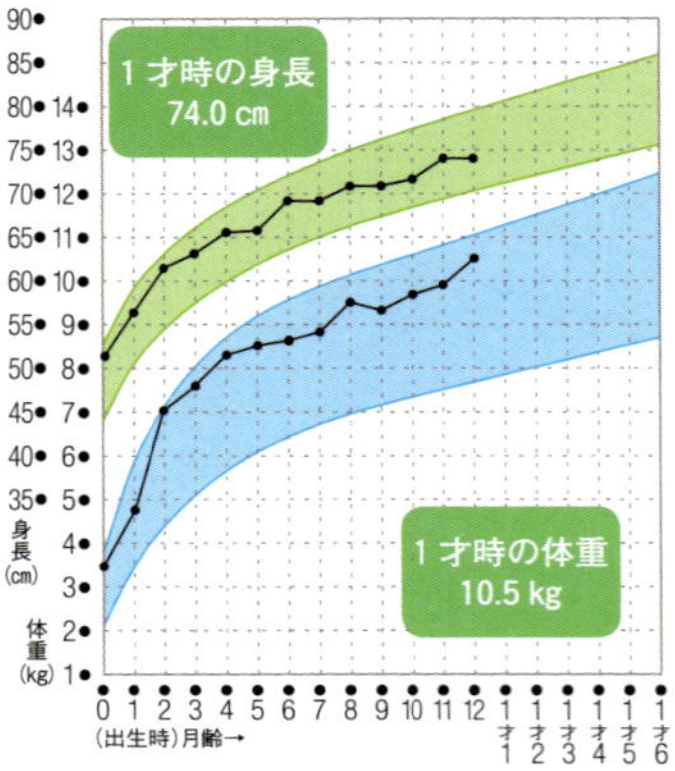

和田舞《ま》乃《の》ちゃんの1年

0～1カ月

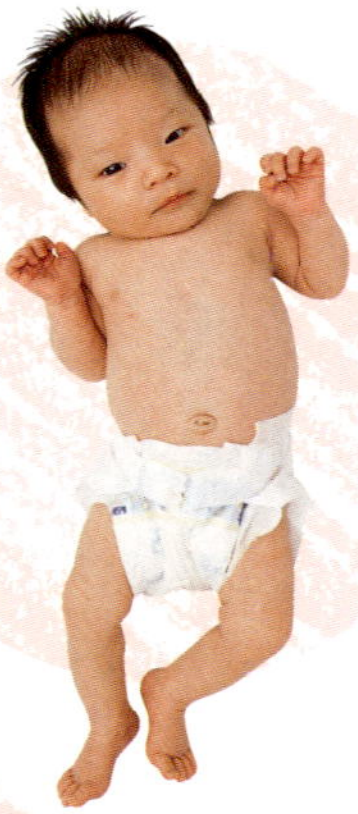

1時間おきに授乳とグズグズを繰り返す日々。
- 身長54.5cm
- 体重3650ｇ

1～2カ月

話しかけると「アー」「クー」とこたえます。
- 身長56.0cm
- 体重4600ｇ

2～3カ月

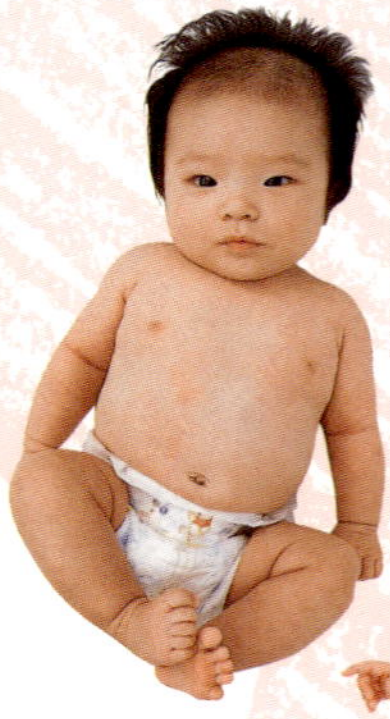

こぶしや指をしゃぶるようになりました。
- 身長57.5cm
- 体重5450ｇ

＊舞乃ちゃんの発育曲線＊

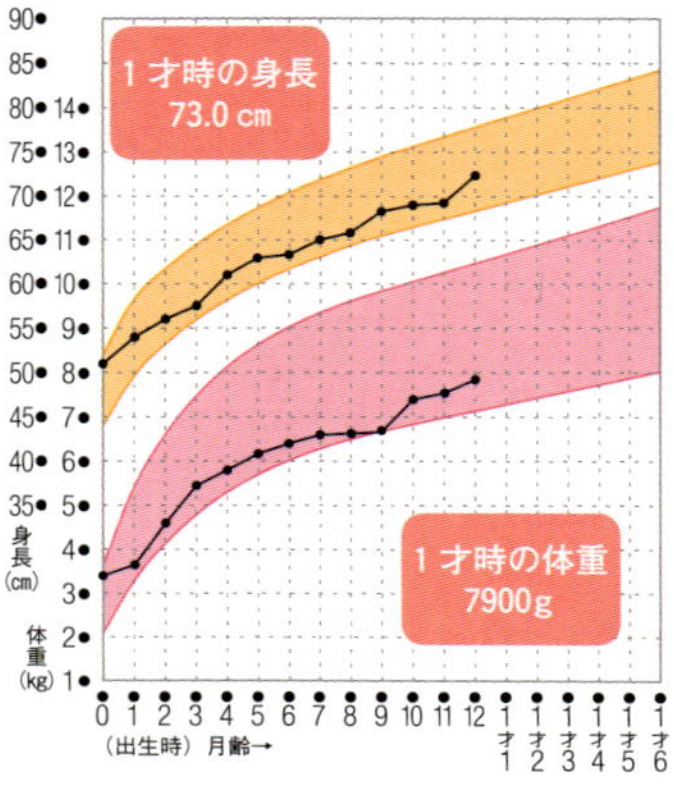

発達 早わかり表

赤ちゃんの体と心がどのように成長していくか、目安を表にまとめました。
中面と併せて参考にしてください。

9カ月　10カ月　11カ月　1才　1才1カ月　1才2カ月　1才3カ月　1才4カ月　1才5カ月　1才6カ月

はいはいをする

つかまり立ちをする

1人で立つ

1人で歩く

親指とほかの指でつまむ

積み木を打ち合わせる

指先でボタンを押す

積み木を積む

繰り返す

言葉や動作の意味を理解し始める

「マンマンマ」など意味のない言葉を発する

大人のまねが上手になる

「パパ」「ママ」など意味のある言葉を1つ言う

自己主張がはっきりしてくる

ころ

パが隠した
なります

げたり
らして

はいはい・立っちのころ

「隠れたのはど～こだ?」
おもちゃの上にハンカチを置いて隠したり、ママやパパ自身がソファの後ろに隠れたりして「ど～こだ?」

「まねっこ遊び」
一緒に拍手したり、ばんざいと手をあげたり、ママやパパのまねをできたら、ほめてあげて

あんよのころ

「お散歩たっぷり」
広くて安全な場所を歩いたり、遊具で遊んだり、親子で外遊びを楽しみましょう

「はい」「どうぞ」
言葉を添えて、物を受けわたすなどやりとり遊びを楽しみましょう

※「デンバー発達判定法」(日本小児保健協会)を参考に、編集部が作成し、「ひよこクラブ」別冊付録に掲載されたものを基にしています。
帯は多くの赤ちゃんができるようになる時期を表していますが、あくまでも目安です。

8～9カ月

「アー」「ワーワー」と
大人の声まねをします。

- 身長71.5cm
- 体重9300ｇ

9～10カ月

「いないいないばあ」を
すると満面の笑みに。

- 身長72.0cm
- 体重9700ｇ

10～11カ月

初めての立っち。すぐ足
が２歩前に出ました。

- 身長74.0cm
- 体重9900ｇ

11～12カ月

公園でもあちこち動き
回るほど活発です。

- 身長74.0cm
- 体重10.5kg

8～9カ月

つかまり立ちがお気に
入り。大喜びします。

- 身長68.0cm
- 体重6600ｇ

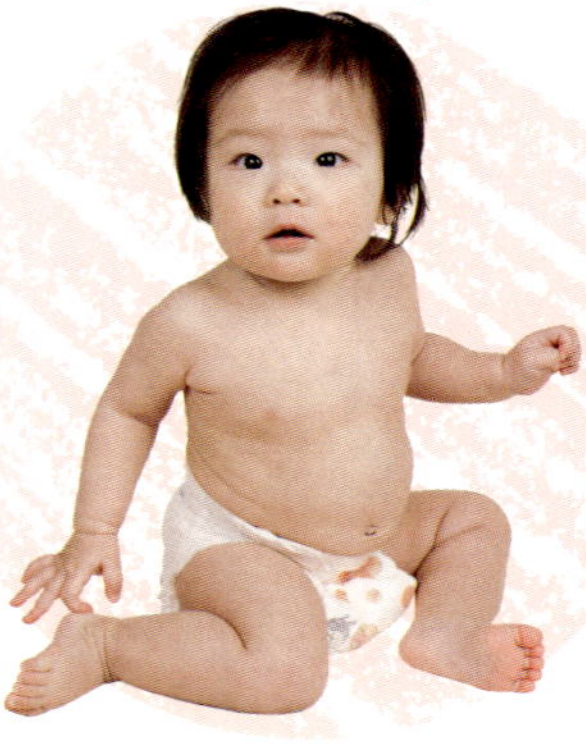

9～10カ月

手づかみ食べをするよう
になりました。

- 身長69.0cm
- 体重7400ｇ

10～11カ月

伝い歩きが始まり、ます
ます動きが活発に。

- 身長69.5cm
- 体重7500ｇ

11～12カ月

拍手やおじぎなど、大人
のしぐさをまねします。

- 身長73.0cm
- 体重7900ｇ

3～4カ月

おもちゃに興味を示し、手を伸ばすように。
- 身長65.5cm
- 体重8300ｇ

4～5カ月

寝返りが頻繁になり、行動範囲が広がりました。
- 身長66.0cm
- 体重8500ｇ

5～6カ月

なんでも口の中に入れたがります。
- 身長69.0cm
- 体重8700ｇ

6～7カ月

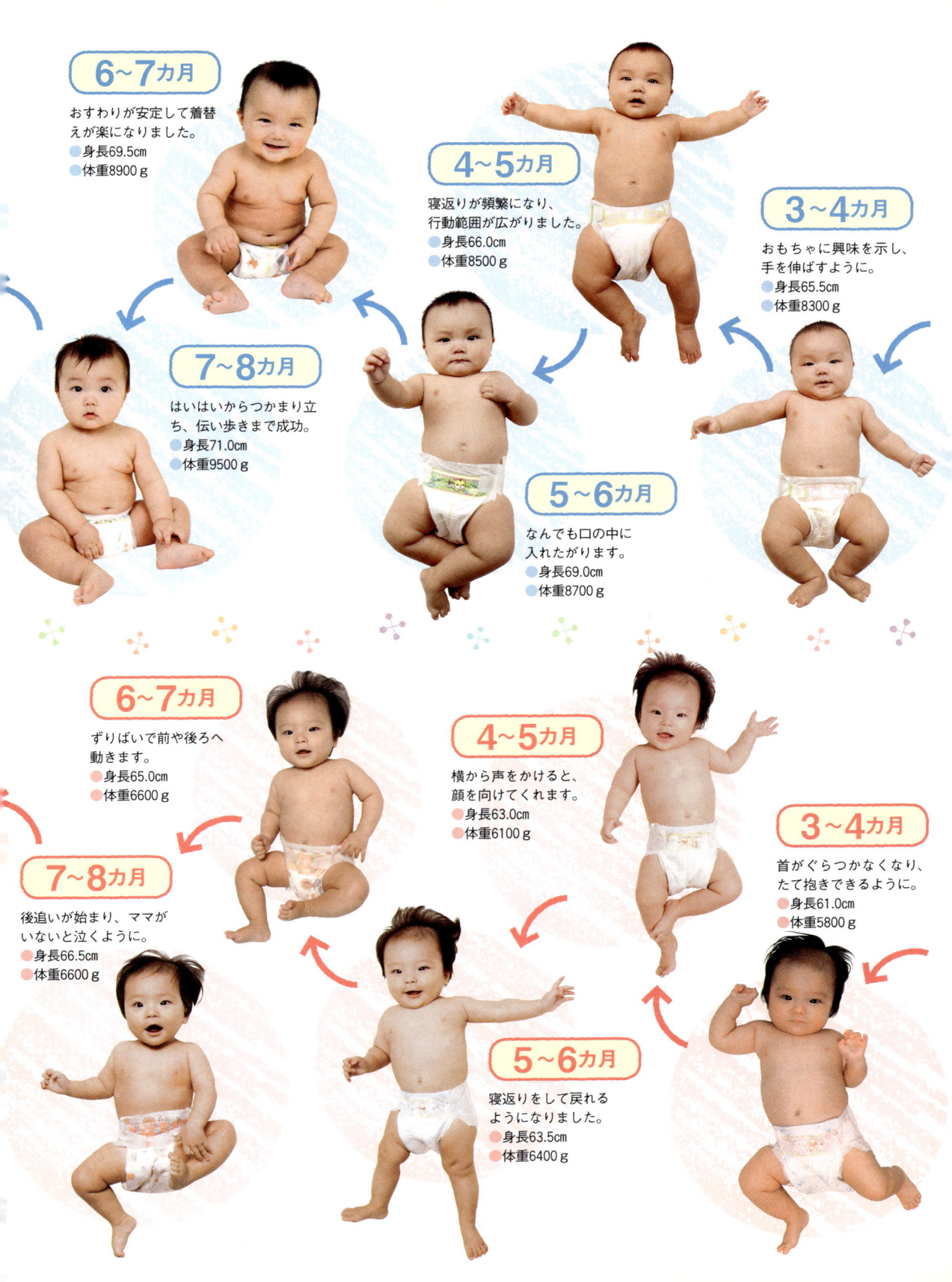

おすわりが安定して着替えが楽になりました。
- 身長69.5cm
- 体重8900ｇ

7～8カ月

はいはいからつかまり立ち、伝い歩きまで成功。
- 身長71.0cm
- 体重9500ｇ

3～4カ月

首がぐらつかなくなり、たて抱きできるように。
- 身長61.0cm
- 体重5800ｇ

4～5カ月

横から声をかけると、顔を向けてくれます。
- 身長63.0cm
- 体重6100ｇ

5～6カ月

寝返りをして戻れるようになりました。
- 身長63.5cm
- 体重6400ｇ

6～7カ月

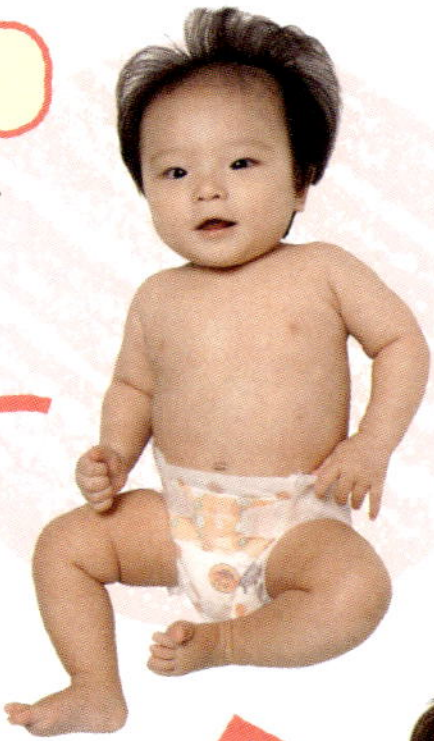

ずりばいで前や後ろへ動きます。
- 身長65.0cm
- 体重6600ｇ

7～8カ月

後追いが始まり、ママがいないと泣くように。
- 身長66.5cm
- 体重6600ｇ

赤ちゃんの体と心 発育・

0カ月 1カ月 2カ月 3カ月 4カ月 5カ月 6カ月 7カ月 8カ月

あんよまでの運動発達

- 首がすわる（3カ月〜5カ月ごろ）
- 寝返りをする（4カ月ごろ〜）
- おすわりする（5カ月ごろ〜）

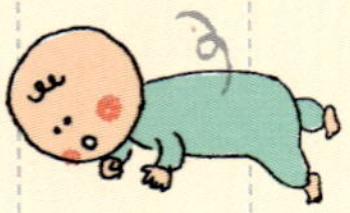

手の動きの発達

- おもちゃを握る（3カ月ごろ）
- 目の前のものに手を伸ばす（5カ月ごろ）
- 大きなものを両手でつかむ（6カ月ごろ）
- 指でつかもうとする（7カ月ごろ）

言葉と理解

- 泣く（0カ月ごろ）
- 「アー」「クー」などの声を発する（2カ月ごろ）
- 「ブ」「バ」など唇を使って音を出す（5カ月ごろ）
- 「マママ」「ダダダ」などの音

親子遊び

ねんねのころ

「目で追いかけっこ」
音がするおもちゃなどを目の前でゆっくり動かしてみましょう

「赤ちゃんと綱引き」
赤ちゃんにハンカチやミニタオルの端を握らせて、引っ張りっこ

首すわりのころ

「ボールで寝返り」
赤ちゃんをあお向けに寝かせて、左右からボールを見せながら寝返りを誘って

「胸の上で腹ばい遊び」
ママやパパの胸の上に腹ばいになって、首を上げさせたり、左右に体を揺すったり

寝返り・おすわりの

「いないいないばあ」
記憶力がついてくると、ママやパ
顔をわくわくしながら待てるように

「たかいたかい」
赤ちゃんのわきを持って、高く
下ろしたり。ゆっくりやさしく

Message

赤ちゃんの表情やしぐさは
育児をより楽しくしてくれます

赤ちゃんはママやパパの
気持ちや表情を敏感に
読み取っているといわれています。
初めての赤ちゃんとの生活には
心配事も多いと思いますが、
赤ちゃんの健やかな心の成長には
ママ、パパの笑顔がかかせません。
つらいとき、迷ったときは、
まわりの人に相談をしたり、
この本を開いたりしてください。

CONTENTS

新生児から3才までの育児が月齢別にわかる！

初めての育児

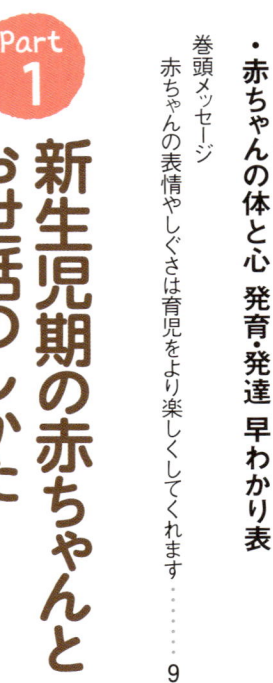

監修／川上 義先生
日本赤十字社医療センター
周産母子・小児センター
元センター長

1973年千葉大学医学部卒業。同大学小児科学教室、日赤医療センター小児科、北療育医療センターを経て、79年より日赤医療センター新生児科勤務。2013年～15年3月まで同センター周産母子・小児センター センター長を務める。

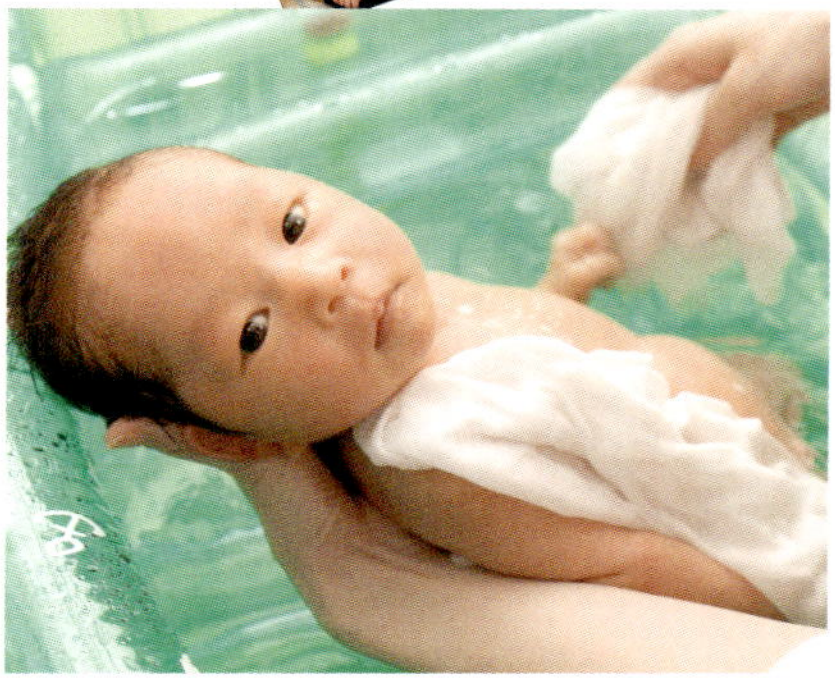

Part 2 0〜3才 心と体の発育・発達

Part 3 離乳食の与え方・進め方

Part 4 乳幼児健診と予防接種

Part 5 赤ちゃんの事故防止と応急処置

Part 6 かかりやすい病気とホームケア

指導・協力

指　導●太田百合子先生（管理栄養士）
調　理●赤堀博美先生（赤堀料理学園校長）
撮影協力●佐藤小児科・皮膚科　佐藤德枝先生
よしかた産婦人科　西澤善樹先生（小児科医）

スタッフ

取材・文●永井篤美（Part1）、中澤夕美恵（Part2 p.42〜87）、朝倉利枝（Part2 p.90〜138）、高橋裕子（Part2Q&A・Part4）、新西和子（Part6）
表紙・デザイン●近藤琢斗、今成麻緒（フロッグキングスタジオ）
表紙・イラスト●caramel mountain
本文・デザイン●山本加奈（ジャパンスタイルデザイン）、萩原さつき
撮　影●織田 紘、キセキ、北村隆之、ケニア・ドイ、兒嶋 章（デザインオフィス・キャン）、笹谷美佳、瑳山ゆり、関 真砂子、橋詰かずえ、花房尚代、椋本 隆、村尾香織、盛谷嘉主輔（ミノワスタジオ）、矢作常明、若林 希
イラスト●石山綾子、植木美江、西野美沙
フィニッシュ協力●牧田栄子
校　正●東京出版サービスセンター
企画・編集●風讃社

※本誌は「たまごクラブ」「ひよこクラブ」本誌および付録に掲載した内容に、新取材を加えて再編集したものです。
※掲載している読者モデルの年齢・月齢は取材当時のものです。
※スタッフおよび読者モデルの方には掲載確認の連絡をしておりますが、一部連絡のつかない方、該当不明な方がいらっしゃいます。お気づきの方は「たまひよホットライン 0120・68・0145」までご連絡ください。あらためて編集部よりご連絡させていただきます。
※本書で記載している内容は、2016年2月現在のものです。

Part★1

新生児期の赤ちゃんとお世話のしかた

**生まれてから1カ月間の赤ちゃんを「新生児」と呼びます。
この時期、ママの体は十分な休養が必要です。
パパや実家の協力を得て、少しずつお世話に慣れていきましょう。
新生児期の赤ちゃんの不思議なしぐさや表情は、
この時期だけに出会えるもの。おっぱいや抱っこの
コツをつかんで、スキンシップを楽しみましょう。**

読者モデル 池谷莉桜《りお》ちゃん（1カ月）＆美花ママ、石原歩佳《あゆか》ちゃん（1カ月）＆直美ママ、樋口 凜《りん》ちゃん＆優佳ママ、
大堂響生《ひびき》くん（2カ月）＆亜希子ママ、髙木京平《きょうへい》くん（3カ月）＆春香ママ、樋口優誠《ゆうせい》くん（1カ月）、丸山悠尋《ゆひろ》くん（0カ月）、渡辺琴葉《ことは》ちゃん（0カ月）

生まれてすぐに環境に適応していきます

生後1カ月までの赤ちゃんを新生児といいます

ママのおなかの中にいたとき、赤ちゃんはママの胎盤を通して酸素や栄養をもらって成長していました。しかし、生まれた途端、環境は一変します。

出産後、赤ちゃんは羊水から出て、初めて空気に触れます。まず自力で呼吸し、肺に空気を取り込みます。産声《うぶごえ》がその証拠です。そしておっぱいから直接栄養をとるようになり、消化・吸収し、排せつするようになります。無力に見える赤ちゃんですが、聴覚など五感を頼りに、たくましく新しい環境に適応していきます。

とくに生まれて約1カ月間（生後28日未満）の赤ちゃんを新生児と呼びます。ママから独立し、人間としての一歩を踏み出します。

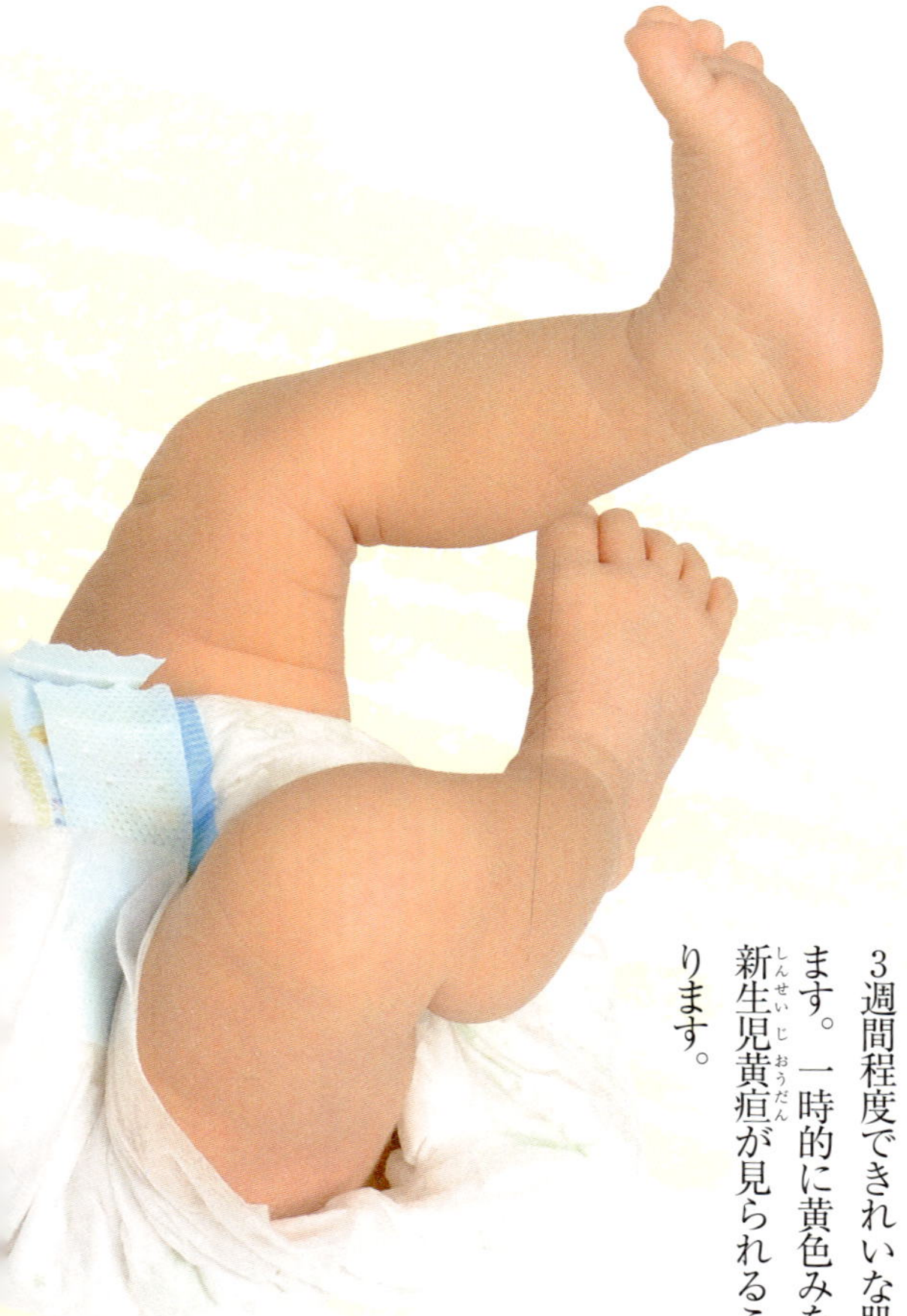

体重　一時的に体重が減ることがあります

生後1週間くらいまでに一時的に体重が減ります（生理的体重減少）。これは、飲む量より、おしっこや汗などの体から出ていく水分量が多いためです。生後7〜10日くらいで元に戻ります。

皮膚　表皮が乾燥してポロポロとむけます

出生直後は赤みの強いピンク色の肌をしています。生後3〜4日ごろに表皮が乾燥し、ポロポロとむけたりしますが、2〜3週間程度できれいな肌に整います。一時的に黄色みを帯びる新生児黄疸《しんせいじおうだん》が見られることもあります。

姿勢

自然なポーズは腕はW字形、脚はM字形です

まだ首、腰ともすわらず、1日中寝て過ごします。腕はひじを曲げてW字形、脚はM字の形に曲げていることが多いでしょう。これが赤ちゃんにとって自然なポーズです。

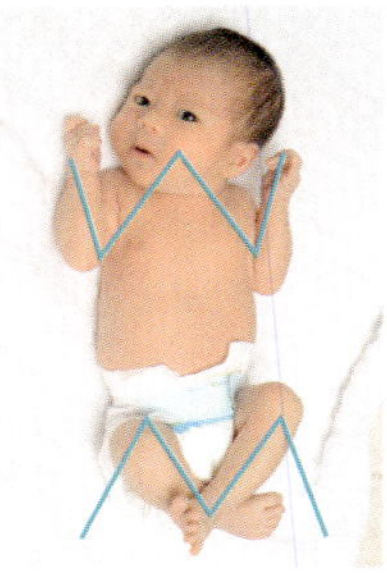

体温

体温調節機能がまだ未熟です

新陳代謝が活発で、体温は37度前後と大人より高めです。新生児は体温調節機能が未熟なので、体温が部屋の温度に左右されやすく、夏は高め、冬は低めになりやすいといわれています。季節に合わせて、室温や衣類で調節しましょう。

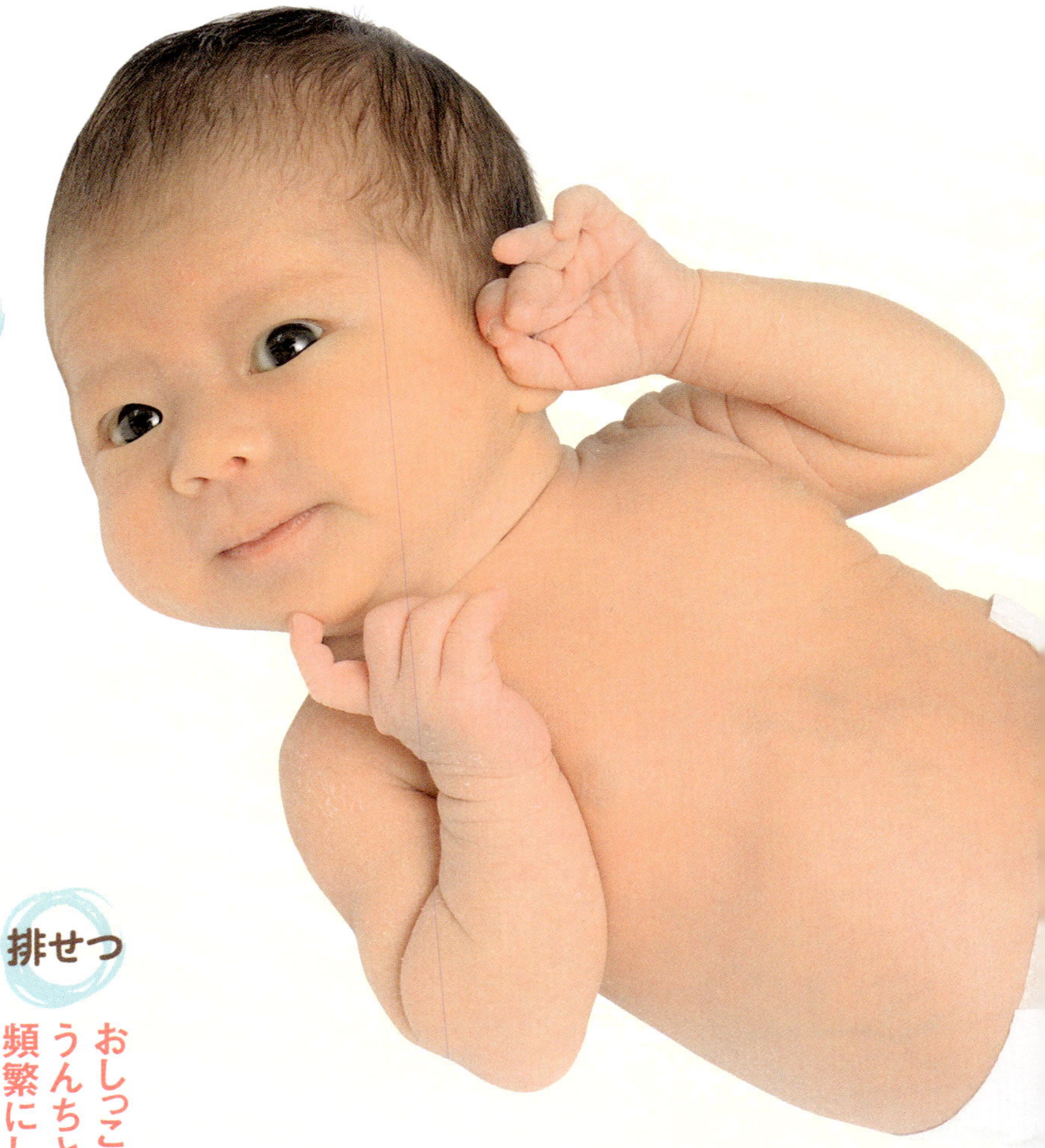

呼吸・脈拍

最初は腹式呼吸で酸素を全身に送ります

生後すぐに自力で呼吸を始めます。腹式呼吸なので、呼吸のたびにおなかが上下します。呼吸は1分間に40～50回、取り込んだ酸素を全身に送り込むため、脈拍も1分間に120回前後と多めです。

排せつ

おしっこうんちとも頻繁にします

おしっこ、うんちとも1日に何回もします。おしっこの色は薄く、においはあまり強くありません。新生児期のうんちは、水分を多く含んだゆるゆるの状態です。色は成長とともに変化していきます。

頭

複数の骨が合わさってできています

頭は複数の骨が合わさってできています。骨と骨の間にはすき間があり、やわらかくペコペコへこみます。このすき間の大きいほうを大泉門《だいせんもん》、小さいほうを小泉門《しょうせんもん》といいます。1才半ぐらいまでに自然に閉じていきます。頭部は身長の4分の1ほどを占める大きさです。

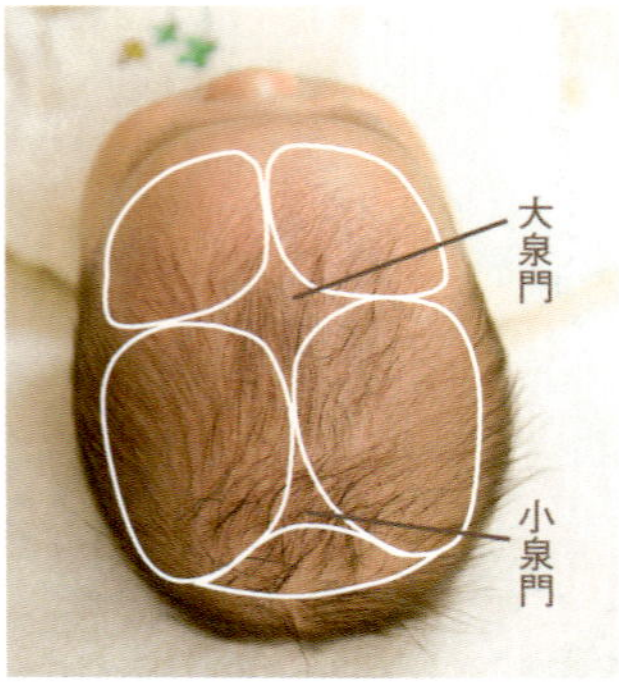

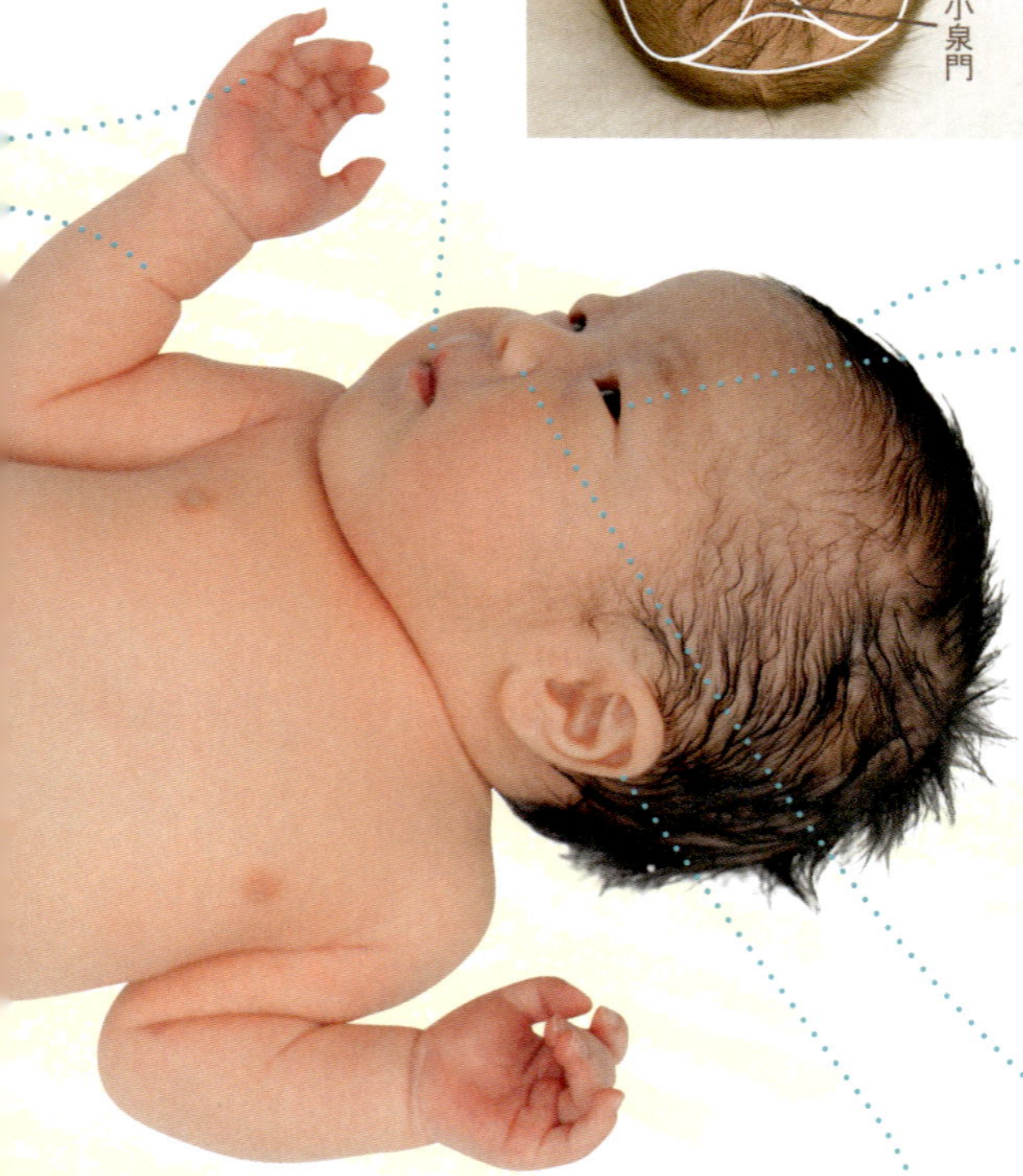

目

30cmほど先にあるものがぼんやり見えます

視力は0・01~0・05くらいです。近視で、目の前から30cmほどの距離にあるものがぼんやり見える程度です。光を感じて、明るいほうを向くこともあります。人の顔や、はっきりした色のものを認識しやすいようです。

鼻

おっぱいのにおいがわかります

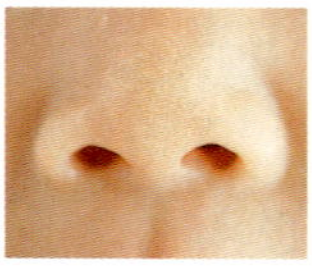

すでに嗅覚《きゅうかく》があり、おっぱいのにおいもかぎ分けます。奥にある鼻腔《びくう》は狭く、粘膜も敏感です。鼻が詰まると呼吸しづらいので、鼻水は早めに取ってあげましょう。

耳

生まれる前から声はちゃんと聞こえています

おなかの中にいたときから聴覚は発達し、ママの声はちゃんと聞こえています。低い声より高い声に反応するといわれています。大きな音にビクッとして両手をしがみつくように広げるモロー反射が見られるのも、音が聞こえている証拠です。

口

味覚があり、甘みや苦みを感じます

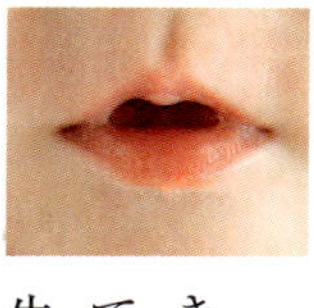

口の中に入ってきたものを吸う吸てつ反射により、生まれながらにしておっぱいやミルクを飲むことができます。味覚も発達していて甘い・苦いがわかり、甘いものが好きで、苦いものは苦手です。乳歯は生後6～9カ月ごろに生え始める子が多いです。

手

握った状態でいることが多いでしょう

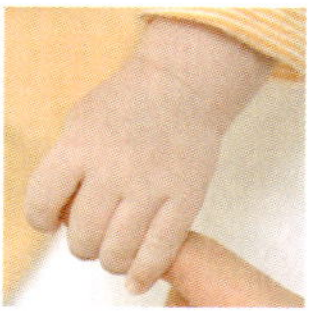

ほとんどの場合、手をギュッと握っています。手のひらに何かが当たると、握手するように指を曲げる把握反射が見られます。つめも生まれたときから生えています。

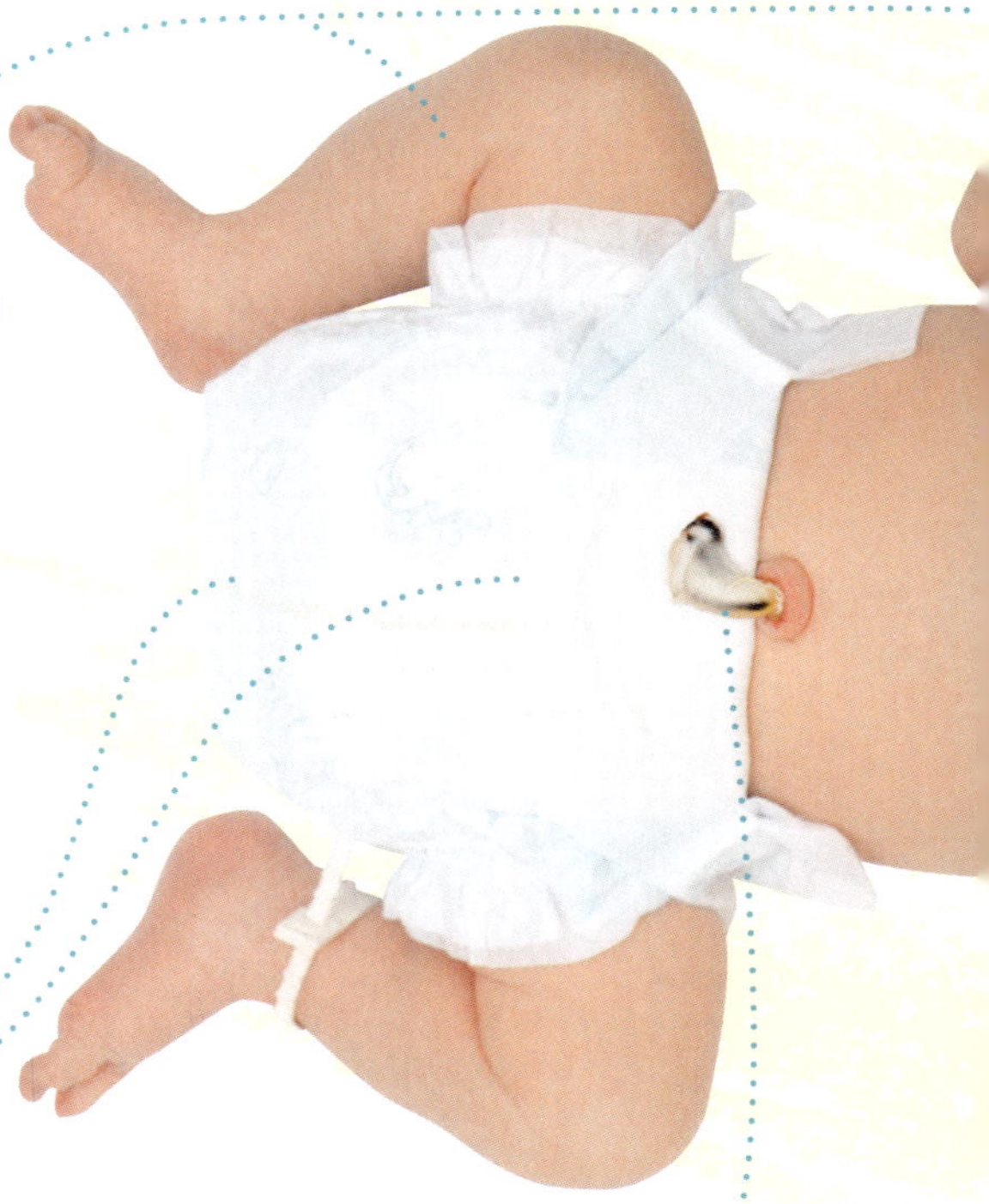

腕・足

腕や足にも原始反射が見られます

腕も脚も曲げていることが多いでしょう。足を床につけると歩くような動作をする原始歩行や、足の裏をつつくと指を曲げる把握反射が見られます。

背中・おしり

産毛《うぶげ》がたくさん生え蒙古斑《もうこはん》があることも

背中全体の産毛は生後2～3カ月くらいにはきれいになります。おしりなどに青いあざの蒙古斑があることも。これは成長とともに消えることが多いです。

おへそ

へその緒は乾燥して自然に取れます

生まれてすぐのころは、へその緒がついたままで、おへそもジクジクしています。5～10日くらいで乾燥し、へその緒は自然に取れます。

性器

しわやひだに汚れがたまりやすいでしょう

男の子はほぼ包茎で、おちんちん先端の亀頭が包皮に覆われています。女の子は生理のような少量の出血が見られることがありますが、新生児特有のものなので心配いりません。性器のしわやひだには汚れがたまりやすいので、おふろでていねいに洗いましょう。

抱っこ・あやし

いっぱい抱っこして愛情を伝えてあげましょう

抱っこは親子のスキンシップです

赤ちゃんは1人で動けないので、抱っこはあらゆるお世話の場面で必要です。赤ちゃんが泣いたら、まず抱っこ。泣きやまないときは、おむつをチェックしたり、授乳をしたり、暑い・寒い・痛いなどがないか確認します。それでも泣きやまないときはあやしてみましょう。

ママの顔が赤ちゃんから30㎝くらいの距離にあると、よく見えて安心するようです。ママは楽な姿勢で抱っこし、時にはゆっくり左右に揺らしたりしてあげましょう。ただし、上下に激しく揺さぶるのはやめて。かつて、泣くたびに抱っこすると抱き癖がつくといわれた時代もありますが、今は親子の大事なスキンシップとして見直されています。

抱っこのしかた

1 両手で頭を支え持ち上げます

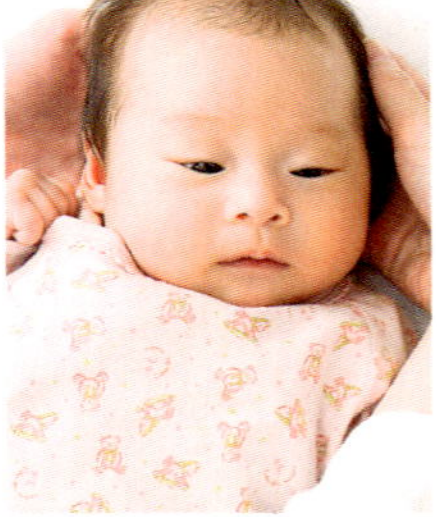

話しかけながら、赤ちゃんの頭の後ろに両手をやさしく差し入れて、支えるようにして少し持ち上げます。

2 左手で首、右手でおしりを支え、抱き上げます

左手は赤ちゃんの首と後頭部をしっかり支えます。右手は腰の下に差し入れて、おしりを支えて抱き上げます(左右の手は逆でも構いません)。

3 頭をママの右腕の内側に乗せます

向き合うように抱き上げたら、ママの右腕の内側に赤ちゃんの頭を乗せます（ママの両手が交差するようなイメージです）。

4 両腕で赤ちゃんの体を支えます

右手を赤ちゃんの太ももに、左手を赤ちゃんの腰、おしりの方へ移します。右手だけでも抱っこできるくらいしっかり支えます。

あやし方

ママと赤ちゃんの体を密着させて抱っこしたまま、左右にゆっくり揺らしたり、ママやパパの声を聞かせたりします。また、おくるみやバスタオルなどで体を包んでから抱っこをしてあげたり、抱っこのまま赤ちゃんの手をにぎってあげたりしても赤ちゃんは安心できます。

上下ではなく、揺りかごのように左右にゆっくり揺らします。

下ろし方

1 おしりを支えていた左手で首を支えます

おしりを支えていた左手を、赤ちゃんの体に沿わせながら首の方へスライドさせ、右手はおしりのほうへ。ママの両手を交差するようにして体全体を包みます。

2 左手で首を支え、向かい合う姿勢になります

ママの左手は赤ちゃんの首、右手は赤ちゃんのおしりを支えて、赤ちゃんと向かい合います。このとき赤ちゃんの脚はM字形になっています。

▲横から見た様子

3 おしりを下ろし、両手で頭を支えながら下ろします

おしりを支えていた右手をベッドに着地させたら、両手で頭を支え、ゆっくり下ろします。

赤ちゃんにとって理想的な栄養満点の食事です

何度も繰り返し吸わせることが大切

赤ちゃんは自分で食事をとることができないので、授乳してあげる必要があります。ママの体内でつくられる母乳には、栄養バランスや消化・吸収に優れ、病気になりにくくする免疫物質も含まれていますし、何より、精神面で親子のつながりを深める効果が高いのです。

ただ、最初はママの母乳の出も少なめで、赤ちゃんも上手に飲めないことがあります。母乳がたりているのか心配になることがあるかもしれません。しかし、まずは赤ちゃんに吸わせることが大切。母乳は吸われることで分泌量が増え、赤ちゃんもしだいに上手に吸えるようになっていきます。「泣いたら吸わせる」を繰り返しましょう。

栄養バランスのよい食生活が基本です

質のよい母乳をつくるには、ママの食生活が重要です。体内で母乳をつくり出すため、授乳中のママは妊娠していない女性より（完全母乳の場合）1日450kcal多めにとらなければなりません。ただし、増やす分をお菓子などで補ってもいい母乳は出ません。タンパク質、カルシウム、鉄分の摂取を意識し、バランスのよい食事を心がけます。甘いものや脂っこいものは母乳の通り道、乳管を詰まらせる原因になるので控えましょう。また、赤ちゃんに母乳を吸われる分、水分を十分にとることも大切です。母乳にはママが摂取した成分が出やすいので、飲酒や喫煙を避けましょう。薬を飲まなければならない場合は、医師に相談します。

赤ちゃんが母乳を欲しがるサイン

口をパクパク動かす

口をパクパクと、開けたり閉じたりすることを繰り返します。

自分の指を吸う

自分の指を口に入れて、チュパチュパと吸うようなしぐさをします。

母乳を探す

ママの胸のほうに顔を近づけ、乳頭を探すようなしぐさをします。

泣く

最初はわからなくても声の調子や様子から、だんだんわかってきます。

母乳の飲ませ方

1 赤ちゃんを抱っこします

赤ちゃんに優しく話しかけ、抱っこします。クッションなどを使い、赤ちゃんの顔がママの乳首の高さに来るよう調節します。

2 乳房を支えて乳首を含ませます

赤ちゃんが体ごとママの体の正面に向くように抱き寄せます。手で乳房のつけ根部分を持ち、赤ちゃんの口を乳輪まで深く含ませ、吸わせます。

3 赤ちゃんの口から乳首を離します

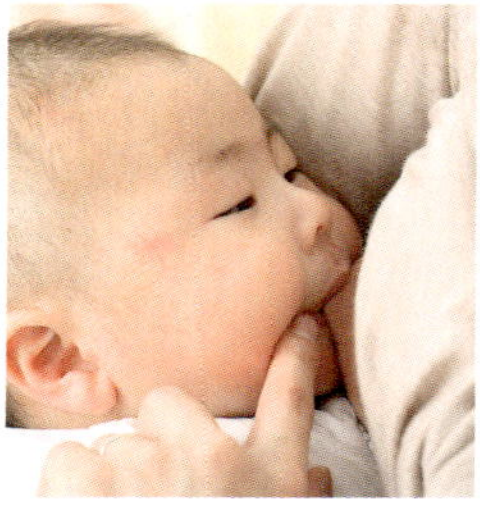

乳輪の上か横を軽く押してくぼませ、赤ちゃんの口をそっと離します。または口にママの指を差し入れ、少し横に引いて離します。

4 反対側の乳首も吸わせます

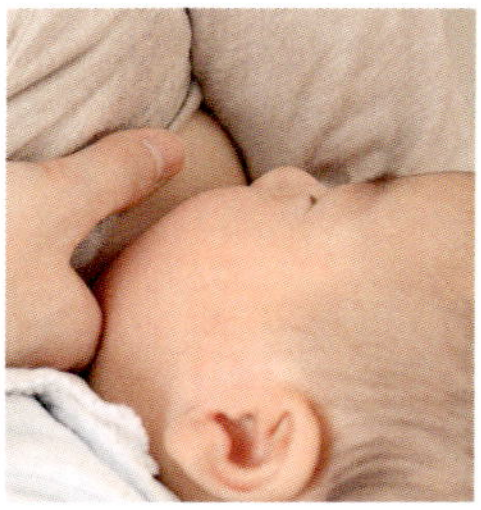

赤ちゃんの体を左右逆向きに抱き、反対側も吸わせます。母乳の分泌を促し、乳頭の亀裂を防ぐためにも、乳頭を交互に吸わせましょう。

5 たて抱きの姿勢でげっぷをさせます

飲み終えたら、母乳と一緒に飲み込んだ空気を吐き出させます。赤ちゃんをたて抱きにし、背中を上下にさするか軽くトントンします。

別の方法もあります

向かい合って背中をさする

赤ちゃんをひざの上に向かい合うよう座らせます。首を支え、背中をやさしくさすります。

背中を少し高くした姿勢に

なかなか出ない場合、上半身が少し起こしぎみの体勢になるよう、クッションを背中に当てて寝かせます。

授乳の姿勢もいろいろあります

横抱き

●基本の抱き方
●どの月齢でも可

赤ちゃんの頭をママの腕に乗せ、体を横たえて抱きます。まだ赤ちゃんの首がすわらない時期の基本の抱き方です。

たて抱き

●乳房が小さい人に
●乳首が短い人に

赤ちゃんの首を支え、姿勢をまっすぐにし、ママの太ももにまたがらせて乳首を含ませます。

ラグビー抱き

●帝王切開のお産の人に
●乳房が大きい人に

赤ちゃんをラグビーボールのように小わきに抱えて授乳します。クッションなどで赤ちゃんの体を支えるといいでしょう。

添い乳

●夜中の授乳に
●体を休ませたいときに

向き合って横たわり、赤ちゃんとママの体を密着させて授乳します。赤ちゃんの下にタオルなどを入れて、高さの調節を。

母乳について
気がかりQ&A

母乳のメリット

Q　どうして母乳がいいのですか？　メリットを教えてください。

A　栄養バランス、免疫物質など優れた点が多くあります

ママの体内でつくられる母乳には、多くのメリットがあります。母乳には、タンパク質や脂質、乳糖、ビタミンなどの栄養がバランスよく含まれています。消化・吸収がよく、赤ちゃんの消化器官にも負担をかけません。病気になりにくくする免疫物質も豊富です。とりわけ、出産後から1週間くらいの間に出る「初乳《しょにゅう》」には、多く含まれています。

また、母乳を赤ちゃんに与える授乳は、親子の絆《きずな》を深めるスキンシップになります。赤ちゃんはママのぬくもりや、やわらかい乳首の感触などを全身で感じて、安心感を得ていきます。一生懸命に乳首を吸うわが子を見ていると、ママも赤ちゃんへの愛情が増すことでしょう。

出産してすぐ母乳育児を開始することは、ママの体の回復も助けます。赤ちゃんが乳頭を吸うことで、子宮の収縮を促し、分娩後の出血を止める作用があるといわれています。赤ちゃんに母乳を吸われてカロリーが消費されることから、ママの体形も戻りが早いようです。

お世話をする上でもママは楽でしょう。何か特殊な道具がなくても授乳はできるので、経済的で手間がかかりません。また、外出時に荷物（ミルクなどのグッズ）を持たなくて済むのも助かるでしょう。

母乳のつくられ方

Q　母乳は体内で、どのようにしてつくられるのでしょうか？

A　母乳は「乳腺胞《にゅうせんほう》」の中で血液からつくられます

母乳はママの血液を原料に、乳房でつくられます。まず、血液が乳房の乳腺葉《にゅうせんよう》に運ばれ、母乳に変わります。この乳腺葉は母乳の製造工場で20～40個の小葉《しょうよう》に枝分かれし、さらに小葉はぶどうの房状に10～100個の乳腺胞に分かれていきます。母乳はぶどうの粒に当たる乳腺胞の中で、血液から数滴ずつつくられていきます。こうしてつくられた母乳は乳管《にゅうかん》を通っていきます。

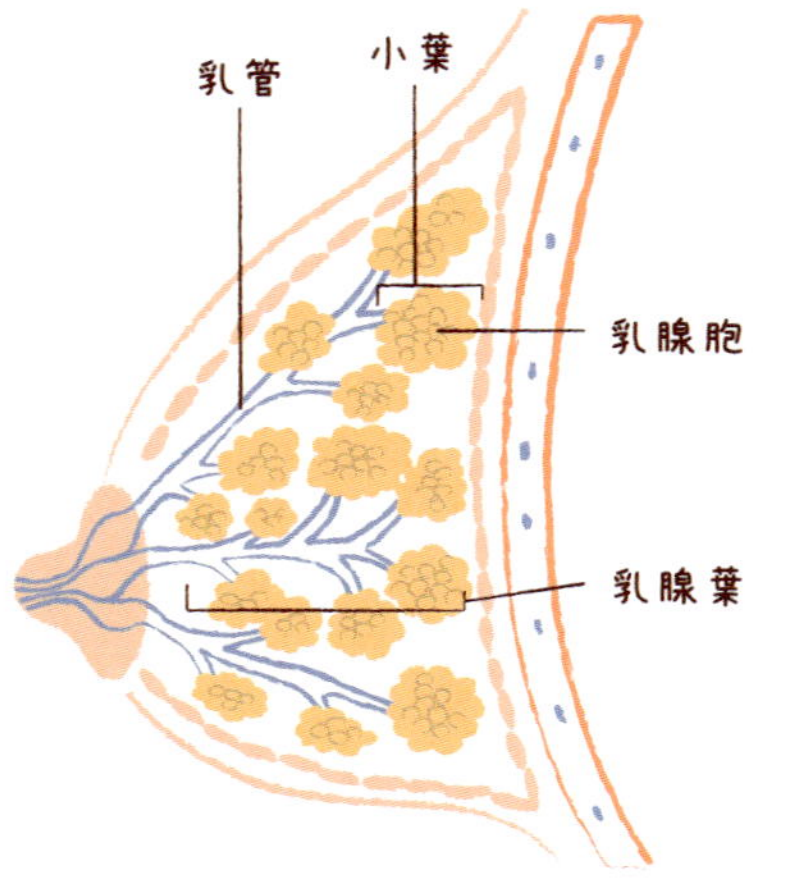

◆赤ちゃんの吸い方

Q 赤ちゃんは母乳を乳頭からどのようにして吸っているのですか？

A 舌とあごの上下運動で母乳をしぼり出します

赤ちゃんは母乳の吸い方を本能的に知っています。乳輪ごとくわえ込んだら、上あごと舌の間に乳頭を引き込み、舌を巧みに使ってあごを上下運動させます。そして乳輪部のつけ根を圧迫して母乳をしぼり出し、吸います。最初はうまく吸えなかったり、疲れて途中で寝てしまったりしますが、しだいに上手になっていきます。あごの上下運動は赤ちゃんのあごの発育を高め、脳の発達を促すといわれています。

母乳を飲むとき、赤ちゃんは乳輪ごとくわえ込み、舌とあごの上下運動で、母乳をしぼり出しています。

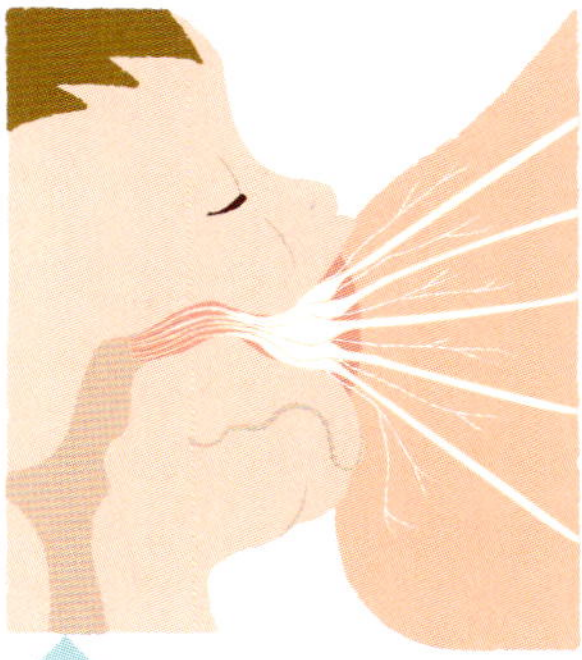

ママのおなかにいるときからおっぱいを吸う力を備えて生まれてきます。

◆母乳育児を続けるコツ

Q 授乳していて、母乳がたりているか不安。母乳の出をよくするコツは？

A あきらめず、赤ちゃんに吸わせ続けることが大切

あきらめず、赤ちゃんに何度も吸わせることが大切です。赤ちゃんが乳頭を吸うと、その吸引刺激が脳に伝わり、母乳を出すためのホルモンが分泌されます。そのホルモンが、母乳の分泌を促す「プロラクチン」と、母乳をしぼり出す働きをする「オキシトシン」。赤ちゃんが吸わないと、この2つのホルモンは分泌されません。だからこそ、赤ちゃんに吸わせ続けることが大切なのです。

産後すぐは、ママの母乳の出も少なめで、赤ちゃんも上手に吸えないなど、思うように母乳を飲ませられないものです。しかし、そこで「私は出ない」とあきらめないでください。最初は出る量を気にせず、繰り返し吸わせること。そして、すぐにミルクをたさないことが大切です。また、産院の助産師さんや自治体の母乳育児支援の窓口などで相談するのもいいでしょう。

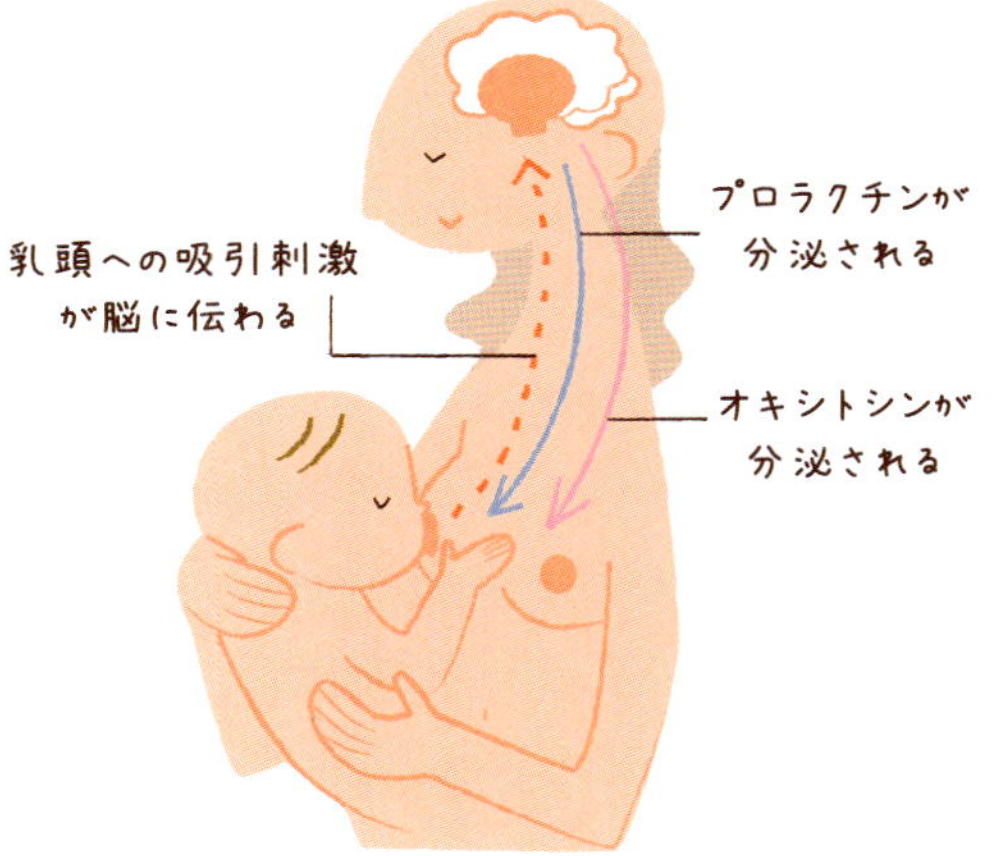

ミルク

あげるときは抱っこして見つめながらあげましょう

母乳に近づくように改良されてきています

ミルクは牛乳を主な原料とし、母乳に近づくよう改良されてきています。主な成分は炭水化物、タンパク質、脂質、ミネラル、ビタミンなどで、赤ちゃんに必要な栄養素を配合するなどの工夫がされています。メーカーによる品質の差はほとんどありませんが、味は若干違います。

ミルクの種類は、生まれてすぐから利用できるミルクと、離乳食が進んだころに鉄分などの栄養を補給するフォローアップミルク、さらにアレルギー用のミルクなどがあります。哺乳びんの乳首にはさまざまな穴の形やサイズ、素材があります。赤ちゃんが嫌がって飲まないようなら種類を替えてみるといいでしょう。

ミルクは哺乳びんと乳首を用意し、湯に粉ミルクを溶かして作ります。これを調乳と呼びます。調乳するときは、やけどや衛生面に注意してください。

授乳時は抱っこしてスキンシップをとります

ミルクは母乳に近づくよう改良されてきていますが、授乳時に自然に肌と肌が触れ合える母乳に比べると、スキンシップの面でやや不利です。授乳するときは必ず抱っこして、赤ちゃんを見つめながらあげましょう。ミルクはママ以外の人でも授乳することができ、職場復帰時や病気で母乳をあげられないときにも使えます。母乳育児が軌道に乗るまでの安心材料として使う場合は、たし方に注意が必要です。母乳にミルクをたす「混合栄養」の場合には、左右の乳首を赤ちゃんに十分吸わせてからにします。

用意するもの

ミルクをあげるグッズ

- 哺乳びん
- 粉ミルク
- 調乳ポットなど

哺乳びんにはガラス製とプラスチック製があります。調乳ポットは湯を調乳に適した温度に保つものです。

洗浄グッズ

- 哺乳びん用洗浄ブラシ
- 乳首用洗浄ブラシ
- 洗剤など

哺乳びんの底まで届くブラシや、乳首の小さい穴を洗うためのブラシなどがあります。

消毒グッズ

煮沸●びん挟み、大鍋など
薬液●薬液、薬液用バケツなど
電子レンジ●専用ケースなど

3つの消毒方法があります。煮沸は経済的、薬液はつけ置きの手軽さ、電子レンジは短時間でできるよさがあります。

ミルクの作り方・飲ませ方

1 粉ミルクを量り哺乳びんに入れます

缶の表示に従い、粉ミルクを付属のスプーンですりきりにして正確に量ります。哺乳びんに、粉ミルクを入れます。

2 哺乳びんに湯を注ぎます

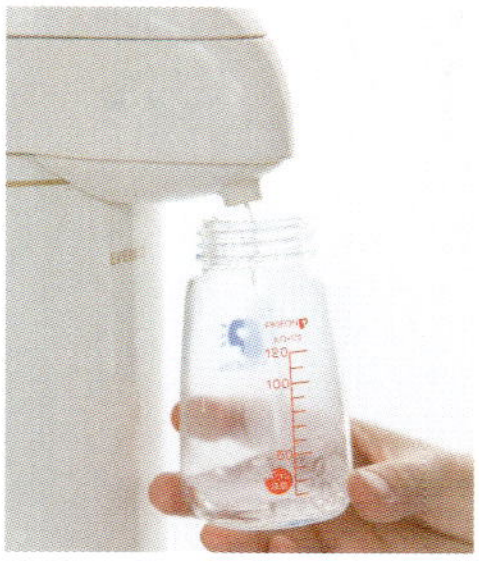

一度沸騰させて70〜80度に保った湯を、出来上がり量の約２分の１から３分の２程度哺乳びんに注ぎます。

3 粉ミルクを溶かします

やけどに注意しながら、ゆっくり円を描くように哺乳びんを揺らして、粉ミルクを溶かします。出来上がり量まで湯をたします。

4 流水に当てて人肌まで冷まします

哺乳びんに乳首をつけます。熱すぎるときは、哺乳びんを流水に当てるか、水の入った容器につけるかして、人肌になるまで冷まします。

5 腕の内側で温度を確認します

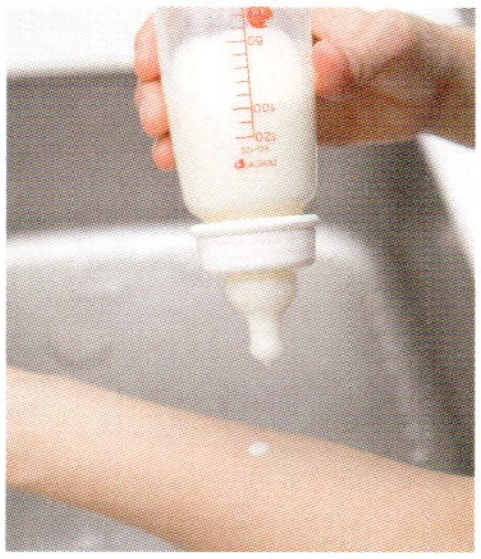

腕の内側に１滴落とし、温度を確認します。生温かく感じる程度が適温です。

6 赤ちゃんを抱き飲ませます

赤ちゃんを横抱きにし、乳首がミルクで満たされるように哺乳びんを傾けて、授乳します。もし飲み残したら、残ったミルクは捨てましょう。

7 飲み終えたらげっぷをさせます

赤ちゃんをたて抱きで肩に乗せ、背中を上下にさするか軽くトントンたたきます。ミルクは空気を飲み込みやすいのでげっぷ出しは入念に。

8 哺乳びんと乳首を洗います

哺乳びんから乳首をはずし、専用ブラシに洗剤をつけ、哺乳びんの底や乳首の穴など細部までよく洗います。ていねいにすすぎます。

9 しっかり消毒し清潔に保管します

煮沸、薬液、電子レンジによる消毒方法から自分に合うものを選び、哺乳びんと乳首を消毒します。消毒後は清潔に保管しておきましょう。

紙おむつ

おむつ替えが手軽にできる使い捨てタイプのおむつです

つけはずしが簡単で使い捨てできます

赤ちゃんはまだ自分の思いどおりにおしっこやうんちを出したり、我慢したりできません。汚れたら小まめにおむつ替えをしてあげる必要があります。

紙おむつは、つけはずしが簡単で、使い捨てできる手軽さがあります。吸水性に優れているため、赤ちゃんが夜寝るときや外出時にも便利です。ただし、ゴミが出るので、ゴミの保管場所が必要になります。

紙おむつにはテープ型とパンツ型があります。赤ちゃんがねんねのころはテープ型、はいはいなど活発に動くようになったらパンツ型が便利です。サイズは新生児用からS～Lなどがあり、成長に応じてサイズアップしていきます。

汚れたら小まめにおむつ替えします

0～3カ月のころの赤ちゃんはおしっこが頻回です。泣いたときや寝起き、授乳前後など、汚れていないか小まめにチェックしましょう。

汚れたままのおむつを長時間当てていると雑菌が繁殖したり、おむつかぶれを引き起こす可能性があります。おむつかぶれの原因は、おしっこやうんちによる刺激です。紙おむつを取り替えるときには、肌の調子や、おしっこやうんちの状態を見ることも大切です。

もし血便、白色便、黒色便などが出て、体調や機嫌が悪いなどの症状があるときは、うんちのついたおむつを持って小児科を受診しましょう。

用意するもの

保管グッズ

●ビニール袋やふたつきのバケツ

使用済み紙おむつはにおうため、丸めてテープで留めたあと、ビニール袋かふたつきのバケツに入れてゴミ収集日まで保管します。

紙おむつグッズ

●紙おむつ　●おしりふきなど

紙おむつは赤ちゃんの体形や成長などに合わせてサイズアップが必要です。買いだめしすぎには注意しましょう。市販のおしりふきの代わりに、湯でぬらして絞った脱脂綿を使ってもいいでしょう。

紙おむつの替え方

1 新しいおむつを下に敷きます

おむつを開く前に、新しい紙おむつを汚れたおむつの下に差し入れます。

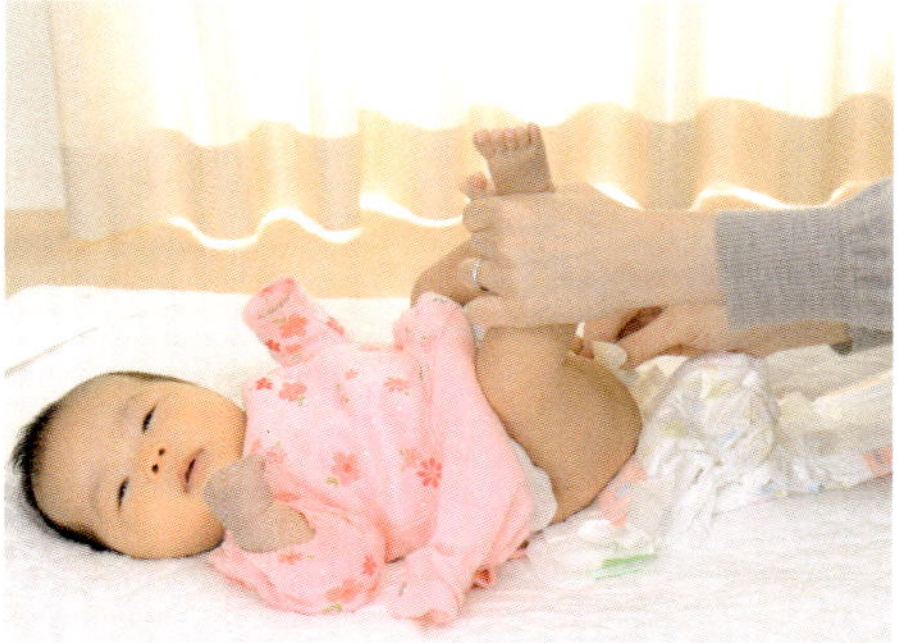

2 おしりをふいておむつを取ります

おむつを開き、汚れをふきます。きれいになったら、両足をおなか側に倒しておしりを浮かせ、汚れたおむつを抜き取ります。

おしりのふき方

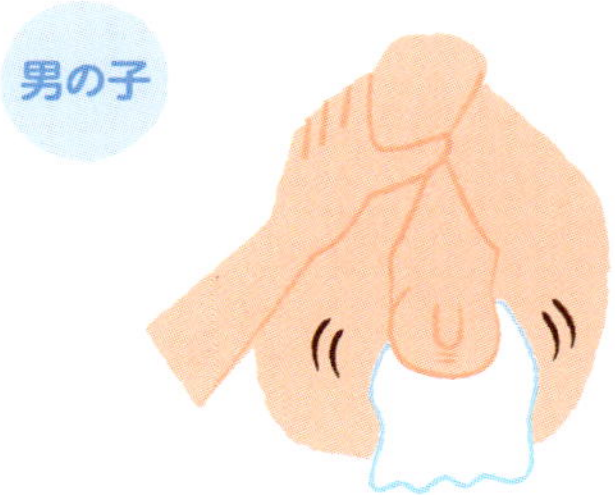

陰嚢《いんのう》の裏も忘れずに

おちんちんや陰嚢の表と裏、両わき、肛門、おしり全体をふきます。汚れがたまりやすい、しわやひだなどもきれいに。

外陰部は前から後ろへ

外陰部は前から後ろ（会陰から肛門）へふきます。逆にふくと尿道口から細菌が入りやすくなるので注意。脚のつけ根や肛門、おしり、背中も確認を。

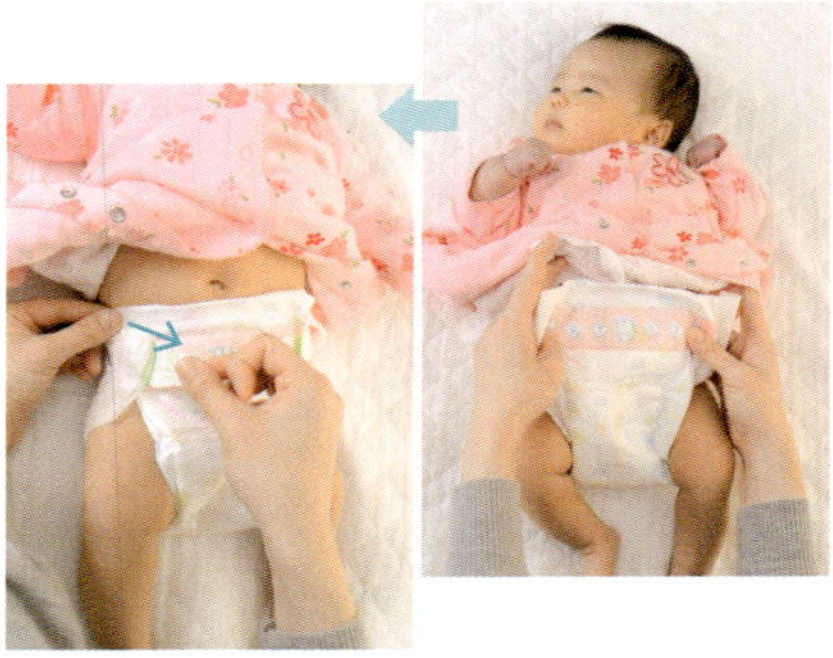

3 おなかのテープを留めます

おなかのテープを左右対称に留めます。まだおへそがジクジクしているときは、そこにおむつがかからないようにします。

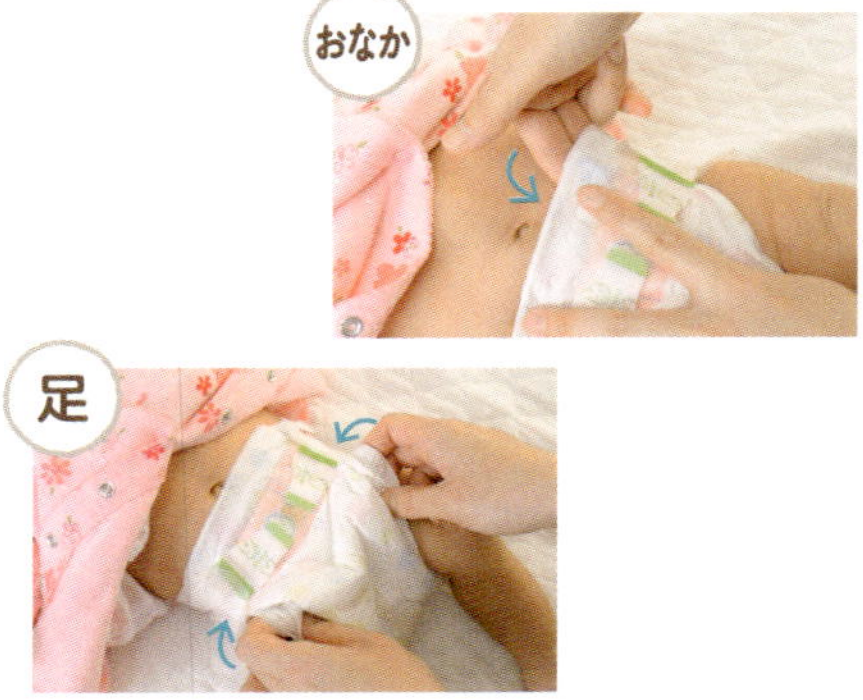

4 締めつけすぎていないかチェック

おなか回りに指を入れ、指１～２本分くらいゆとりがあるとOK。足回りは股ぐり部分が足にフィットするよう整え、ギャザーを外側に出します。

布おむつ

一度用意すれば洗濯して何度も繰り返し使えます

布おむつとカバーをセットで使います

布おむつには、たたんで使う反物《たんもの》タイプと輪形タイプ、たたまず使える成形タイプがあります。布おむつを固定し、もれを防止するおむつカバーとセットで使います。布おむつのメリットは、繰り返し使えることです。また、紙おむつより吸水性が劣る分、赤ちゃんはおしっこやうんちをしたときにぬれたのを感じて泣きます。そのため「気持ち悪い」という感覚が育ちやすいようです。

使用済みの布おむつは洗剤液につけ置き、洗濯機で洗います。乾燥したあとは次にすぐ使えるようにたたんでおきましょう。洗う手間がかかるため、日中は布おむつ、夜寝るときや外出時は紙おむつなどと、併用するママも多いようです。

用意するもの

布おむつグッズ

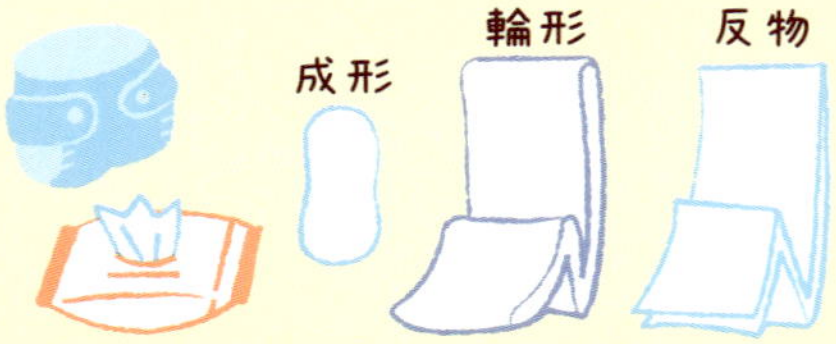

●布おむつ　●おむつカバー　●おしりふきなど

布おむつは反物、輪形、成形の３タイプあります。反物は端を縫い合わせ、輪状にして使います。購入時に輪状になっているものが輪形です。成形はすでに当てる形に整えられています。

保管・洗浄グッズ

●バケツ　●洗剤など

バケツは使用済み布おむつをつけ置きしておくためのものです。そのほうが汚れを早く落とせます。

準備　輪形の布おむつはたたんでおきます

1 横長に置き整えます

布おむつ１枚を横長に置き、しわをきれいにのばします。

2 手前に半分に折ります

長いほうの辺を奥から手前に倒し、二つ折りにします。

3 左端を内側に折り返します

左端を内側に折り返します。指４本分が目安です。

4 右端を合わせ折ります

右端を内側に倒して左端に合わせ、半分に折ります。

使用時　性別により、当て方を変えます

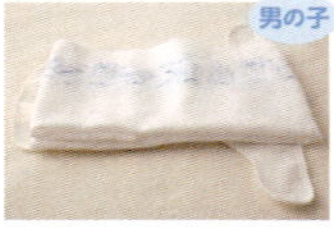

おしっこが出る前側に、折り返した厚い部分を当てます。

おしっこがおしり側に回りやすいので、後ろ側を厚くします。

布おむつの替え方

1 布おむつを開き汚れをふきます

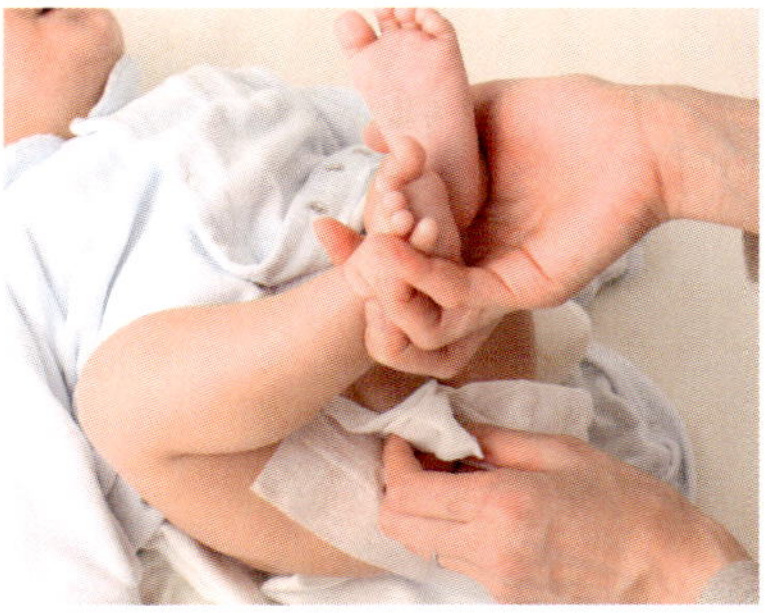

おむつカバーをはずし、布おむつを開きます。片手で両足首を持って顔のほうに倒しておしりを浮かせ、汚れをふき取ります。

2 新しい布おむつを敷きます

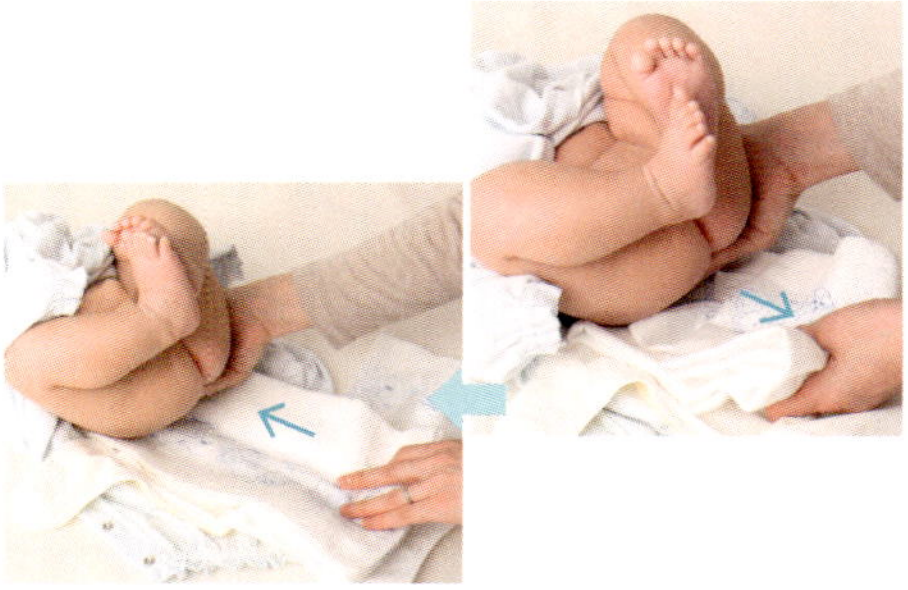

手でおしりを持ち上げ、汚れた布おむつを抜き取ります。おしりを持ったまま、もう片方の手で、たたんでおいた新しい布おむつを、おしりの下に差し入れます。

3 布おむつを股に当てます

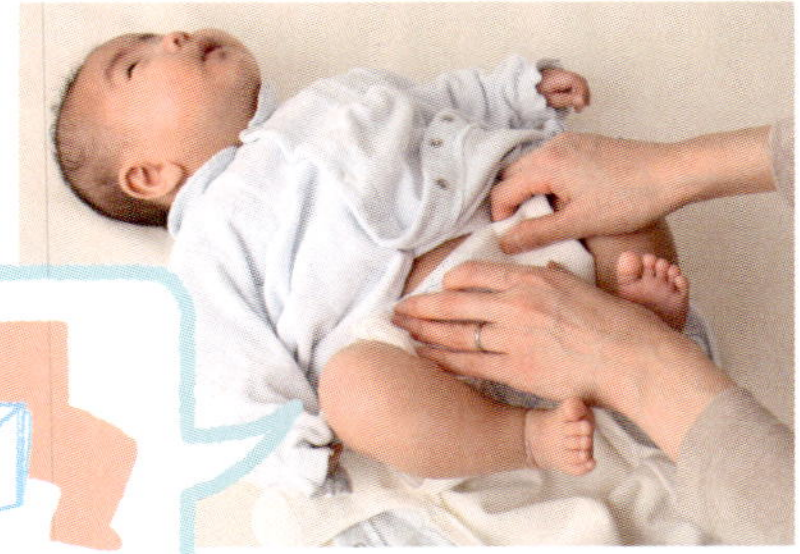

男の子は前側を厚く、女の子は後ろ側を厚くなるようにたたんでおいた布おむつを股の部分に当てます。

おへそがまだ乾燥していないときは布おむつがおへそに当たらないよう、折って当てます。

4 おむつカバーのベルトを留めます

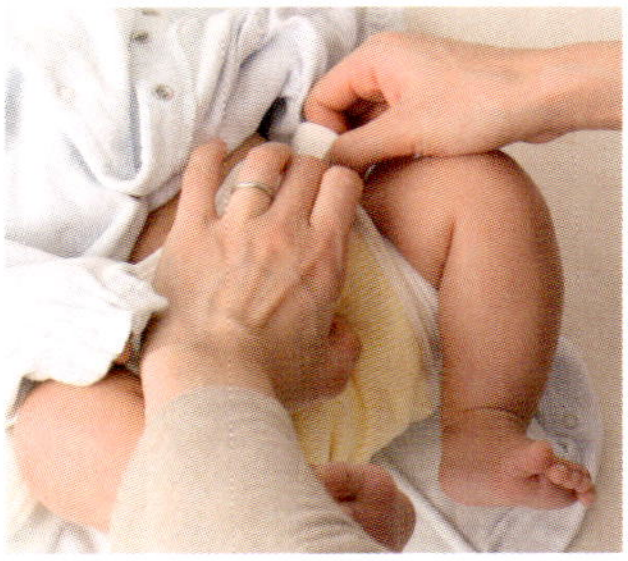

おむつカバーは布おむつを包むようにして、上から当てます。左右対称になるようにベルトを留めます。

5 締めつけやはみ出しがないか確認

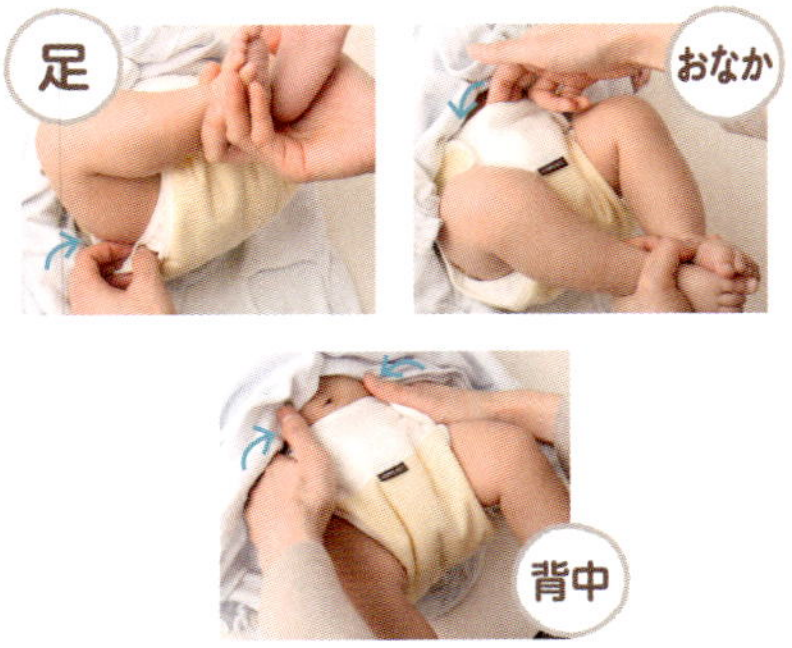

おなか回りに指を入れ、指1～2本分くらいのゆとりがあるか確認します。足回りと背中は、布おむつがおむつカバーからはみ出ていないか確認し、はみ出ていれば内側に収めます。

使用済み布おむつの処理

つけ置きして洗濯機で洗います

うんちをしたときは、うんちだけトイレに流します。その後、おしっこをしたときと同様に、洗剤液を加えたバケツにつけ置きします。つけ置きしたあと、まとめて洗濯機で洗います。

沐浴

新陳代謝が活発なので毎日おふろに入れます

生後1カ月くらいまではベビーバスを使います

赤ちゃんは新陳代謝が活発で、汗や汚れがたまりやすいので、毎日おふろに入れましょう。細菌などへの抵抗力が弱い新生児のころは、ベビーバスで入浴させます。ベビーバスなどで入浴させることを沐浴《もくよく》といいます。沐浴は浴室やリビング、シンクタイプのベビーバスなら台所のシンクでもできます。沐浴させる時間帯は午前と午後のどちらでも構いませんが、夜遅くを避け、できるだけ毎日同じ時間帯に入れてあげるといいでしょう。まだ首がすわっていないころは、片手で首を支えながら洗うことになるので、赤ちゃんが落下しないよう注意します。沐浴は力仕事なので、パパに担当してもらうのもいいでしょう。

のぼせや湯冷めに注意し手早く入れるのが大切

沐浴は手早く入れることが大切です。湯温は約38〜40度と大人よりぬるめに設定し、赤ちゃんがのぼせないよう、湯に入れて洗うのは3〜5分くらいで済ませます。湯はすぐ冷めてしまうので必ず直前に用意し、沐浴後の着替えも準備しておきましょう。着替える部屋の室温は冬でも20度以上に保っておくと安心です。なお、赤ちゃんの機嫌が悪いときは、湯につけて絞ったガーゼで体をふくだけでも構いません。

生後1カ月を過ぎるころ、1カ月健診で医師の許可が出たら、大人と一緒のおふろに入れます。その場合、赤ちゃんは一番ぶろに入れ、湯が熱すぎないよう注意してください。

用意するもの

- ベビーバス
- ベビー用石けん
- ガーゼ（顔を洗う用）
- 沐浴布や大判ガーゼ
- おけや洗面器（上がり湯用）
- 湯温計
- タオルやバスタオル
- 着替えの肌着、ウエア
- 替えのおむつなど

ベビーバスは沐浴する場所を決めてから、サイズを確認して購入しましょう。沐浴布は、裸になって湯に入る赤ちゃんの胸元や腕にかけ、赤ちゃんを安心させるものです。着替えとバスタオルはおふろに入る前に広げておき、上がり湯をおけに準備しておきます。

沐浴のしかた

1 湯温が適温かチェックします

湯温は、寒い季節で40度、暖かい季節なら38〜39度が目安です。湯温計で確認します。ひじの内側を湯につけて再確認。

2 首を支えて足からゆっくり入れます

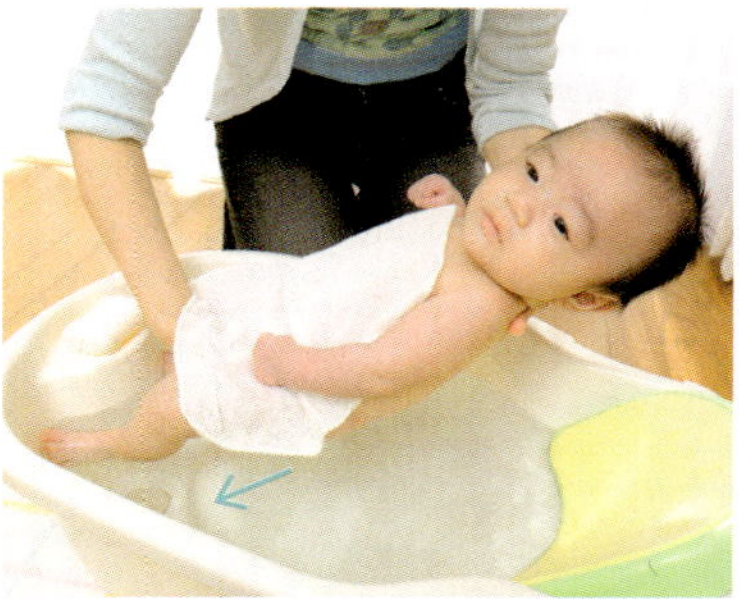

利き手と逆の手で赤ちゃんの首を支えたまま、沐浴布を胸元を覆うようにかけて、足からゆっくりお湯に入れます。

3 石けんで洗ってガーゼでふき取ります

ぬらしたガーゼで目元、顔や耳をふきます。石けんを泡立てて指の腹で洗い、ガーゼでよくふき取ります。

4 髪の毛をぬらし指の腹で洗います

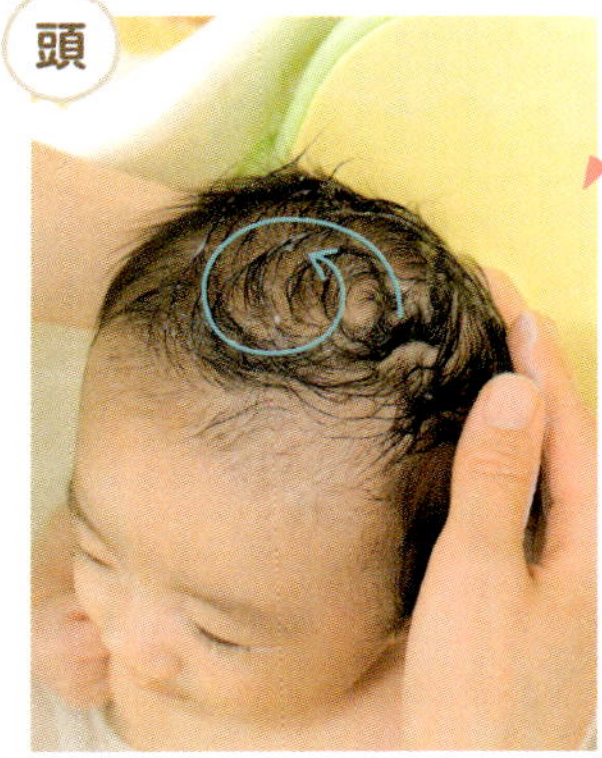

ガーゼで髪全体をぬらし、石けんを泡立て、手の指で円を描くように洗います。湯を含ませたガーゼで洗い流し、仕上げに絞ったガーゼで髪の毛をふきます。

5 指をV字に滑らせ首の下を洗います

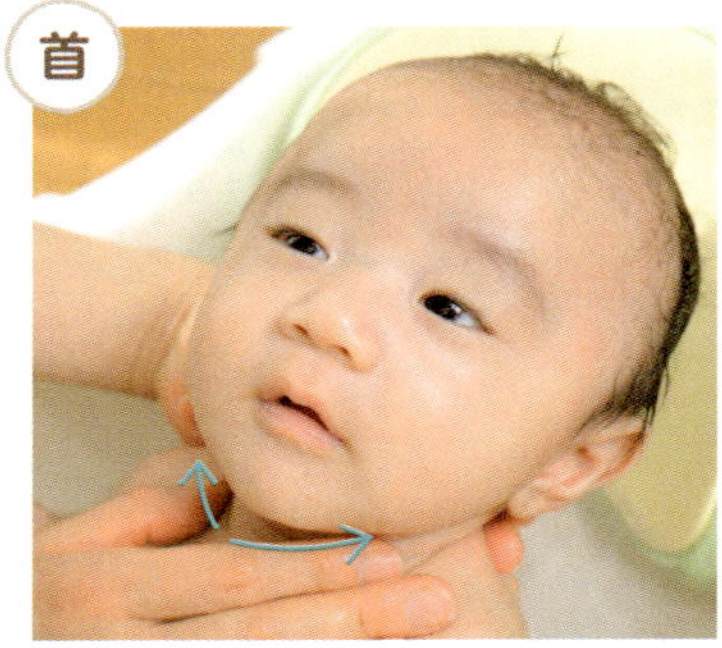

指先に石けんをつけ、親指と人さし指を開き、あごの下に差し入れます。首をV字に挟むよう手を前後に滑らせ、洗います。

6 わきのしたや腕などを洗います

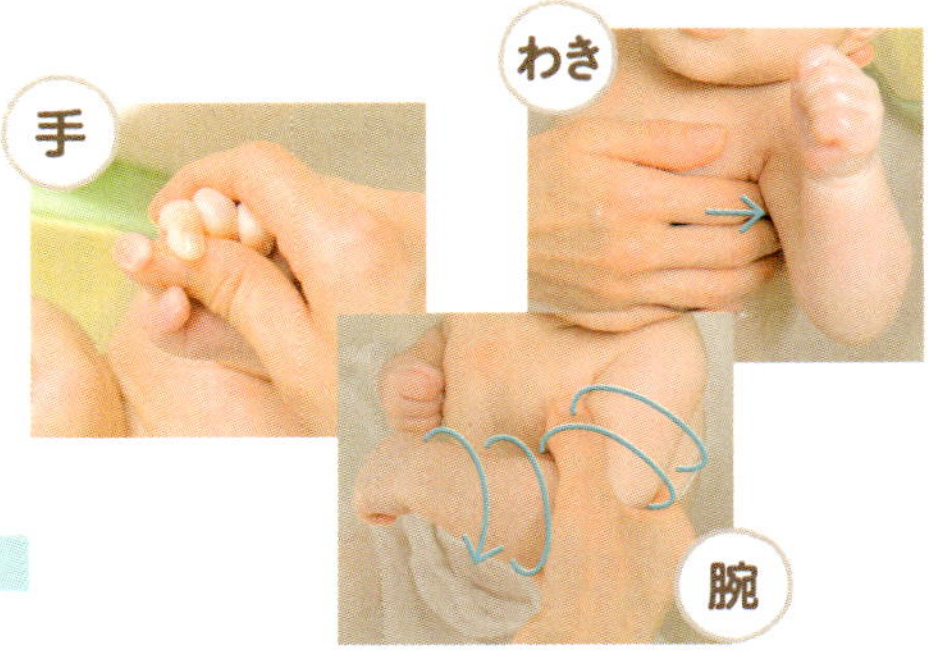

指先に石けんをつけ、わきのしたに差し入れ、洗います。腕をやさしく握って手首を回しながら肩から手先まで洗います。手のひらは指の間までていねいに洗います。

7 おなかなど前面を洗います

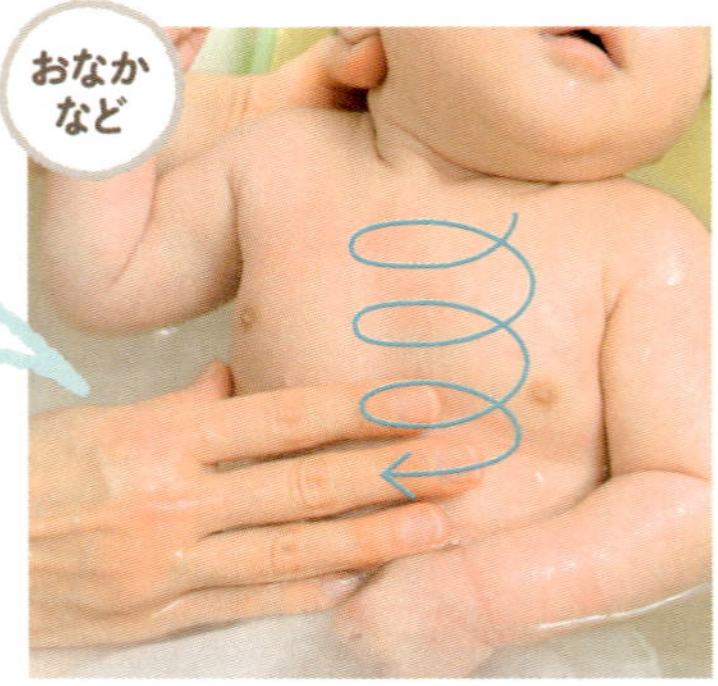

手のひらに石けんをつけ、胸からおなか、足にかけて洗います。性器、脚のつけ根、足の甲と裏までていねいに洗います。

性器・おしりの洗い方

男の子 洗い忘れに注意します

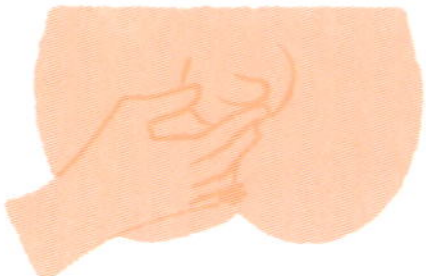

おちんちんを持ち上げるようにして親指と人さし指でやさしく洗います。陰嚢の表と裏、両わき、おしりを洗いましょう。

女の子 外陰部は前から後ろへ

外陰部のひだの部分は指の腹でそっとなでるように洗います。細菌感染を防ぐため、前から後ろへ洗うのがポイントです。

8 赤ちゃんの体をひっくり返します

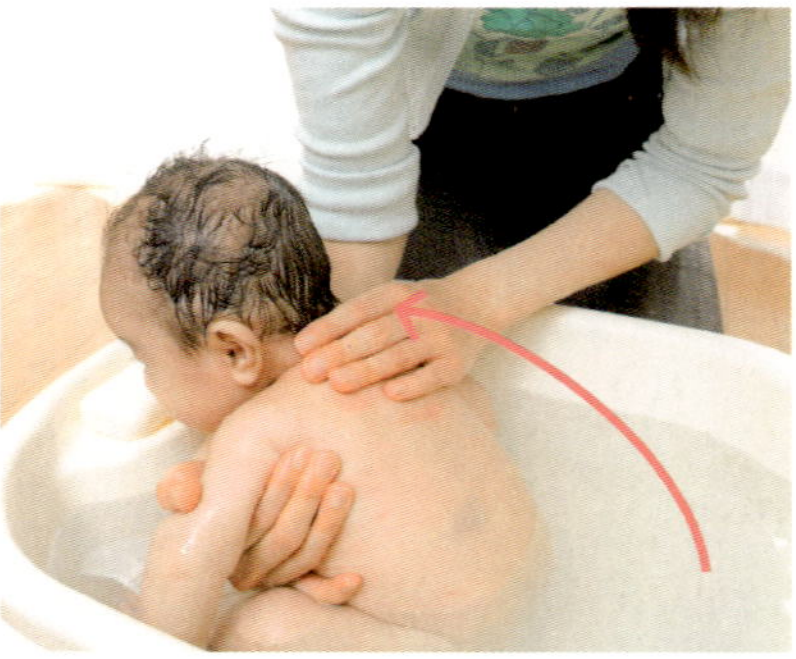

手を赤ちゃんのわきのしたに入れ、腕のつけ根を下からしっかりつかみます。首を支えたほうの手を返して、赤ちゃんをうつぶせの状態にします。

9 背中など背面を洗います

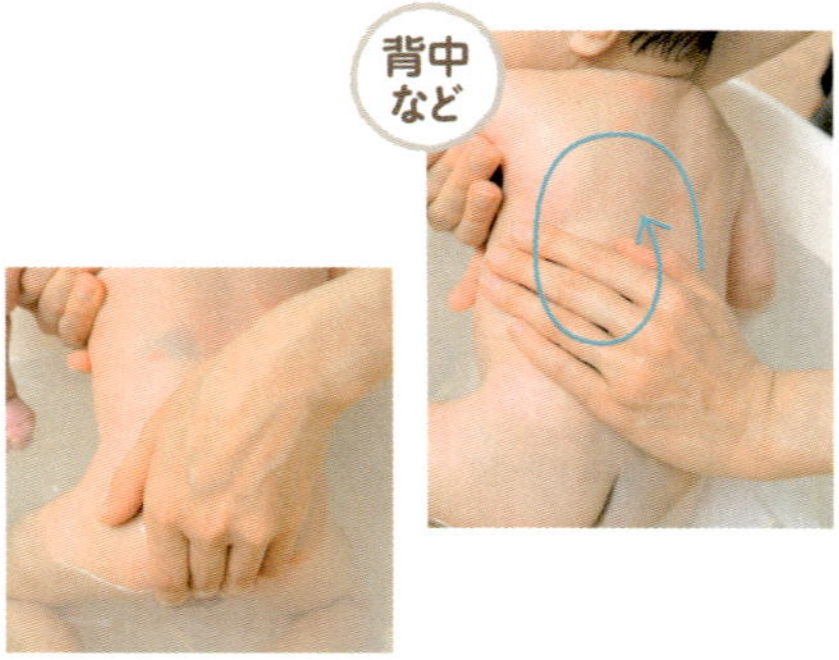

手のひらに石けんをつけ、首の裏から背中、おしり、足まで洗います。背中は大きく円を描くように、おしりは割れ目に指を差し入れて洗います。

10 石けんを落とし上がり湯をかけます

首を支えたまま、ゆっくり裏返して元の体勢に戻します。湯に体をつけ、石けんを落とします。最後に、おけに用意しておいた上がり湯をかけます。

11 体をバスタオルでしっかりふきます

あらかじめ広げておいたバスタオルに寝かせ、全身をくるんで水分をふき取ります。首やわきのした、股の部分は入念に。おむつをつけ、衣類を着せます。

グルーミング

汚れが目立ったときに小まめにお手入れします

おふろ上がりなど気になるときに行います

グルーミングとは、体を清潔にするためのお手入れのことです。毎日必要なものでなく、汚れが目立ったときに行います。おふろ上がりは体がふやけてやわらかく、お手入れに最適。寝ているときでも構いません。ママ自身のつめを切っておき、あせらずに行いましょう。

用意するもの

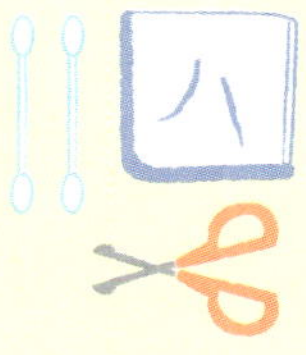

- ベビー用綿棒
- ガーゼまたは清浄綿
- ベビー用つめ切り
- 消毒液など

綿棒は通常より細いベビー用が便利。ベビー用つめ切りは、先端が丸く、小さなはさみの形をしています。

ぬらしたガーゼや清浄綿で目頭から目尻へぬぐい、目やにを取ります。同じ面を使わず、ふくたびに面を替えます。

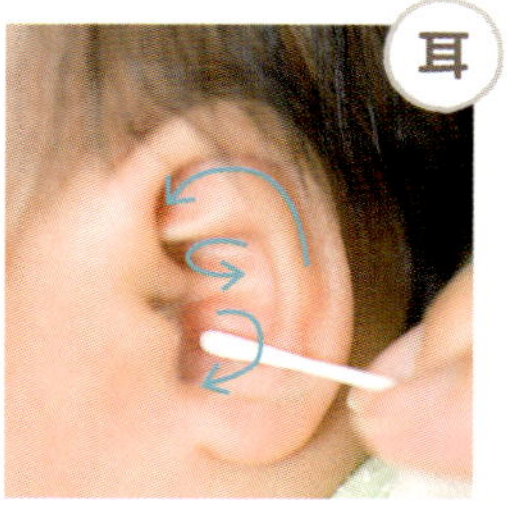

耳あかは自然に穴の入り口付近に出てきたときに綿棒で取ります。穴周辺はくびれに沿って綿棒でふきます。

髪の毛が多い赤ちゃんは絡まらないようベビー用ブラシでとかします。毛の流れに沿って、やさしく動かしましょう。

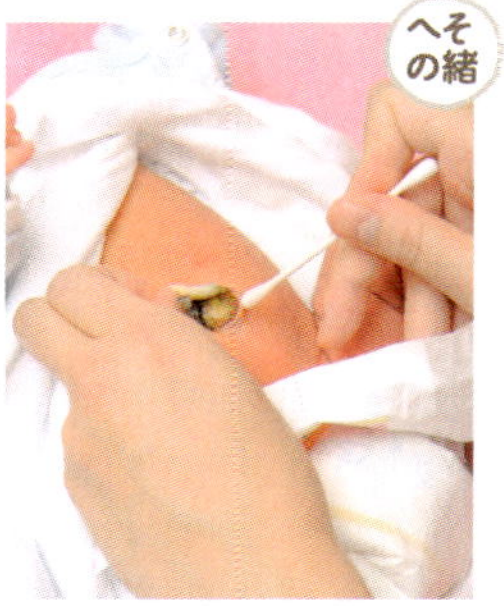

消毒液をつけた綿棒で、おへそのくぼんだ部分とへその緒を消毒します（消毒を行わない産院もあります）。後日、へその緒が取れたら、おへその汚れが目立つときだけガーゼでふきます。

ベビー用つめ切りを使い、指で赤ちゃんの指の第一関節を持って固定し、切ります。

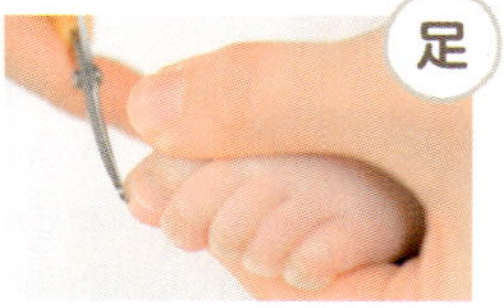

手で足の甲を持ってギュッと押し、指と指の間にすき間ができるようにして切ります。

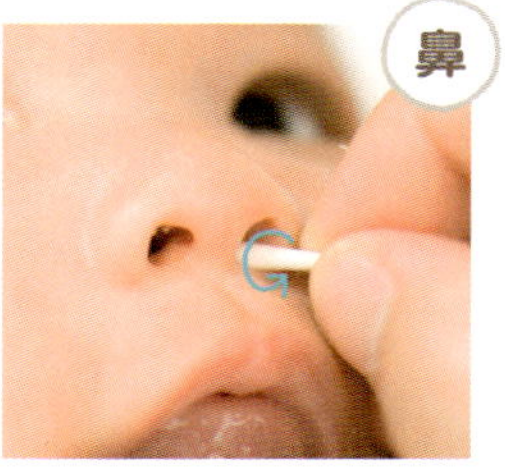

手で頭を固定し、短く持った綿棒で穴の入り口付近をなぞり、鼻水や鼻くそをひっかけます。指先で綿棒をくるくる回して引き出し、取ります。

着せ方

肌着にウエアを重ねて着せ赤ちゃんの体温を調節します

新生児は大人と同じか1枚多めに着せます

赤ちゃんは汗っかきなので、まず肌着を着せ、その上にウエアを着るのが基本です。新生児のころは体温調節が上手にできないので、大人と同じか1枚多めを目安に着せ、気温や汗のかき具合などを見て調節します。生後1カ月以降は大人と同じか1枚少なめを目安に考えます。

素材は、吸湿性や保温性に優れた綿100%のものを選びましょう。ねんねのころは1日中横たわって過ごすので、首回りはシンプルなデザインで、前開きタイプがおすすめです。肌着とウエアは、赤ちゃんの成長や育児する時季に応じて、種類や生地を選ぶといいでしょう。

肌着の種類

短肌着

基本の肌着。丈が短く、もたつかないため、どんなウエアにも合います。低月齢向き。

長肌着

股のないスカート型です。丈が長く、足先まで隠れます。おむつ替えの多い新生児期向き。秋冬に重宝します。

コンビ肌着

短肌着より丈が長め。股のスナップボタンを留めると、裾が分かれるのではだけません。

ウエアタイプの肌着

股をスナップボタンで留めます。足の動きが活発になると便利。暑い日はこれ1枚でOK。

ウエアの種類

ツーウェイオール

股のスナップボタンを留め替えられて、スカート型とズボン型の2通りに着せられます。

カバーオール

股下がズボン型で、裾がはだける心配がありません。足の動きが活発な場合に便利です。

ベビードレス

丈が長いスカート型。おむつ替えの多い新生児期向き。足の動きが激しいと裾がはだけることも。

プレオール

袖丈・ズボン丈ともに短く、夏におすすめ。

用意するときの注意点

必要な枚数は？

セットで6枚程度必要

肌着とウエアは各6枚（6セット）必要です。1日目は、現在着用分・沐浴後・汚れたときの着替え用で計3セット必要。2日目も同様に計3セット必要。3日目は1日目のものを洗濯して（2日目に乾く）着用すればOK。トータルで6セットあれば着回せるという計算です。ただし、衣類乾燥機の有無や季節、気候などにもよるので、必要に応じて買いたしましょう。

肌着とウエアの相性は？

もたつきやはみ出しを考慮

肌着とウエアの組み合わせ方によって股の部分がもたついたり、肌着がウエアからはみ出したりする場合があります。組み合わせるときは、裾の重なりや股の有無を考えることが大切です。

ウエア ＼ 肌着		短肌着	長肌着	コンビ肌着	ウエアタイプの肌着
ツーウェイオール	スカート	○	○	○	○
	ズボン	○	△	○	○
カバーオール		○	△	○	○
ベビードレス		○	○	○	○
プレオール		○	△	△	○

※表中の○は相性がいいもの、△はサイズやデザインによりうまく組み合わせられるものもあることを示しています。

着せ方

1 肌着とウエアの袖を通します

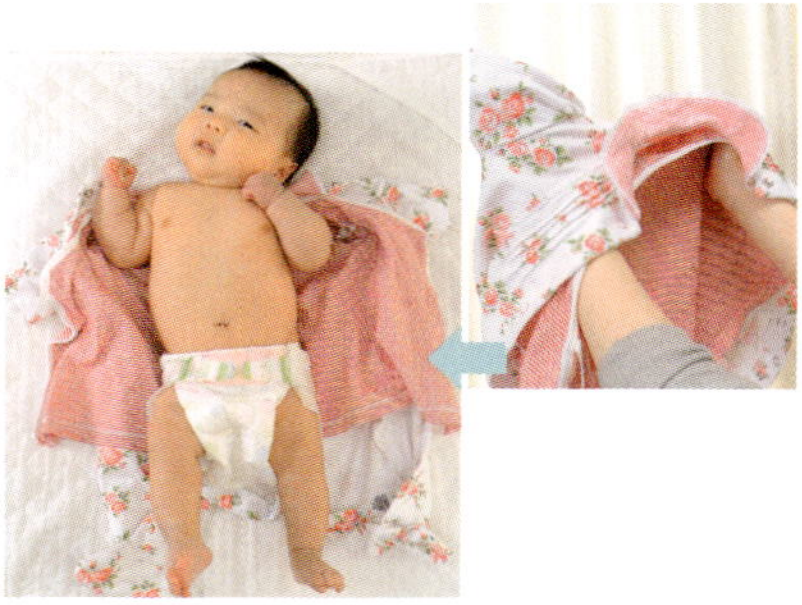

肌着とウエアの表裏を確認し、ウエアを広げ、肌着を重ね、両袖を重ねて通しておきます。その上に赤ちゃんを寝かせます。

2 袖をたぐり寄せ手を通します

肌着とウエアの袖をたぐり寄せ、袖口からママの手を入れ、赤ちゃんの手を迎えに行きます。手首を持って袖をくぐらせ、袖を伸ばして着せます。

3 肌着の前を合わせひもを結びます

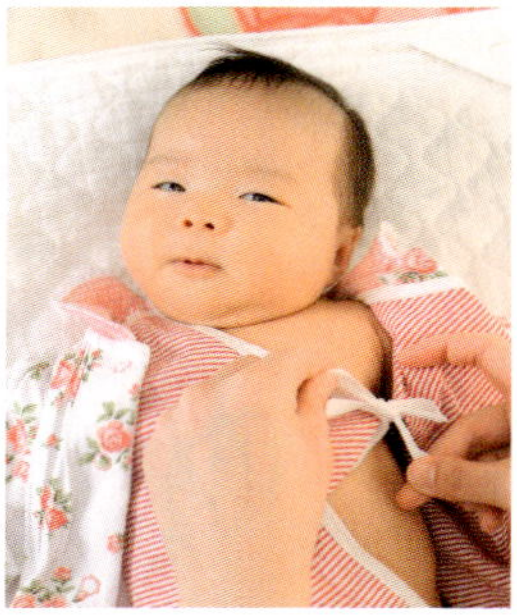

両袖を通したら、肌着のひもを結びます。まず内側のひもをわきのしたで結び、肌着の前を合わせて、外側のひもを結びます。

4 ウエアのスナップボタンを留めます

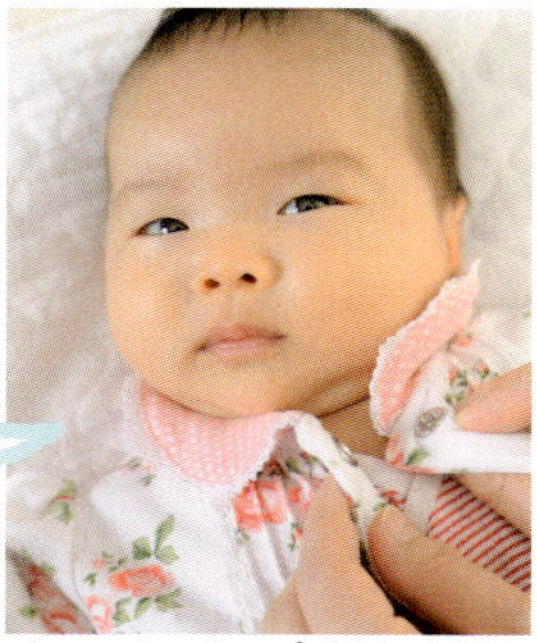

ウエアのスナップボタンを留めていきます。最後に生地のよれを整えます。

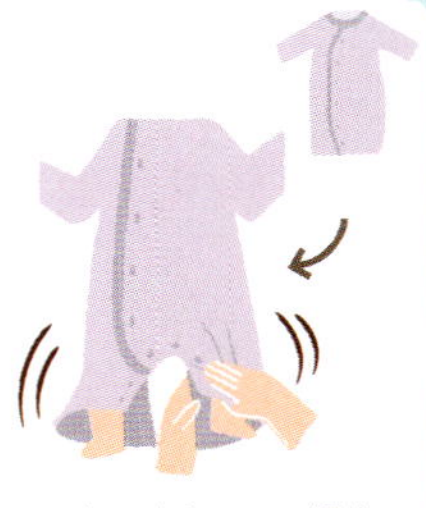

ツーウェイオールの場合、足の動きが活発になったら、スカート型からズボン型に留め替えましょう。

快適さ・安全性・衛生面を考えて お部屋づくりをします

赤ちゃんとママの両方に快適な環境を考えます

お部屋づくりはまず快適さが重要です。生まれてすぐの赤ちゃんは体温調節が苦手なので、快適な温度や湿度に気を配る必要があります。快適に過ごせる目安は、室温が夏は26～28度、冬は18～22度、湿度は50％くらいです。小まめに換気を行い、掃除しやすいよう整理整頓しておくことも大切です。

安全性にも配慮し、赤ちゃんの顔の近くに顔を覆って窒息の危険性があるものは置かないなど事故防止に努めます。地震対策としても頭上近くに物を置かないようにしましょう。また、お世話しやすいように、おむつ替えや夜中の授乳などお世話の動線を考えて、家具や育児グッズを配置するといいでしょう。

お部屋づくりのポイント

Point 1

赤ちゃんは大人の目の届くところに

事故を防ぐため、赤ちゃんは目の届く見える場所に。家事で離れるときは赤ちゃんを移動させます。

Point 2

エアコンの直風が当たらないように

エアコンの風向きを調節したり、赤ちゃんの向きを変えたりして、エアコンの直風が当たらないようにします。

Point 3

直射日光を避け風通しのいい部屋に

適度に自然光が差し込む明るい部屋が理想的です。むやみに家具や物を置かず、風通しよくしましょう。

Point 4

高い所に物を置かないように

落下が心配な額は壁からはずし、家具の上の物は片づけます。家具は転倒しないよう固定します。

Point 5

小まめに掃除して清潔に保ちます

掃除機をかけるときはハウスダストが舞い散るので窓を開けます。1日3回10分程度の換気を。

Part★2

0～3才 心と体の発育・発達

生まれてからの１年間は赤ちゃんの成長が最も著しい時期。
昨日できなかったことが、急にできるようになって、
驚かされることがあるかもしれません。
表情もどんどん豊かになって、ママやパパを楽しませてくれます。
発育・発達は個人差があるので、うちの子のペースを見守りましょう。
この章では、０～３才までの子どもの発育・発達を見ていきます。

0～1カ月

昼と夜の区別はなく飲んでは眠るを繰り返します

このころの赤ちゃん

- 一時的に体重が減りますが、また増え始めます。
- 視力は30㎝くらい先にあるものが、ぼんやり見える程度です。
- 1日の大半を浅い眠りの中で過ごします。
- おっぱいを上手に飲めない赤ちゃんも多く、授乳の間隔が定まりません。
- おしっことうんちは頻回です。

女の子

●出産時
身長
44.0～52.0cm
体重
2.13～3.67kg

●30日後
身長
48.1～56.4cm
体重
2.90～4.84kg

男の子

●出産時
身長
44.0～52.6cm
体重
2.10～3.76kg

●30日後
身長
48.7～57.4cm
体重
3.00～5.17kg

モデル／森 美嶺《みれい》ちゃん、福島悠斗《ゆうと》くん

※ここで紹介する身長と体重は、乳幼児身体発育値（厚生労働省）の3～97パーセンタイル値。赤ちゃんが100人並ぶと、3番目から97番目に当たります（各月齢同様）。

体

体重は一時的に減少し再び増えていきます

ほとんどの赤ちゃんは生後1週間くらいまでに、一時的に出生時より体重が減り、生後7～10日で元に戻ります。首はまだすわっていません。動きは原始的な反射によるものが多く、口に入ったものを吸う「吸てつ反射」、大きな音などでしがみつくような姿勢をする「モロー反射」などが見られます。視力は30㎝ほど先にあるものがぼんやり見える程度です。

手のひらに触れるとギュッと握り返してきます。「把握反射」と呼ばれる動きです。

心 泣くことが心の表現方法

泣くことで「おなかがすいた」「眠い」「暑い」「痛い」などの不快を表現します。赤ちゃんは要求が満たされると、しだいにママが不快を除いてくれる人だとわかっていきます。心地よいときには「新生児微笑」と呼ばれるニーッとした生理的な笑いが見られます。耳はよく聞こえているようで、とりわけ胎内で聞いていたママの声に反応します。

においを感じる力も備わっています。おっぱいのにおいがわかります。

生活 1日のほとんどを眠って過ごします

1日の大半を浅い眠りの中で過ごします。昼夜の区別なくおっぱいを欲しがり、満腹になると眠ることを繰り返します。おしっこは1日に10〜20回くらい、うんちは2〜6回くらいで、頻回です。生後2〜3日以内に排せつされる胎便は黒っぽく粘りがあります。しだいに水分量の多いうんちになり、山吹色や明るい緑色などになります。

飲む・食べる 授乳は赤ちゃんのペースでします

生後間もないころは上手におっぱいを飲めず、途中で疲れて眠ってしまうこともあります。この時期はまだ母乳の出も少ないため、授乳は頻回です。多くの場合、赤ちゃんに吸わせるうちに母乳が出てくるようになります。授乳の間隔を気にせず、欲しがったら授乳をしましょう。自然とリズムができ、おっぱいをあげるタイミングがつかめるようになります。

コミュニケーション お世話のときは優しく語りかけます

赤ちゃんに語りかけるとき、ママが自然に発する独特の高い声に、よく反応します。皮膚の刺激にも敏感で、やさしく触られたり抱っこされたりすると、心地よさを覚えます。あやしても喜びの表情をすることはまだありませんが、積極的に語りかけやスキンシップをとることが大切です。繰り返すことで、親子の信頼感がはぐくまれていきます。

30㎝くらいの距離に近づけると、赤ちゃんの目にぼんやり映ります。

0～1カ月の暮らし 見せて!

モデルは

池尻拓未《たくみ》くん
（0カ月）
&友紀ママ

「手足をよく動かして バタバタしています」

妊娠中、胎動は強いほうでした。生まれてからも手足をバタバタさせて布団をはいだり、90度くらい体を回転させていることがあるので目が離せません。新生児はじーっとしていると思っていたので、驚きました。5～6時間まとめて眠ってしまうこともあるため、おっぱいの回数が少なく、量がたりているか少し心配です。あやすときなどにはバウンサーを使います。寝心地がいいのか、乗せるとご機嫌になります。

「上手に飲めるようになったね」

初めのうちは、片方のおっぱいに吸いつけなくて苦労しましたが、今では上手に飲めるように。おっぱいの時間は5～15分とまちまちです。

「どうして泣いているの?」

なぜ泣いているのか模索する毎日。でもパパではなく、ママの抱っこで泣きやんだときは感激しました。

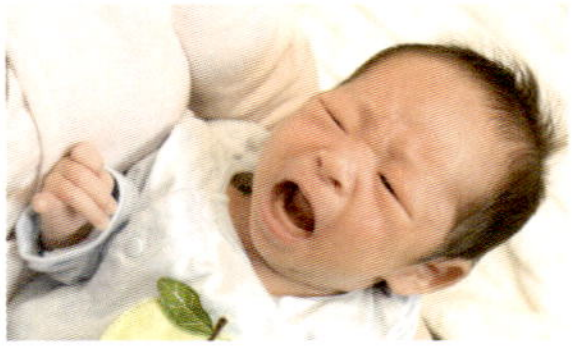

「そろそろおっぱいの時間かな」

「そろそろおっぱいかな？」と、指で口をつつくと、目を見開いて口をパクパク動かします。おなかがすいているときのサインです。

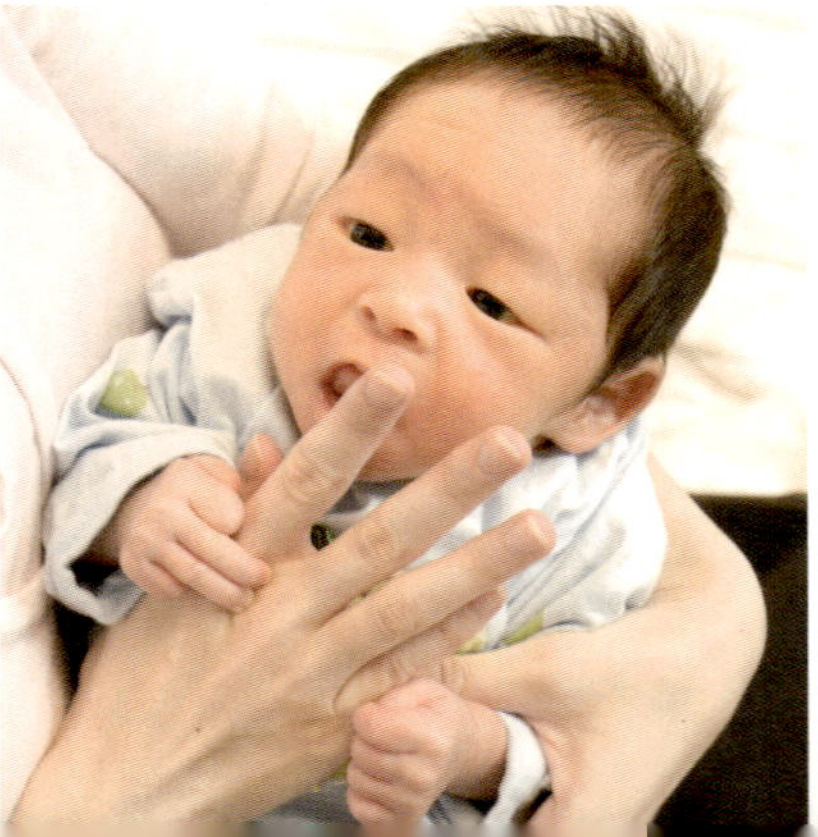

＊拓未くんの発育曲線＊

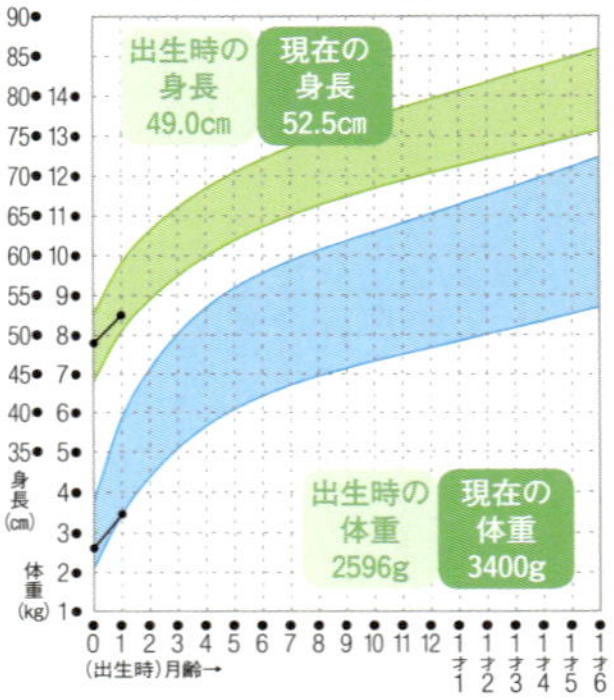

拓未くんの1日の様子

05：00	おっぱい（15分）	
06：00		ママ・パパ起床
07：00		ママ・パパ朝食、パパ出勤
08：00	起床、おっぱい（15分）	
09：00		
10：00	おっぱい（5分）	
11：00		
12：00	おっぱい（10分）	ママ昼食
13：00	ねんね（210分）	ママ仮眠
14：00	↓	↓
15：00	↓	↓
16：00	↓	↓
17：00	おっぱい（8分）	
18：00	沐浴	ママおふろ
19：00	おっぱい（10分）	ママ夕食
20：00	就寝	
21：00		パパ帰宅、夕食
22：00	おっぱい（10分）	パパおふろ
23：00		ママ・パパ就寝
24：00	おっぱい（5分）	
01：00		
02：00	おっぱい（5分）	
03：00		
04：00		

おっぱい 83分

うんち 10回

昼寝 1回

※発育曲線の色帯には、各月齢・年齢の94%の子どもの体重・身長が入ります。
※スケジュール内の吹き出しは、おっぱい・ミルク、うんち、昼寝の1日の合計時間・回数を記しています。

「沐浴大好き。気持ちいいな」

沐浴は嫌がらず、リラックスして入ってくれます。お湯の中でじーっとしてくれるから、安心して洗ってあげられます。

「げっぷが出なくて苦戦中」

しばらく背中をたたいてもげっぷが出ないことがあります。パパも積極的に手伝ってくれて、げっぷ出しはパパの日課に。

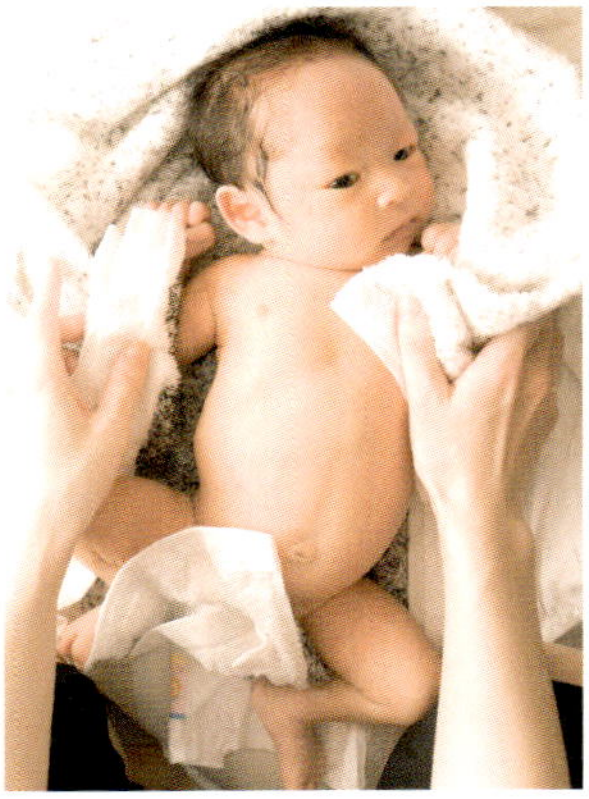

「おふろの前後はいつも大泣き」

おふろの前とあとは、いつも大泣きしてしまいます。でもこのバスタオルにくるむと、静かになります。落ち着くのかもしれません。

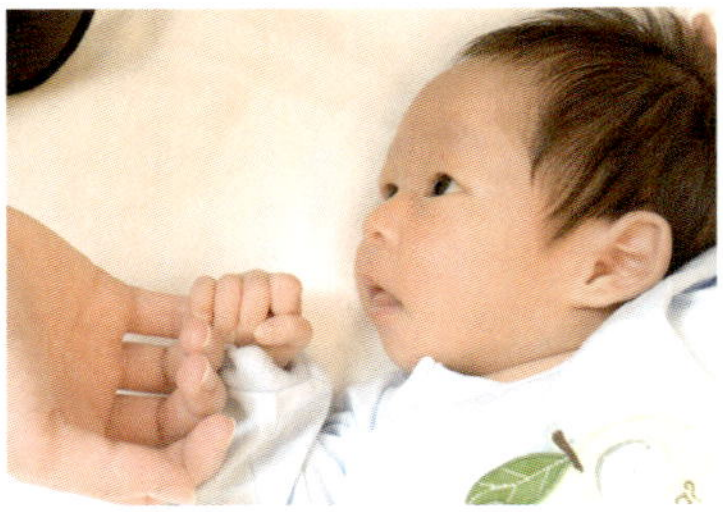

「ママを見ながら指をギュッ!」

手のひらに指を置くと、私の顔を見つめながらギュッと握り返してくれました。ママになった幸せを感じています。

0〜1カ月のころのみんなの様子

ぬいぐるみを使って語りかけています

武井誠《せい》真《ま》くん&慶子ママ

わが子の手を握りながら、目を見て話しかけています。シロクマのぬいぐるみを使って語りかけると、ママのほうをよく向きます。家ではクラシックをかけていて、音楽が流れると赤ちゃんもリラックスした表情になります。

お世話のときは赤ちゃんをよく見て

濵 凜《り》生《お》ちゃん&真生ママ

お世話のときは様子をよく観察して、赤ちゃんのサインを見逃さないようにしています。赤ちゃんの手足を持ってバタバタと動かすと、私の目をじっと見つめてくれます。愛らしい反応は日々の楽しみです。

0~1カ月 気がかりQ&A

✤おっぱいはたりている？

Q おっぱいがたりないのか、授乳しても30分もしないうちに泣きます。

A 授乳間隔は気にせずに欲しがるたびにあげて

生まれたばかりの赤ちゃんは、吸う力が弱い、飲み方のコツがわからない、胃が小さいなどの理由でおっぱいを一度にたくさん飲めません。そのためにしょっちゅう泣いておっぱいを欲しがります。ママもまだ慣れていないし、この時期は十分におっぱいが出にくいのが一般的です。

この時期は授乳のリズムを整えることに気を配ることはありません。赤ちゃんが欲しがるだけあげましょう。吸わせれば吸わせるほど、ママのおっぱいの出もよくなります。

今は間隔が空かなくても、2カ月、3カ月と月齢が上がってくれば、だんだん一度にたくさん飲めるようになります。また、ママのおっぱいの出もよくなるので、授乳間隔が3時間くらい空いてきます。

✤いつも同じほうばかり向く

Q いつも同じほうに顔を向けていて、反対側に向けてもすぐに戻ってしまいます。頭の形がいびつになりますか？

A 成長とともに整ってくるので心配いりません

低月齢の赤ちゃんは頭の骨がやわらかいので、向き癖があると下側になる部分が平らになります。程度の軽い左右のゆがみはあまり心配いりません。これから首がすわったり、寝返りやおすわりをするようになって起きている時間が長くなれば、自然と整ってきます。

気になる場合は、向き癖とは反対の方向に、赤ちゃんの興味を引きそうなものを置いてみたり、向き癖と反対側に窓が来るように寝かせてみてもいいでしょう。

頭の形は髪の毛が生えてくれば目立たなくなりますが、正面から見て顔の左右差が目立つ場合や、耳の位置に左右差がある場合は、健診時に医師に相談しましょう。

✤毛深い

Q 女の子なのに、全身にびっしり毛が生えています。このままでは心配。毛深いのはいつごろ直るのでしょうか？

A そのうち抜け落ちるので心配いりません

生まれたばかりの赤ちゃんは、背中や肩あたりに産毛《うぶげ》が生えています。よく観察すると、顔にもうっすらと産毛が生えています。中には産毛とは思えないほど毛深い赤ちゃんもいるので、びっくりするママもいるようです。

赤ちゃんの産毛は、長期間ママの羊水の中にいてもふやけないよう、皮膚を守るために生えています。生まれるとその必要がなくなるので、産毛は成長に伴い自然と抜け落ちていきます。

◆赤ちゃん行事は必要？

Q お食い初めなどの赤ちゃんのお祝い行事は、必ずしなければいけないでしょうか。

A 家計に合わせて、お祝いしましょう

赤ちゃん行事は、家族の絆《きずな》を強める大切な行事。しきたりの心を大事にしながら、家計に合わせてお祝いしましょう。

●お七夜《しちや》

生まれた日から7日目の夜に、赤ちゃんの名前を命名書に書き、壁などにはって、みんなにお披露目します。

●お宮参《みやまい》り

赤ちゃんが生まれて30日目ごろ（地方により異なる）に、初めて氏神様にお参りして、その土地の子になったことを報告します。初穂料（玉串料）を赤ちゃんの名前で包みます。

●お食《く》い初《ぞ》め

赤ちゃんが一生食べ物に困らないように、生後100日目または120日目にお祝い膳を用意し、食べさせるまねをします。

◆黄色いかさぶた

Q 頭やまゆ毛に黄色いかさぶたがあります。顔のふき方がたりないのですか？

A おふろでやさしく洗ってあげましょう

0〜3カ月ごろの赤ちゃんは、ママからもらったホルモンの影響で皮脂の分泌が多く、まゆ毛や髪の毛の生え際などに黄色いかさぶたができます。

かさぶたはおふろのときに石けんで洗います。入浴前にベビーオイルを塗ってふやかすと、取れやすくなります。つめを立てたり、無理に取らないようにしましょう。かさぶたは、生後3カ月ごろには目立たなくなります（P.233「乳児湿疹」参照）。

◆手の甲にもあざが…

Q おしりだけでなく、手の甲にもあざがあります。自然に消えますか？

A あざの色や部位によっては消えないことも

おしりなどにできる灰色がかった青あざは蒙古斑《もうこはん》で、10才ごろまでに薄くなります。蒙古斑がおしりや腰、背中以外の部位にある場合は健診時に相談を。色などから、将来消えるあざか否かがわかります。残りそうな場合もレーザー治療で色を薄くすることができます（P.235参照）。

◆白目をむく

Q ときどき白目をむきます。黒目が片方だけ寄ることや、目つきも気になるのですが。

A 視力が発達すれば気にならなくなります

新生児期の赤ちゃんは、30㎝くらいの距離しか見えませんし、長時間同じものを見続けることもできません。この時期に白目になったり、黒目が寄って見えることがあります。視力が発達してくれば、目の焦点が合って、両目でしっかり見ることができるようになります。

1〜2カ月

日増しに大きく成長し、動きが活発になります

このころの赤ちゃん

- １カ月で１kg程度体重が増加します。
- 泣き声に少しバリエーションが出ます
- まだ原始反射は残っています。手足を活発に動かします。
- 新生児のころに比べ、起きている時間が長くなります。
- ママの目を見つめてにっこりすることもあります。

女の子

身長
50.0〜58.4cm
体重
3.39〜5.54kg

男の子

身長
50.9〜59.6cm
体重
3.53〜5.96kg

モデル／樋口りこ愛《あ》ちゃん、新井秀《しゅう》悠くん

体 手足の動きが活発になります

体重は1日に約20〜40g増え、身長も1カ月で約3〜5cm伸びます。原始反射はほとんど残っています。手足を活発に動かします。運動機能は脳に近い体の部位から、徐々に手、足などの末端へと発達していきます。赤ちゃんが最初に自分の意思で自由にできるようになるのが、顔を左右に動かすことです。寝るときの顔の向きが決まってくる子もいます。

顔を左右に動かせるようになります。うつぶせにすると、顔を少し横に向ける子もいます。

心 興味のあるものをじーっと見つめます

目の前のものがかなり見えるようになります。まだママの顔はわかりませんが、目の前にあるものに反応したり、笑いかけたりします。ママと目が合うとしっかり見つめます。ママが舌を出すと、同じように舌を出す「新生児模倣」をすることもあります。状況によって泣き声に変化が出てきます。あまりぐずらない子、ぐずりやすい子など個性が表れ始めます。

生活 大人と一緒のおふろに入れるようになります

新生児のころに比べると、起きている時間が徐々に長くなってきます。昼夜の区別はまだありません。1カ月健診で医師から許可が出ると、大人と一緒のおふろに入れます。乳児湿疹（脂漏性湿疹《しろうせいしっしん》）ができやすい時期なので、ていねいに洗ってあげましょう。うんちを少しずつ腸にためられるようになるため、回数が減る赤ちゃんもいます。おしっこは1日に7～8回、多い子だと10回以上することも。1カ月を過ぎたら、少しずつ外の空気に触れさせるようにします（外気浴）。

遅すぎない時間帯で、おふろは決まった時間に入れましょう。

飲む・食べる 吸う力がつき、一度に飲める量が増えます

おっぱいを探すしぐさをすることもあります。口のまわりの筋肉が発達し、授乳で吸う力がついてきます。一度に飲める量が増え、授乳間隔は徐々に空いてきます。授乳のリズムはまだ整わないので、赤ちゃんが欲しがったら授乳しましょう。体重が順調に増えないなど母乳不足が考えられる場合は、医師や助産師に相談しましょう。

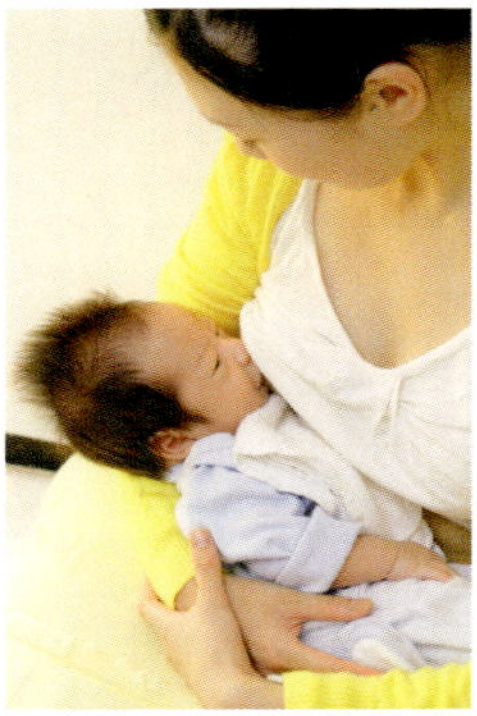

吸う力がつき、1回の授乳でまとまった量を飲めるように。授乳間隔も少しずつ空いてきます。

コミュニケーション 興味のあるものに反応を示します

あやすと反応を見せ始めます。目の前で、ママの顔やおもちゃをゆっくり左右に動かすと目で追ってくるようになります。音にもよく反応し、おもちゃなどを鳴らすと、音の方向に興味を示します。この時期になると、ママの肌の感触や温かさがわかってきます。抱き癖は気にせず、積極的に抱っこをしてスキンシップをとりましょう。首はすわっていないので横抱きが基本です。

赤や黄、青などのはっきりした色のおもちゃが赤ちゃんには見えやすいでしょう。

1〜2カ月の暮らし見せて!

モデルは

畑中明日梨《あかり》ちゃん
（1カ月）
＆景子ママ

「声をかけると探すしぐさをします」

1カ月たち、ふっくらとした体つきになってきました。私が呼びかけると、首を上下左右に動かして探すしぐさをします。語りかけると笑顔を見せてくれることもあります。おっぱいの出はよく、赤ちゃんもたくさん飲んでくれるのですが、授乳のたびに吐きもどしてしまいます。1カ月健診で相談したところ、体重が順調に増えているので、心配はないとのこと。少し安心しました。最近では庭に出て外気浴するようになったんですよ。

「起きないでね。つめを切るよ」

つめを切ろうとすると動いてしまいます。赤ちゃんが眠っている間に、そーっと切っていきます。

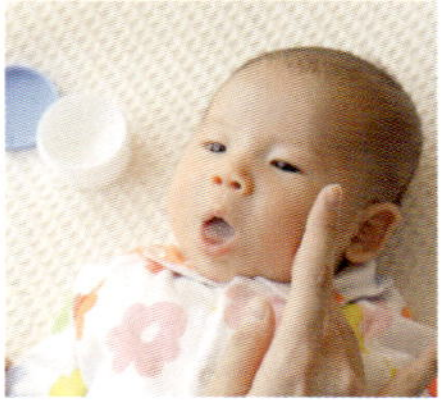

「乳児湿疹がひどくなってきて…」

乳児湿疹がひどくなってきて、病院で塗り薬を処方してもらいました。

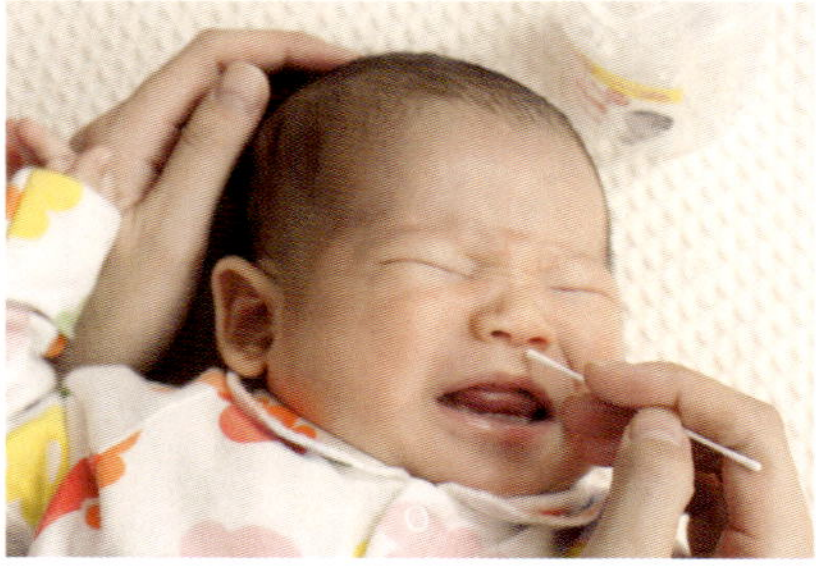

「鼻の手入れは嫌なの」

綿棒で鼻の中をお手入れしています。奥にある鼻くそを取ってあげたいのですが、首を振って抵抗されます。

＊明日梨ちゃんの発育曲線＊

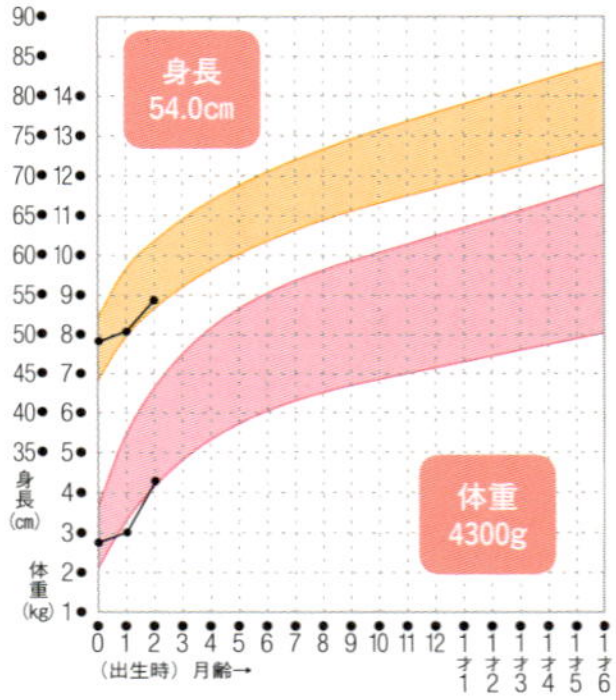

明日梨ちゃんの1日の様子

05：00	おっぱい（15分）	
06：00	グズグズ、起床	ママ・パパ起床
07：00	おっぱい（10分）	ママ・パパ朝食
08：00		ママ家事、パパ出勤
09：00	おっぱい（15分）	
10：00	ねんね（30分）	
11：00	ママと散歩	ママ買い物
12：00	おっぱい（15分）	
13：00		ママ昼食
14：00	沐浴	
15：00	おっぱい（15分）、グズグズ	
16：00	ねんね（30分）	ママ家事
17：00	おっぱい（15分）	
18：00	ねんね（120分）	ママ夕食
19：00	↓	ママ家事
20：00	おっぱい（15分）	パパ帰宅、夕食
21：00	ねんね（120分）	ママ・パパおふろ
22：00	↓	ママ家事
23：00	おっぱい（15分）、就寝	ママ・パパ就寝
24：00		
01：00		
02：00		
03：00		
04：00	おっぱい（15分）	

おっぱい 130分

うんち 1回

昼寝 4回

※発育曲線の色帯には、各月齢・年齢の94％の子どもの体重・身長が入ります。
※スケジュール内の吹き出しは、おっぱい・ミルク、うんち、昼寝の1日の合計時間・回数を記しています。

「ママの歌声が大好きなの」

歌ってあげると、機嫌がよくなります。赤ちゃんの目を見て、優しい声で歌います。

「吐きもどしが多く何回も着替えます」

げっぷのあとにも母乳を吐きもどします。そのため毎日、何度も着替えます。着替えで体が動いた拍子に吐いてしまうこともあります。

「ブラッシングは気持ちいいな～」

赤ちゃん用のヘアブラシを購入しました。髪をとかしてあげると、気持ちよさそうに目をつぶります。

「天気がいいからお庭に出ようね」

抱っこしてもぐずりが治まらないときは、庭で外気浴をします。赤ちゃんはしだいにウトウト。

「ママ、どこ?」

声をかけると、首を上下左右に動かしてママを探すしぐさをしてくれます。

1～2カ月のころのみんなの様子

積極的に抱っこしています

山田 衛《まもる》くん&克衣ママ

　赤ちゃんが安心できるように、いつも優しい声で語りかけています。抱っこが大好きみたいなので、祖父母にも積極的に抱っこをしてもらっています。パパのおなかの上でうつぶせになるのもお気に入りです。

語りかけると声を出して反応します

渡邊まひなちゃん&しのぶママ

　顔を近づけて語りかけると、「アー」「ウー」と声を出して反応することもあります。最近は周囲のものに興味を持ち始めた様子です。電灯や色鮮やかな花などを、じーっと見つめていることが多くなってきました。

1~2カ月

気がかりQ&A

◆靴下は不要？

Q 赤ちゃんには靴下ははかせないほうがいいと義母に言われましたが、足が冷たくなっているときも不要ですか？

A 足の色が悪いときは靴下をはかせて

室温が22度以上あるときは、素足で過ごしても大丈夫です。また、赤ちゃんの足指の動きを妨げないためにも、はだしのほうがいいでしょう。

冷房が効いていたり、寒い季節で室温が低く、足元が冷えるときに赤ちゃんの足の色が悪くなっていたら、血液の循環が悪くなっているサインです。その場合は靴下をはかせて温めましょう。寒い季節のお出かけでは、素足だと、しもやけやあかぎれになることもあるので、必ず靴下をはかせましょう。

◆体重が増えない

Q 1カ月健診で、出生体重から100gしか増えていませんでした。おっぱいがたりないのでしょうか？

A 小児科医か助産師に相談してミルクをたしても

このくらいの月齢の赤ちゃんは、体重が1日30gぐらい増えるのが目安です。おっぱいがたりているかは、次のチェックポイントを参考にしてください。

★十分に母乳を飲んでいるサイン
- 1日7回以上飲んでいる
- 1日6回以上おしっこが出る
- 肌に張りがあり、色もいい
- 体重増加が1日平均25g以上ある

1カ月健診で100gしか増えていないなら、おっぱいが不足しているのかもしれません。小児科医や助産師に相談してミルクをたしてもいいでしょう。

◆ミルクをたすタイミング

Q 1時間ごとにおっぱいを欲しがって泣くので、授乳間隔が全然空きません。おっぱいもそんなに張らないし、毎日へとへとです。ミルクをたしてもいいですか？

A ママがつらいなら、1日1回をミルクにしても

体重の増え方をチェックしてみて、順調に増えていればミルクをたす必要はありません。おっぱいが張らなくても、乳首を吸わせるとちゃんと出ているはずです。小まめな授乳が途切れるとおっぱいの出が悪くなることもあります。

赤ちゃんはおなかがすいている以外の理由でも泣きます。おむつが気持ち悪い、抱っこしてほしい、どこかが痛いなどがないかチェックしてみましょう。ママが頻繁の授乳がつらく、体調が悪くなるようなら、寝る前など、1日1回はおっぱいを休んで、ミルクにしてもいいでしょう。

◆寒い時季の外気浴は？

Q　1月生まれです。寒い時季も外気浴はしたほうがいいですか？

A　無理に外気浴をする必要はありません

寒いときは、無理に外気浴をする必要はありません。といってもおうちの中ばかりに閉じこもっていては、赤ちゃんは新鮮な空気を吸えませんし、いろいろな刺激を受けることもできません。寒い日でも1日1回は窓を開けたり、ベランダに出て外気に当ててあげましょう。

天気がよくてさほど寒くない日なら、2カ月の後半ごろから防寒対策をして散歩に出かけましょう。

◆うつぶせ寝で大丈夫？

Q　泣いているときにうつぶせにするとおとなしくなります。そのまま眠ってしまうこともありますが、大丈夫？

A　寝返りができるまではあお向けに寝かせましょう

あお向けに比べると、うつぶせのほうが乳《にゅう》児《じ》突然《とつぜん》死《し》症候群《しょうこうぐん》（ＳＩＤＳ）（P.232参照）のリスクが高くなるという報告があります。自分で寝返りができるようになるまでは、あお向けに寝かせたほうが安全です。うつぶせの姿勢が好きな赤ちゃんや、うつぶせでないと寝ない赤ちゃんは、寝かしつけたあともママやパパがそばについていて、ぐっすり眠ったところであお向けにしましょう。

◆起こして授乳すべき？

Q　夜、長いときだと7時間もおっぱいを欲しがらずに眠っていることが。起こして飲ませたほうがいいですか？

A　体重増加が順調なら、起こさないでOK

夜中に泣かないのは、おなかが満足して、夜眠るリズムができているということです。元気があって体重が順調に増えているなら、起こしてまで飲ませることはやめましょう。ママはおっぱいをためないように搾乳するといいですね。

赤ちゃんの体重の増加がよくない場合は、授乳回数を増やすために、夜中でも飲ませたほうがいい場合があります。その場合は小児科医に相談しましょう。

◆夢を見ている？

Q　眠っているときに、突然笑ったり、悲しそうな顔をしたりします。夢を見ているのでしょうか？

A　眠っている間も脳が活動しているためです

0～3カ月ごろの赤ちゃんは、まだ睡眠のリズムができていません。眠りの60％くらいは「脳は起きていて体は寝ている」レム睡眠です。眠っている間も脳が働き続けて、血圧や心拍、体温などに関係する自律神経を調整しているのです。

それで眠っている間も一過性の筋肉収縮が起こり、手足をぴくっとさせたり、まぶたの下で目玉がきょろきょろと動いたりします。笑ったり悲しそうな表情を見せるのもそのためです。

2~3カ月

あやすと笑うようになり喃《なん》語《ご》も出始めます

このころの赤ちゃん

- 体重が増え、皮下脂肪も増えてきます。
- 頭を少し持ち上げ、首も少ししっかりしてきます。
- 原始反射が消え始めます。
- 「アー」「ウー」などの喃語が出始めます。
- 授乳間隔が空いて、１回の授乳時間が短くなります。

女の子

身長
53.3～61.7cm
体重
4.19～6.67kg

男の子

身長
54.5～63.2cm
体重
4.41～7.18kg

モデル／高野日和《ひより》ちゃん、谷中 颯《はやて》くん

表情がかなりはっきりしてきます。あやすと、声を出す赤ちゃんもいます。

体

「ハンド リガード」が始まる赤ちゃんも

皮下脂肪が増えるため、ふっくらした体つきになります。首はまだすわりませんが、ぐらつきは減ってきます。うつぶせにすると顔を横にして、少し首を持ち上げるようなしぐさをすることも。原始反射は徐々に消え始めます。視界に入った自分の手をじっと見つめたりする「ハンド リガード」が始まることも。ただし、自分の体だという認識はありません。

心　顔の表情がかなりはっきり

ママがあやすと視線が合い、よく笑うようになります。反射的な「生理的微笑」とは明らかに違う、人間としての微笑（社会的微笑）の始まりといえるでしょう。目の前の動くものや、おもちゃなどをじっと見つめるようになります。まわりのものに興味が出てくるのもこのころです。抱っこをしていろいろなものを見せてあげましょう。

周囲に興味が出てくるころなので、植物や外の光などを見せてあげましょう。

生活　起きている時間が長くなってきます

昼間、起きている時間が少しずつ長くなります。眠っている時間と起きている時間もしだいに決まってきます。夜中は少し長く眠る赤ちゃんも多くなるでしょう。中には昼と夜が逆転する赤ちゃんもいます。天気のいい日には、A型ベビーカーでのお散歩ができます。赤ちゃんを疲れさせないよう、15〜30分程度を目安にしましょう。

生活リズムを整えるため、朝はカーテンを開けてから起こすようにしましょう。

飲む・食べる　飲み方が上手になり授乳間隔が空きます

おっぱいの飲み方が上手になります。1回の飲む量が増えるので、授乳間隔が空いてきます。3〜4時間間隔で7〜8回程度といった1日のリズムがついてきます。赤ちゃんによっては飲み方に個性が出てくるので、授乳ペースは赤ちゃんに合わせましょう。満腹になると自分から乳首を離す子もいます。飲む量が減っても機嫌がよければ心配はいりません。

コミュニケーション　「喃語」が始まる赤ちゃんもいます

のどの奥から「アー」「ウー」などと声を出す「喃語」が始まる赤ちゃんもいます。機嫌よく声を出していたら、ママは「なあに？」などと答えてあげましょう。ガラガラなどを赤ちゃんの顔から20〜30cmほど離したところでゆっくり動かすと、目で追うようになります。これを「追視」といいます。ベッドメリーなどにも興味を示す赤ちゃんもいます。

「アー」「ウー」などの喃語は、言葉の原型といえるでしょう。

2～3カ月の暮らし見せて!

嶋村かりんちゃん
（2カ月）
&あかりママ

「表情が豊かになって喃語をよく発するように」

「アー」「ウー」「ウウーン」など、声をたくさん発するようになりました。表情も豊かになってきて、私が笑いかけると笑顔を見せてくれます。人の顔を見て、泣きやむこともありました。今まではミルクと母乳の混合栄養でしたが、母乳がよく出るようになったので、ミルクをたすのをやめました。手足の動きが活発になり、おむつ替えのときなどもバタバタさせています。うつぶせにすると、ほんの少し、顔を上げるようになりました。

かりんちゃんの発育曲線

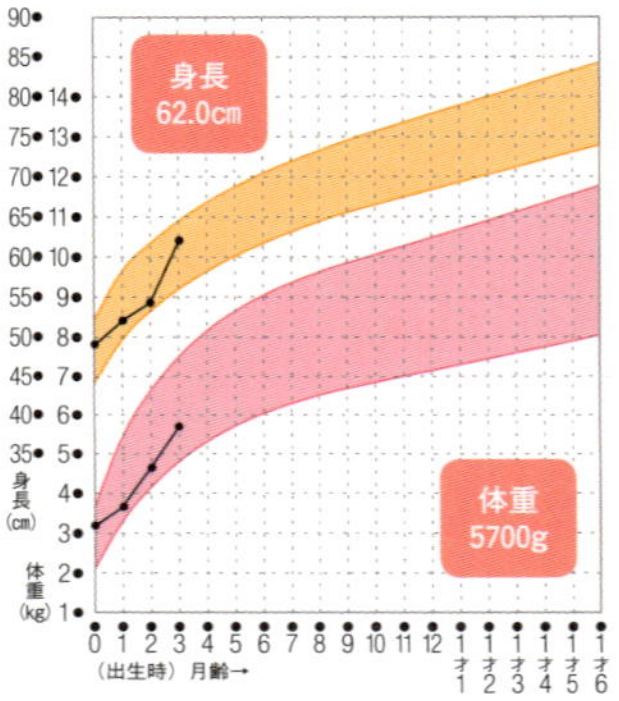

「いっぱいおしゃべりしようね」

「声を出すのが上手になってきたね」。あやすと反応してくれるので、話しかけるのがいっそう楽しくなりました。

「あなたはだあれ?」

ベビージムを出しました。おもちゃの鏡に映った自分の顔をじーっと見つめています。

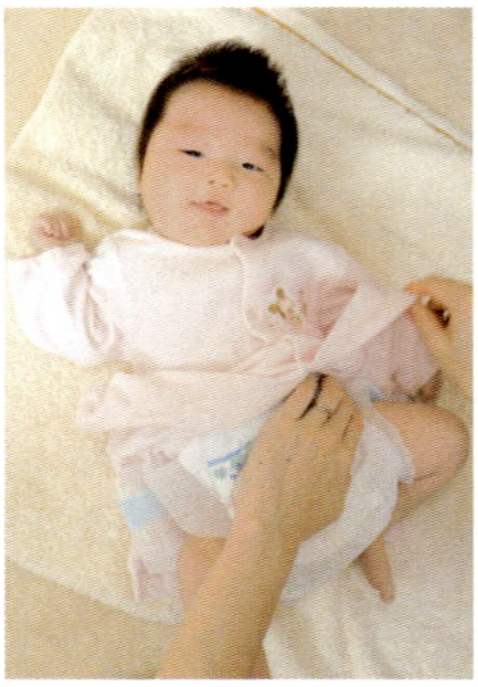

「おむつ替えでも元気に動くの」

おむつを替えるときは、あまりじっとしてくれません。脚を曲げたり伸ばしたりと、盛んに動いています。

かりんちゃんの1日の様子

05:00	おっぱい（15分）	
06:00		パパ起床、ママ起床、家事
07:00		パパ朝食、出勤
08:00		ママ朝食
09:00	起床、おっぱい（20分）	
10:00		ママ家事
11:00	グズグズ	
12:00	おっぱい（15分）	ママ昼食
13:00	ねんね（120分）	
14:00	↓	
15:00	グズグズ、おっぱい（10分）	
16:00		ママ家事
17:00	ママとおふろ	ママ夕食
18:00	おっぱい（20分）	
19:00	グズグズ	
20:00	おっぱい（10分）	
21:00		パパ帰宅、ママ家事
22:00	パパと遊ぶ	パパおふろ
23:00	グズグズ、おっぱい（20分）	
24:00	就寝	ママ・パパ就寝
01:00	グズグズ	
02:00	↓	
03:00	おっぱい（10分）	
04:00		

おっぱい 120分
うんち 2回
昼寝 1回

※発育曲線の色帯には、各月齢・年齢の94％の子どもの体重・身長が入ります。
※スケジュール内の吹き出しは、おっぱい・ミルク、うんち、昼寝の1日の合計時間・回数を記しています。

「ママと一緒に『べぇ』するの」

ママが舌を出すと、赤ちゃんも同じように舌を「べぇ」。楽しくて何度も繰り返してしまいます。

「頑張れ！顔上げの練習中です」

首がしっかりしてきたので、顔上げを練習させてみました。表情は真剣そのもの。

「抱っこホルダーでお出かけ」

抱っこホルダーの中でパパをじっと見つめる赤ちゃん。思わずパパも笑顔になりました。

「バウンサーのゆらゆらが大好き」

バウンサーに乗せると笑顔になります。赤ちゃんの動きに合わせて、ビヨーンと、弾むように揺れるのが楽しいのかな？　お気に入りの遊びです。

「母乳だけで授乳しています」

おっぱいを上手に吸えるようになりました。ミルクはたさず、母乳だけで授乳しています。

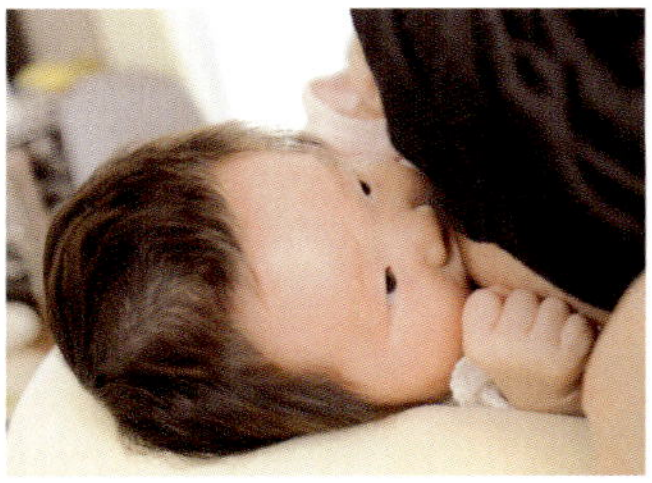

2〜3カ月のころのみんなの様子

脚を持って動かすと声を出して笑います

渋谷悠葵《ゆうき》くん&まりえママ

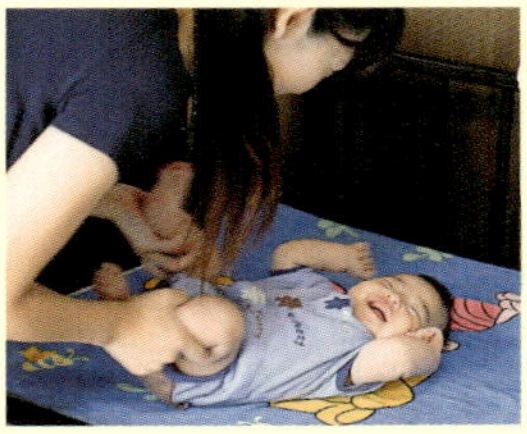

赤ちゃんの両脚を持ち上げて動かす運動をすると、声を出して笑います。笑顔が見られるひととき。生活のリズムも少しずつつき始めています。夜9時ごろに寝て、そのまま4〜5時間眠ってくれることもあります。

「パパ」の言葉に笑顔で反応します

有田伊吹《いぶき》くん&慶子ママ

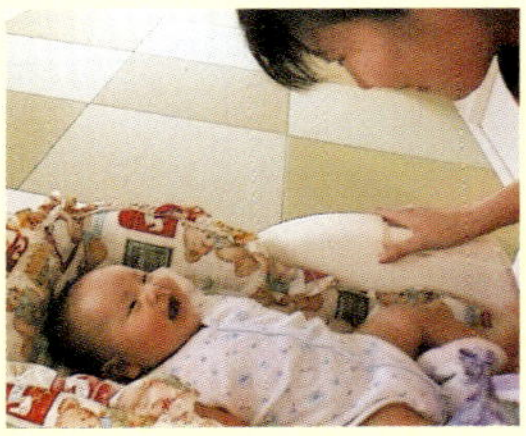

顔をふくときには「お顔をふこうか」「きれいきれいするよ」と語りかけています。言葉を変えて、繰り返すのがポイントです。中でも、とくに喜ぶのは「パパ」という言葉。聞くと声を上げて笑います。

2~3カ月

気がかりQ&A

◆抱き癖がつく?

Q 泣いたらすぐ抱っこすると抱き癖がつくと言われました。抱っこしないで、泣かせておいたほうが、空腹になっておっぱいもたくさん飲むのでしょうか?

A 抱き癖を気にせずにどんどん抱っこしてあげて

昔は抱き癖をつけると、しょっちゅう抱っこを求められて親が大変なので、なるべく抱っこはしないほうがいいと考えられていました。でも赤ちゃんにとって泣くことは唯一のコミュニケーション手段。泣くことでしか自分の不快や欲求を訴えられないのです。

赤ちゃんは抱っこされることが大好きですし、抱っこしてほしいときに、抱っこされると安心します。また、「泣いたら抱っこしてもらえる」ことの繰り返しで、赤ちゃんは人を信頼する気持ちを育てていきます。抱っこせずに泣かせておいたほうがおっぱいを飲むということもありません。ママは抱き癖を気にせずにどんどん抱っこしてあげましょう。

◆うんちが出ない

Q ちょっと前まで1日に何度もうんちをしていたのに、最近は毎日出ないこともあります。浣腸をしたほうがいいのでしょうか?

A よく飲んで、ご機嫌なら心配いりません

赤ちゃんの消化器官が発達してきて、ある程度うんちをためていられるようになったのでしょう。うんちの回数が減っても、おっぱいやミルクをよく飲み、日中ご機嫌で、次に出たときにやわらかいうんちがたくさん出るのであれば、それが赤ちゃんの排便のペースだと思って大丈夫。浣腸をする必要はありません。

逆にうんちを出すときにいきんで苦しそう、おむつに血がつく、機嫌が悪い、おっぱいやミルクの飲みが悪いなどのときは小児科を受診しましょう。

◆ミルクを飲む量

Q おっぱいが出ず、ミルクに切り替えましたが、飲む量が缶に表示されている月齢の目安量に達しません。大丈夫?

A ミルク缶の表示はあくまでも目安です

ミルク缶に表示されている量は、赤ちゃんの1日の栄養摂取量の目安で、月齢ごとの標準体重から算出した数値です。

赤ちゃんは一人一人飲み方や体格が異なり、適量もそれぞれです。目安量よりも少なめでも、よく飲んで元気に過ごし、体重も順調に増えているなら、それが今の赤ちゃんの適量だと思っていいでしょう。ミルク缶の表示にこだわる必要はあ

りません。ただ、赤ちゃんが飲みたいのにうまく飲めないこともあります。その場合は乳首を替えてみましょう。

◆おっぱいを飲んだあと吐く

Q おっぱいの出がよすぎるのか、飲んだあと、すぐに口の端からタラタラと流れるようにおっぱいを吐き出します。栄養はたりているのでしょうか？

A 胃の容量を超えたものが出ただけです

赤ちゃんは、食道と胃の境の機能が未熟で、おなかに力が加わると胃の中のおっぱいやミルクが簡単に食道に逆流し、口の外にまでタラタラとあふれたりします。これは溢乳《いつにゅう》と呼ばれるもので、0〜3カ月ごろの赤ちゃんにはよくあることです。胃の容量を超えたものが出てきているだけなので、栄養はたりています。

ただ、最初はタラタラと吐いていたのが、しだいに吐く回数が増えて、飲むたびに口や鼻から噴水のように激しく吐くようになったら注意が必要です。「肥厚《ひこう》性幽門狭窄症《せいゆうもんきょうさくしょう》」（P.226参照）という病気かもしれません。このような症状が出たら、早めに小児科を受診しましょう。

◆昼と夜が逆転

Q 昼間は比較的おとなしく、3時間くらい眠るときもあります。でも、夜は泣いてばかりで、なかなかまとめて眠ってくれません。昼と夜が逆転しているのでしょうか？

A 睡眠のリズムができるまでの辛抱です

1〜2カ月ごろの赤ちゃんの脳は未発達なため、昼間起きて夜は眠るという睡眠のリズムができていません。昼夜の区別をつけるために、朝は日の光を浴びさせて目を覚まさせ、夜は部屋を真っ暗にして静かな環境で寝かせましょう。3カ月過ぎると睡眠のリズムができてきます。

◆顔を真っ赤にして泣く

Q 泣くときに息を止めて、顔を真っ赤にします。顔が土色に変化するほどです。

A 背中を軽くトントンして呼吸を促してあげて

顔色が変わるほど息を止めるなら、背中を軽くトントンして刺激を与え、呼吸するように促しましょう。ほうっておくと低酸素になり、泣き入りひきつけを起こすこともあります（P.231参照）。

◆しゃっくりが苦しそう

Q よくしゃっくりが出ます。ほうっておけば止まるかとも思うのですが、ヒッヒッと苦しそう。早く止めてあげるにはどうしたらいいですか？

A おっぱいや湯冷ましを飲ませてみても

しゃっくりは横隔膜《おうかくまく》のけいれんで起こります。赤ちゃんはさほど苦しいわけではないので心配ありません。ほうっておけば止まりますが、おっぱいや湯冷ましなど、飲ませてみてもいいでしょう。また、抱っこして上半身を立たせる姿勢が効果のある場合もあります。

3～4カ月

首がしっかりしてきて抱きやすくなります

このころの赤ちゃん

- 体重は出生時の約２倍になります。
- 首がかなりしっかりしてきます。
- 指しゃぶりをするようになります。
- 喃語が盛んに出るようになり、あやすと笑う赤ちゃんが増えます。
- 喜怒哀楽の感情が少し出てきます。

モデル／佐藤いろはちゃん、小峰琉《る》生《い》くん

体　体重は出生時の約２倍になります

体重は出生時の約2倍に増え、身長は平均で約11～13㎝伸びます。かなりの赤ちゃんの首がしっかりしてきます。うつぶせの状態で顔を45度くらいまで上げられるようになるでしょう。また、原始反射は消え、自分の意思で体を動かせるようになってきます。手と口の動きが連動するようになり、手でつかんだものを口に運んでなめることもあります。

心　感情の表現が出てきます

ママやパパの顔を見て笑ったり、甘えたような泣き声を出したり、感情の表現が出てきます。話しかけると泣きやむことがあるのは、音の識別ができてきた証しです。周囲で起こることに興味を持ち、きょろきょろまわりを見回すようになります。おっぱいを飲みながらママの洋服に触ったり、音のするほうに首を向けたりするなど、好奇心も旺盛です。

あやすと声を出して笑うこともあります。

生活 生活のリズムがついていきます

昼と夜の区別がつき、夜はまとめて眠る赤ちゃんが増えます。昼寝は1日2〜3回、起きている時間は遊んで過ごすことが多くなります。少しずつ生活のリズムがついてきますが、家庭環境などにより差が出てきます。昼間は遊びや散歩、昼寝、夜は入浴後に眠るなど、毎日を規則的に過ごすことが大切です。

ほぼ決まった時間帯に昼寝をするようになる赤ちゃんが多くなります。

飲む・食べる 授乳のリズムが整ってきます

授乳のリズムが整ってくると、授乳回数は1日4〜5回くらいになります。寝る前に授乳して朝までぐっすり眠る赤ちゃんも増えます。脳が発達し、おなかがいっぱいになると飲まない、おなかがすいていないときは飲まないなど、飲む量にむらが出てくることも。飲んでいる途中に遊び始めるなど、飲み方にも個性が出てきます。

コミュニケーション 大人の話かけに喃語で反応します

ママやパパが話しかけると、「アー」「ウー」と声を出すようになります。会話のリズムに合わせて喃語で答えるやりとりは、生まれつき備わっているものです。ママは「楽しいね」など積極的に話しかけ、喃語を引き出しましょう。赤ちゃんの言葉や心の成長を促すことができます。握力がついてくるので、やわらかい素材のおもちゃで遊ぶことも。

軽くて握りやすいおもちゃなら、少しの間持っていられることも。

ガーゼなどのやわらかい素材を使って、遊びながらコミュニケーションしましょう。

3～4カ月の暮らし見せて!

モデルは

佐々木奏翔《かなと》くん
（3カ月）
&祐子ママ

体を横に傾けたり動きが盛んになりました

全身を盛んに動かすようになりました。最近、両足を突き出して、体を横に傾けたりしています。ベッドの柵を蹴《け》ったり、顔や首を動かしたりしてベッドの中でぐるぐる回転していることもあります。ママが笑いかけると、にっこりするなど表情も豊かです。大人の話しかけに対して「ンー」「アー」など、よく声を出すようになってきました。さまざまなことに「成長しているなあ」と実感できます。

＊奏翔くんの発育曲線＊

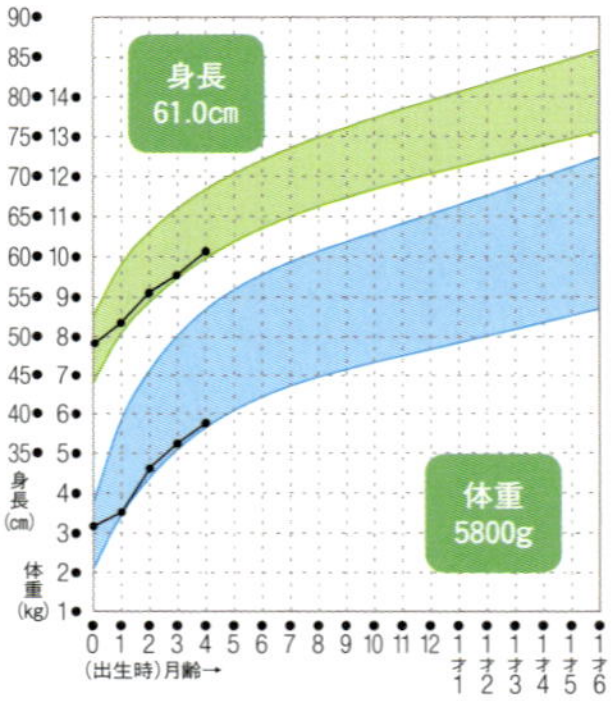

「おむつ替えではおとなしいよ」

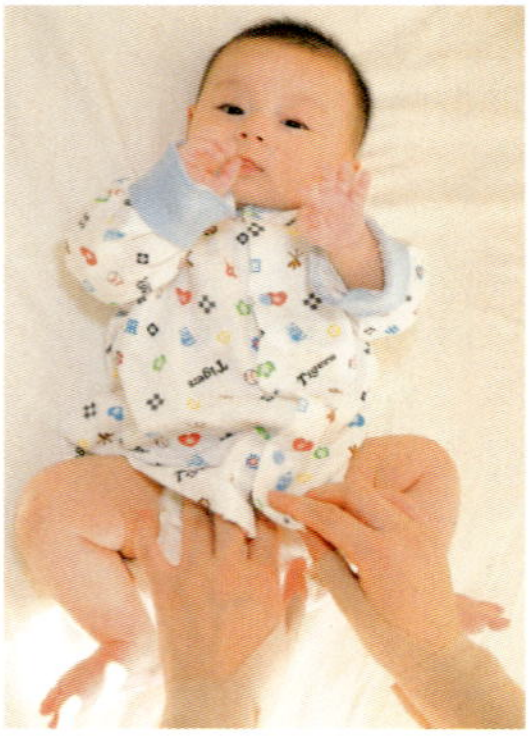

よく手足を動かす赤ちゃんですが、おむつ替えのときはおとなしくなります。

「散歩に行くから上着を着ようね」

天気のいい日は散歩に出かけます。1枚多く着させました。外ではバギーに乗りますが、振動で眠ってしまうこともあります。

「今日はこの指で指しゃぶり」

今までこぶしをしゃぶっていたのですが、近ごろは指をしゃぶるように。その日によって、吸う指が違います。今日は人さし指です。

奏翔くんの1日の様子

05：00		パパ起床、朝食
06：00		パパ出勤、ママ起床
07：00		ママ朝食
08：00		
09：00	起床、おっぱい（15分）	
10：00	ねんね（50分）	
11：00	グズグズ、ママと遊ぶ	ママ家事
12：00	おっぱい（20分）	ママ昼食
13：00	ねんね（40分）	ママ家事
14：00	ママと遊ぶ	
15：00	おっぱい（25分）	
16：00	ねんね（50分）	ママ家事
17：00	グズグズ	↓
18：00	おっぱい（15分）	
19：00	パパとおふろ	パパ帰宅
20：00	おっぱい（25分）、パパと遊ぶ	ママ・パパ夕食、ママ家事
21：00	ねんね（50分）	ママおふろ
22：00	おっぱい（10分）	
23：00	就寝	ママ就寝
24：00		パパ就寝
01：00		
02：00		
03：00		
04：00	おっぱい（15分）	

おっぱい 125分
うんち 2回
昼寝 4回

※発育曲線の色帯には、各月齢・年齢の94％の子どもの体重・身長が入ります。
※スケジュール内の吹き出しは、おっぱい・ミルク、うんち、昼寝の1日の合計時間・回数を記しています。

「ベビー枕は使いたくないの」

ベビー枕が嫌いみたいで、いつも体を動かして、頭からはずしてしまいます。両足を上げて、豪快な動きをするようになりました。

「終わるまで起きないでね」

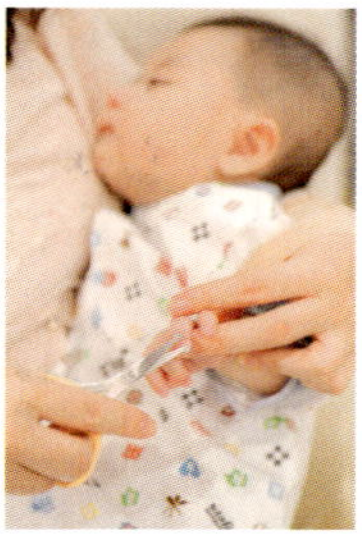

すぐに肌を引っかいてしまうので、つめの伸びは小まめにチェックします。もしも伸びていたら、眠っているときに慎重に切ります。赤ちゃんのつめはやわらかいなぁ。

「床の上で顔上げ、できた」

いつもはおなかの上でうつぶせの練習をしていたけれど、今日は床の上で初挑戦。しっかり顔を上げた姿に成長を感じました。

「おしゃべりが上手になったね」

抱っこしながら語りかけると、ママの目を見つめて「シー」「アー」。おしゃべりが上手になりました。笑いかけると、赤ちゃんもにっこり。

3～4カ月のころのみんなの様子

周囲を見るのが最近のお気に入り

作山奏《そう》太《た》くん&秀子ママ

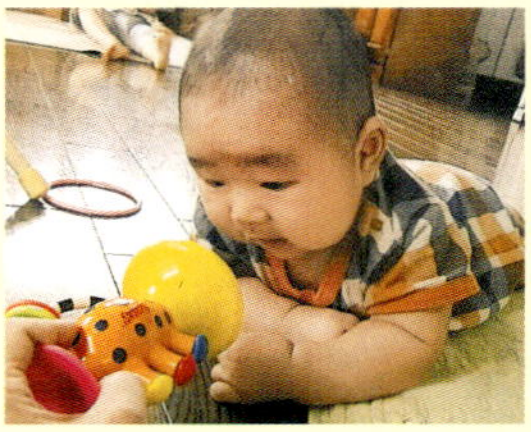

よく動くようになり、最近は、周囲を見るのがお気に入りみたいです。おもちゃを見せると、興味深そうな表情をします。おふろで話しかけると、握り締めていた手を開くことも。ママの声に安心するのかな？

「いないいないばあ」を喜びます

山村柚《ゆず》陽《ひ》ちゃん&麻樹ママ

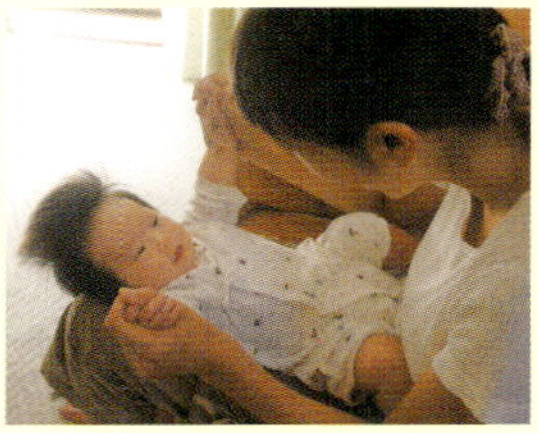

ママのひざに乗り、両手を持ってもらいながら「いないいないばあ」をすると喜びます。外出も好きなので、ぐずったときは抱っこで玄関まで連れていき、「出かけるふり」をします。これだけで泣きやむこともあります。

3~4カ月

気がかりQ&A

首すわりが遅い?

Q もうすぐ4カ月ですが、まだ首がすわっていません。たて抱きにするとたまに首が後ろにぐらっとします。腹ばいにすると頭を上げることはできるのですが……。

A 首すわりの時期には個人差があります

首すわりの時期には、個人差があります。多くの赤ちゃんが3カ月後半から4カ月くらいで首がすわりますが、もう少し時間がかかる赤ちゃんもいます。

腹ばいにすると、頭を持ち上げるのでしたら、もう少しでしょう。首すわりは段階を追って発達していくので、初期の段階ではママが正確に判断するのは難しいものです。心配な場合は小児科医に相談してみましょう。

あまり泣かない

Q うちの子はあまり泣きません。「おとなしくていいわね」と言われるのですが、あまり泣かないのも問題があるのでは、と気になります。

A 順調に成長していれば個性と考えてOKです

よく泣く子、あまり泣かない子、赤ちゃんもいろいろです。おっぱいやミルクをよく飲み、機嫌がよくて体重が順調に増えているなら、何も心配することはありません。これから成長とともに、自己主張が強くなって、泣き方や泣く頻度も変わってくるかもしれません。

ただ、あまり欲求を強く表現しないタイプの赤ちゃんなら、ママが少し気をつけてあげたほうがいいですね。授乳やおむつ交換などのタイミングを逃さずに、きちんとお世話してあげましょう。

あやしても笑わない

Q あやしてもあまり笑いません。じっと人の顔は見るのですが、声を出して笑うということはほとんどありません。大丈夫でしょうか?

A 赤ちゃんの表情にも個性があります

3カ月ごろになると、表情が豊かになってきて、あやされるとにっこり笑ったり、声を出して笑う赤ちゃんもいます。とはいえ、赤ちゃんにも個性があり、よく笑う赤ちゃんもいれば、あまり笑わない赤ちゃんもいます。また、人の顔が好きな子、おもちゃが好きな子など、赤ちゃんが喜ぶこともそれぞれです。

たとえ今あまり笑わなくても、目と目が合って、人の顔の動きを追う様子があれば大丈夫。これからさらに発達して、いろいろなものに興味を示すようになると、だんだんと表情も豊かになっていくでしょう。赤ちゃんの反応を気にせずに、たくさん笑いかけたり、語りかけてあげてください。

夕方に急に泣きだす

Q 昼間はご機嫌でよく笑うのですが、毎日、夕方になると急に激しく泣きだし、抱っこしてもあやしても泣きやみません。おっぱいを飲ませてもダメ。家事が進まず、困ります。

A 一時的なものなので、しばらくつき合ってあげて

ママが夕食の準備などで忙しくなる夕方になると、赤ちゃんが泣きやまなくなるときがあります。日本では「たそがれ泣き(夕暮れ泣き)」、欧米では「コリック」と呼ばれるもので、赤ちゃんが夕方のあわただしい雰囲気を感じて不安になるためとか、夕方になると疲れてくるためなどともいわれますが、原因は不明です。

たそがれ泣きは月齢が高くなると自然となくなっていきます。それまでは、抱っこして赤ちゃんを落ち着かせてあげたり、外へ出て外気を吸わせてあげるなどしてつき合ってあげましょう。そのためにも夕方の家事は、赤ちゃんが寝ている間に済ませておくといいですね。

乳頭に傷ができた

Q 乳頭を強く吸われて傷ができました。傷口から血や汁が出ていても、授乳して大丈夫でしょうか？

A 軽い出血や滲出液《しんしゅつえき》なら授乳を続けても大丈夫

血がにじむ程度で、傷をふさぐための滲出液なら授乳を続けて大丈夫。授乳後はお湯で絞ったコットンでふいて乾かし、「馬油《バーユ》」などの軟こうを塗ります。乳頭をガードするグッズを試してみても。傷がひどい場合は受診しましょう。

おしりが赤くただれた

Q おしりが赤くただれて痛そうです。おむつかぶれですか？ 受診したほうがいい？

A 炎症がひどくなければ、おうちでのケアでOKです

多少赤くなっている程度なら、おうちでのケアで大丈夫。おむつは小まめに交換し、おしりはお湯で絞ったガーゼで軽く押すようにふきます。汚れが落ちないときは座浴やシャワーで洗い流して。おしりを乾燥させてからおむつを当てます。炎症がひどいときは受診を（P.233参照）。

指しゃぶり

Q 目が覚めているときは、ほとんど指しゃぶりをしています。いつまで続くのか心配です。自然にやめますか？

A 遊びの一つなので無理にやめさせなくてOK

指しゃぶりは一つの遊びですから、今は、無理にやめさせる必要はありません。皮膚が荒れたり、吸いだこができてしまう赤ちゃんは、ママやパパが遊び相手をしてあげたり、散歩に出るなどしてほかのことに興味を向けてあげましょう。

指しゃぶりはなかなかやめられないものですが、歯並びに影響するといわれる2才ごろまでにはやめさせたいですね。

4~5カ月

昼と夜の区別がつき朝まで眠るようになります

このころの赤ちゃん

- ほとんどの赤ちゃんは首すわりが完成します。
- 手足の力が強くなります。
- 昼と夜の区別がはっきりついてきます。
- 個人差がありますが、よだれが多く出るようになります。
- 夜ぐっすりと眠る赤ちゃんが多くなります。

女の子

身長
58.2〜66.8cm
体重
5.35〜8.18kg

男の子

身長
59.9〜68.5cm
体重
5.67〜8.72kg

モデル／荒木心莉《このり》ちゃん、佐藤琉乃介《りゅうのすけ》くん

体

興味があるものに手を伸ばします

体重の増加ペースが少し落ち着いてきます。同時に体つきにも個性が出てくるでしょう。ほぼ9割の赤ちゃんの首がしっかりすわります。興味のあるものには手を伸ばしたりします。触れたものを手のひら全体を使ってつかみます。脚の筋肉が発達してくるので、ママのひざの上に立たせるようにすると脚をぴょんぴょんさせる赤ちゃんもいます。

見たもの、聞いたものに手を伸ばすなど、目・耳と手を連動させる運動ができるように。

心 全身で感情を表現します

感情表現がいっそう豊かになってきます。あやすと表情だけでなく、体全体で喜びを表すようになります。反対に気に入らないと、体を反らせて泣いたり、手足をバタバタさせて不快を示すことも。喃語の種類が増え、「アブアブ」「ブー」などの濁音も混じっています。機嫌のいいときは、周囲を眺めながら声を出すなどして、1人で遊ぶこともあります。

生活 朝までぐっすり眠るようになります

1日の睡眠時間合計は12〜16時間くらいになっています。夜眠ると朝までぐっすり眠る赤ちゃんが多くなります。膀胱《ぼうこう》が発達し、おしっこの回数が減ります。授乳後や昼寝後に出るなど、排尿のリズムもでき始めるでしょう。基本的な生活習慣をつけ始める時期です。朝はカーテンを開けて明るくし、昼は積極的に遊び、夜は早めに消灯します。

早寝早起きが基本です。夜更かしを避け、毎日決まった時間に寝かしつけましょう。

飲む・食べる 授乳のリズムをつくりましょう

1回の授乳で飲む量が増えてきます。母乳の場合、授乳間隔はおよそ3時間、ミルクなら1日4〜5回の授乳で十分になってくるでしょう。授乳のリズムをつけるころ合いです。ただ、泣いても必ずしもおなかがすいているとは限りません。まずはあやしたり、おむつが汚れていないか確認しましょう。このころの赤ちゃんは、よだれの量が多くなります。

遊び飲みをする子もいます。飲まないようなら「おしまいね」と切り上げてもいいでしょう。

コミュニケーション 一人遊びをすることもあります

おもちゃをなめたり自分の手を眺めたりして、1人で遊ぶこともできるようになります。周囲を眺めながら「アブアブ」と声を出していることもあります。こういう機嫌のいいときは、そっと見守りましょう。赤ちゃんのそばに、ガラガラなど音の出るおもちゃを置き、自分でつかんだり音を出したりする楽しさを味わわせてあげてもいいでしょう。

興味のあるものには自分から手を伸ばし、つかんだり握ったりして遊びます。

4〜5カ月の暮らし見せて!

モデルは

斎藤 信《よしみ》くん
（4カ月）
&聖子ママ

「夜中のグズグズが始まりました」

21時就寝、6時起床の生活リズムが整ってきたと思ったら、2時間ごとにぐずるようになりました。今のところ、授乳で落ち着かせていますが、おなかがすいているわけではなさそうです。昼間は、「クク」「エゥ」と声を上げて、ママを呼ぶようになりました。ママと目が合うと、うれしそうに笑います。わきのしたをくすぐると声を上げて大はしゃぎ。パパに抱っこされるとパパの顔に触れるなど、表情や動きにすこぶる成長が見られます。

「これ、なんだろう…」

プレイジム遊びに変化が出てきました。ついているおもちゃに手を伸ばし、手でつかんで遊んだり、じっと見つめていることも。

「ママ、くすぐったいよー」

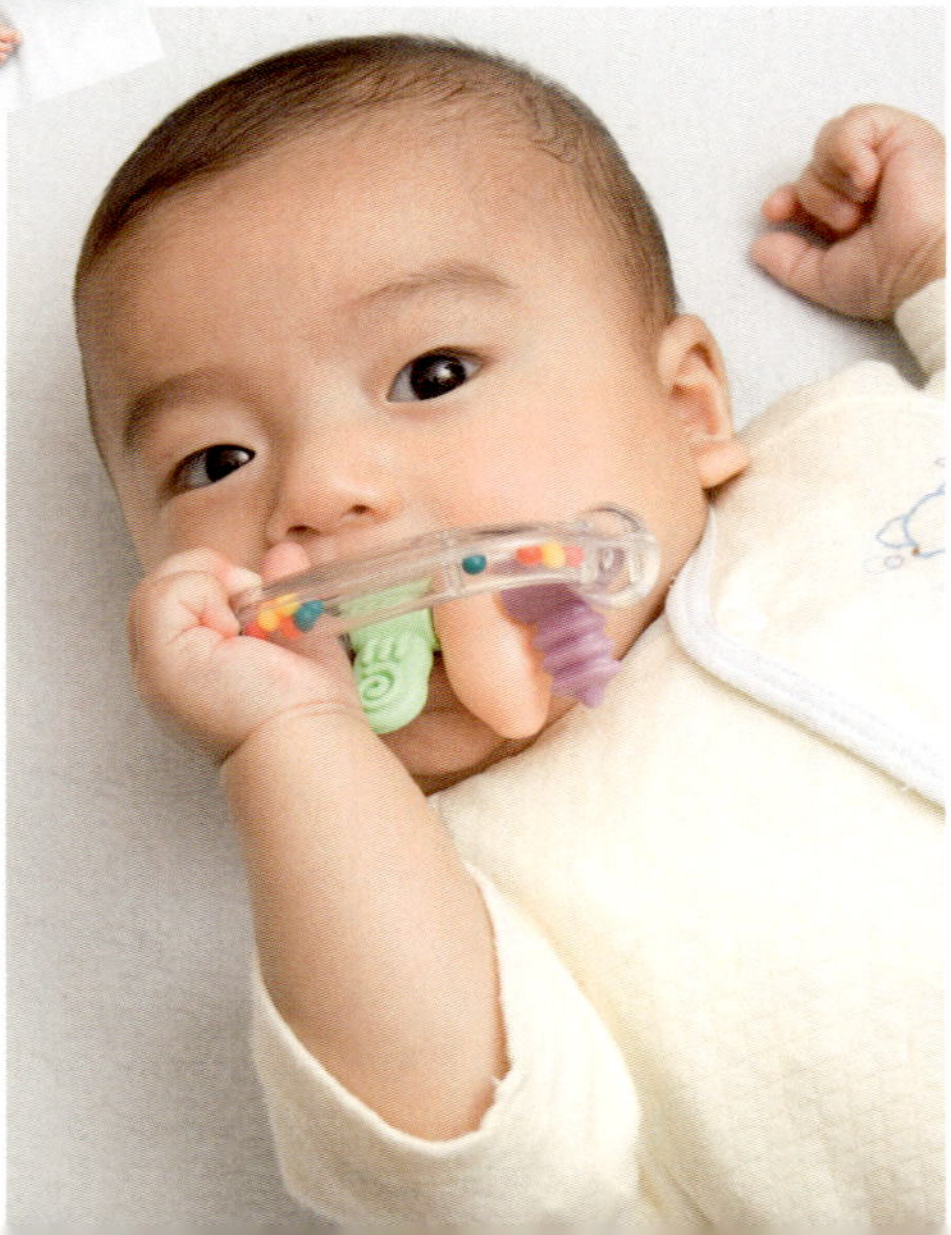

「どんな味がするのかな?」

なんでもなめるので誤飲には注意しています。歯固めのおもちゃも、かむというよりなめて楽しんでいます。持ち方も上手になりました。

＊信くんの発育曲線＊

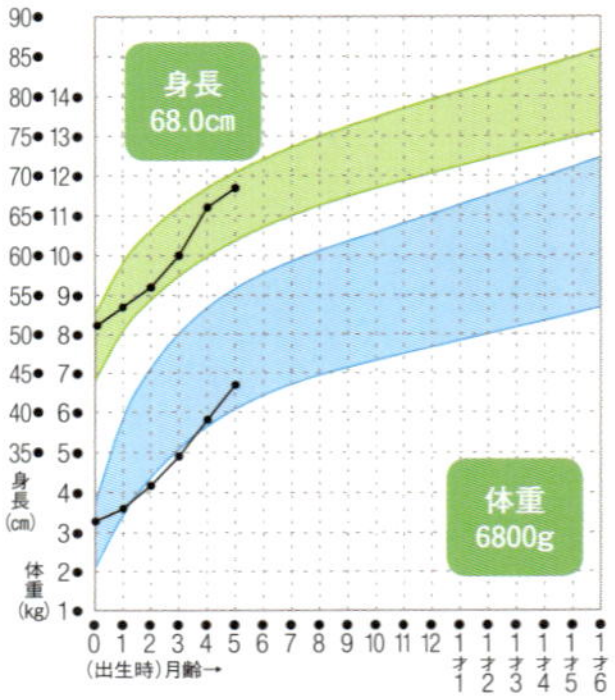

信くんの１日の様子

05：00	グズグズ、おっぱい（10分）	
06：00	グズグズ、おっぱい（10分）	
07：00	起床	ママ・パパ起床
08：00	おっぱい（20分）	パパ朝食
09：00	ねんね（60分）	ママ朝食、家事
10：00	おっぱい（20分）	
11：00	ママと散歩	
12：00		ママ・パパ昼食
	ママ・パパと待ち合わせ、買い物	
13：00	おっぱい（20分）	
14：00	おっぱい（5分）、ミルク（100mℓ）	
15：00	ねんね（60分）	
16：00		ママ家事
17：00	おっぱい（20分）、ママとおふろ	
18：00	おっぱい（10分）、ミルク（80mℓ）、ねんね（30分）	
19：00		パパ帰宅、おふろ、ママ家事、ママ・パパ夕食
20：00	パパと遊ぶ、おっぱい（20分）	ママおふろ
21：00	就寝	
22：00		
23：00	グズグズ、おっぱい（10分）、ミルク（120mℓ）	
24：00		ママ・パパ就寝
01：00		
02：00	グズグズ、おっぱい（10分）	
03：00		
04：00		

おっぱい155分 ミルク300mℓ

うんち1回

昼寝3回

※発育曲線の色帯には、各月齢・年齢の94％の子どもの体重・身長が入ります。
※スケジュール内の吹き出しは、おっぱい・ミルク、うんち、昼寝の1日の合計時間・回数を記しています。

「両脚バタバタ、上手でしょ?」

両脚を上げてバタバタ。最近、脚の動きがダイナミックになってきました。

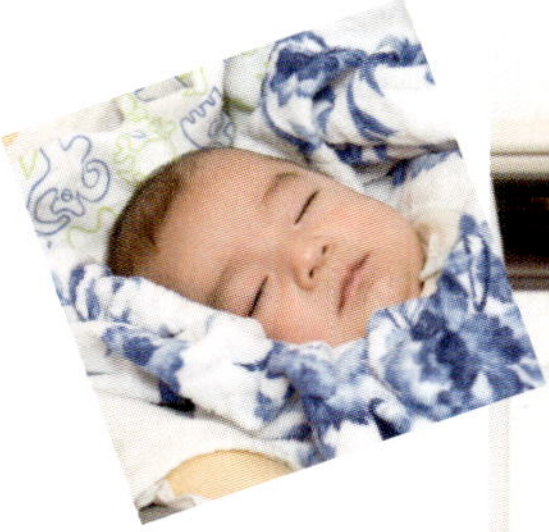

「お気に入りのブランケットでおやすみ」

昼寝は1日3回くらいに。お気に入りのブランケットに包まれて眠ります。

「もうちょっとだから…」

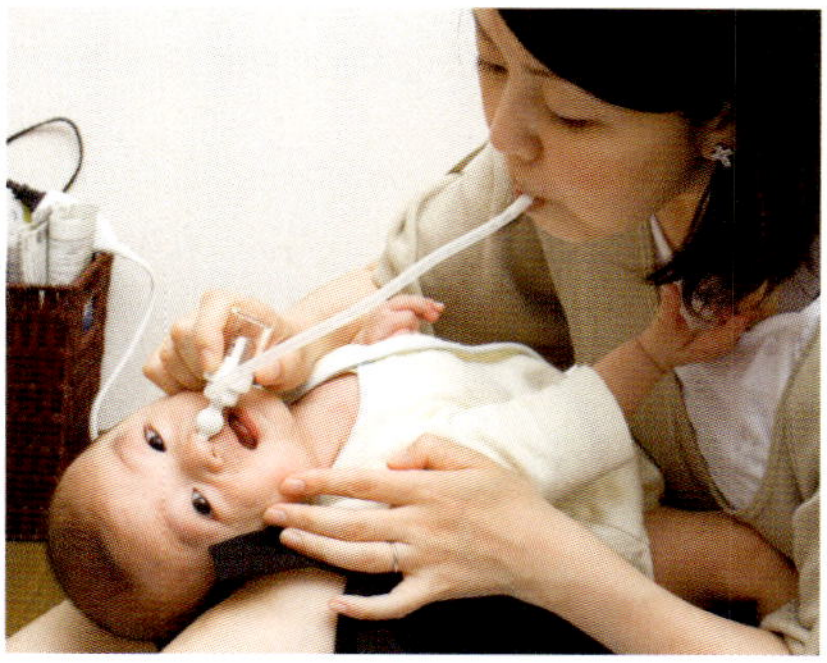

鼻吸い器が苦手なようです。鼻水を取ろうとすると、体を反らして抵抗します。

「抱っこで機嫌が直っちゃった」

首がしっかりすわり、顔を横に向けたときもぐらつきがなくなりました。高い位置に抱き上げると、ぐずっていても笑顔になります。景色が変わって楽しそうです。

4～5カ月のころの みんなの様子

体の上で指先を動かすと大喜び

杉原遙《はる》真《ま》くん＆綾ママ

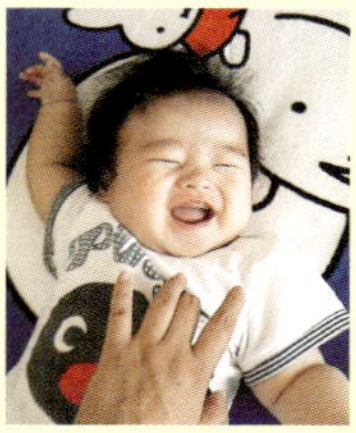

赤ちゃんをあお向けにし、私の指先を足元から胸に向かってトコトコとすると大喜びします。ガラガラを横に置くと手を伸ばし、つかもうとします。最近は、昼寝の時間がほぼ決まってきました。

話しかけるとよく反応します

橋崎美《み》弥《や》ちゃん＆幸栄ママ

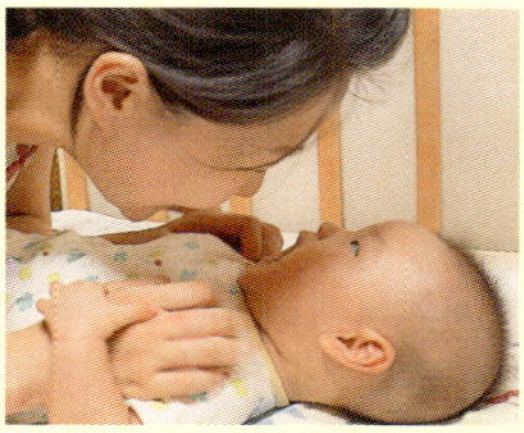

話しかけると、私をじーっと見たり笑ったりするようになりました。ただ、授乳中は飲むことに集中させるため話しかけないようにしています。生活リズムも整いつつあり、昼寝のあとはスキンシップの時間にしています。

4~5カ月

気がかりQ&A

声を出さない

Q 喃語《なんご》が盛んな時期、と聞きましたが、うちの子は泣く以外には、ほとんど声を出しません。大丈夫でしょうか?

A 喃語を話し始める時期には個人差があります

喃語は言葉を話す発声の基になる泣き声以外の声のことです。喃語を話す程度は個人差があります。「アー」「ウー」としょっちゅう声を出して、自分でそれを聞いて楽しんでいる赤ちゃんもいれば、ほとんど声を出さない子もいます。

言葉の発達の順番としては、しゃべるよりも相手の言葉を理解することが先です。赤ちゃんが泣いたときに「おなかがすいたのかな?」と声をかけたり、おむつ交換のときに「おしりさっぱりして気持ちいいね」など、お世話のたびにたくさん語りかけてあげましょう。そのうち喃語を話し始める時期が来ます。あせらず、楽しみに待っていましょう。

夜中の授乳

Q 夜中にまだ2~3回くらい起きて泣きます。おっぱいを飲ませるとすぐに眠るので、つい飲ませてしまいます。夜中の授乳はやめるべきですか?

A 授乳は続けてOK。添い寝での寝かしつけを試しても

このころから夜中に起きなくなる赤ちゃんもいますが、まだ夜の授乳が続く子もいます。赤ちゃんは、眠りが浅くなったときに目が覚めますから、完全に目覚めてしまう前にママが横になったまま抱っこしたり、トントンしてあげたりして再び寝かしつけてみましょう。案外おっぱいをあげなくても、眠る場合もあります。それを繰り返しているうちに、夜中の授乳がなくなるかもしれません。どうしても寝ない場合は、おっぱいをあげてもいいでしょう。

成長とともに日中起きている時間が長くなるので、それにつれて自然と夜の授乳も減っていきます。

寝ているときに突然泣きだす

Q 寝ているときに突然、大声で泣きだし、びっくりすることがあります。怖い夢を見たのでしょうか?

A 添い寝でトントンするなど落ち着かせてあげましょう

寝ているときに、突然泣きだす赤ちゃんは少なくありません。脳が未発達のために起こるのだと思われますが、原因はよくわかっていません。赤ちゃんは寝ぼけた状態で、自分で泣いたことも覚えていませんし、ストレスがたまっているわけでもないし、睡眠不足になることもないので、心配はいりません。これも一時的なことなので、しばらくはつ

き合ってあげましょう。

赤ちゃんが泣きだしたら、抱っこして落ち着かせてあげたり、抱き寄せてトントンしてあげましょう。このようなことも成長とともになくなっていきます。

◆睡眠中の寝返り

Q　就寝中に寝返ってしまい、気づくとうつぶせで寝ていることが。窒息が心配です。

A　自分で顔を動かせるので、窒息の心配はないでしょう

自分で寝返りができるということは、それだけ首がしっかりしてきたということです。新生時期はまだ首がすわっていないので、息苦しい状態になったときに自分で顔を動かすことができずに窒息の危険がありますが、この時期になれば、まず窒息の心配はないでしょう。

ただし、布団はかためのものを選び、赤ちゃんが寝ているそばには、ぬいぐるみやひもなど、口や鼻をふさいだり首に絡まる危険のあるものは置かないようにしましょう。また、寝返ったときに転落したり、かたい家具の角などに頭をぶつけることもあります。赤ちゃんが寝ている周囲の安全には十分に注意を。

◆うつぶせ寝はダメ？

Q　うつぶせ寝が好きで、うつぶせ寝にするとよく眠ります。できればうつぶせ寝させてあげたいのですが、いけないでしょうか？

A　なるべくあお向けで寝かせましょう

乳児《にゅうじ》突然《とつぜん》死《し》症候群《しょうこうぐん》（SIDS）（P.232参照）は約80％が生後2～4カ月をピークとして、生後6カ月までに発生しています。うつぶせに寝かせたときのほうが発症率が高いことがわかっているので、赤ちゃんはあお向けに寝かせましょう。うつぶせ寝が好きなら、ママがそばで見ているか、寝ついたらあお向けにしましょう。

◆おっぱいやミルク以外の水分補給

Q　暑い日や、おふろ上がりには、おっぱいやミルク以外の水分補給をしたほうがいいですか？

A　基本的にはおっぱいのみでOK

母乳育児の場合は、基本的には赤ちゃんの水分補給はおっぱいだけで十分です。ミルクの場合は、1日に飲ませる量が決まっているため、それを上回るようなら、湯冷ましをあげましょう。

◆鼻詰まりの解消法は？

Q　鼻が詰まって息をするのも苦しそうです。見ていてつらいのですが、楽にしてあげる方法はありませんか？

A　ママが小まめに取ってあげましょう

赤ちゃんは自分で鼻をかめないので、鼻吸い器でママが小まめに取ってあげましょう。また、適度に温めたぬれタオルを鼻に当てると、鼻が通りやすくなります。そのとき、鼻の穴をふさがないように気をつけましょう。

5~6カ月

様子を見て離乳食にトライする時期です

このころの赤ちゃん

- 赤ちゃんの様子を見て離乳食にトライしてみましょう。
- 体重の増え方は少し緩やかになってきます。
- わしづかみで物をつかめるようになります。
- 寝返りができる赤ちゃんが増えてきます。
- うつぶせで過ごせる時間が長くなってきます。

女の子

身長
60.1～68.7cm
体重
5.74～8.67kg

男の子

身長
61.9～70.4cm
体重
6.10～9.20kg

モデル／緒方美央《みお》ちゃん、八重尾琢磨《たくま》くん

体 寝返りを始める赤ちゃんが増えます

体重増加が緩やかになります。やせ形、ふくよかなど体形に個人差が出てきます。寝返りをする赤ちゃんが増える一方、ほとんどしない子もいます。うつぶせで上半身を起こせるようになります。すると、周囲のものが目に入るようになり、視界はますます広がります。おもちゃなどをつかむときの握り方は、5本の指を使ってつかむ「わしづかみ」です。

うつぶせのまま手を使って遊べるように。うつぶせで過ごせる時間も増えてきます。

心

人見知りが出てくる子もいます

ママや知っている人からあやされたり話しかけられたりすることを、とても喜ぶようになります。家族の顔がわかるようになると、中には人見知りの始まる赤ちゃんもいます。感情面の発達も目覚ましく、いろいろな要求を泣いたり、怒ったりのしぐさで表すように。寝返りができる赤ちゃんも多く、興味のあるものに触りたいという欲求が強くなります。

鏡に映った顔を見て笑うこともあります。ただし、それが自分だとはわかりません。

生活

昼寝は午前と午後の1回ずつになります

昼寝が午前と午後の1回ずつにまとまってくる赤ちゃんが多いでしょう。抱っこで寝かしつけなくても、ママの添い寝だけで眠る子も増えてきます。寝返りが始まると移動範囲が広くなるので、転落や誤飲事故にとくに注意しましょう。離乳食開始後はうんちの形状や回数が変化します。食欲があり、機嫌がいいのなら心配はいりません。

生活リズムを身につけさせましょう。朝は着替えて顔をふくことを習慣にします。

飲む・食べる

機嫌のいい日に離乳食を始めます

赤ちゃんは大人の食事の様子を見ると、よだれを出して、口をモグモグする様子を見せることがあります。これは離乳食を開始する準備ができたということ。体調のいい日を選んで離乳食を始めましょう。1日1回、授乳タイムの1回をあてます。スプーンを押し出す反射が残っているようなら、無理強いはしません。離乳食後は欲しがるだけ授乳しましょう。

授乳前に離乳食を与えます。かたさはとろとろのポタージュ状が基本です。

コミュニケーション

なんでもつかんで口の中に入れます

毎日見ている家族の顔を覚え、喃語で呼びかけたり、笑いかけたりします。欲しいものには自分から手を伸ばし、つかんだものはなんでもなめて口で感触を確かめます。おもちゃを与えるときは、口の中に入れて危なくないもの、部品がはずれたりしない丈夫なものを選びましょう。ガラガラも落とさず握り、自分で振れるようになります。遊びの楽しさをより実感するようになっていくでしょう。

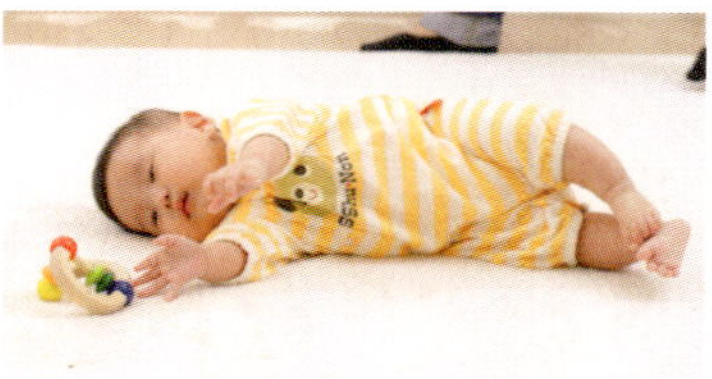

欲しいおもちゃは寝返りで取りに行くように。手にすると、なめる、握るなどして遊びます。

5～6カ月の暮らし見せて！

モデルは

平岡可帆《かほ》ちゃん
（5カ月）
＆純子ママ

「両手両足を使って遊んでいます」

手先が器用になり、チョキの形ができるようになりました。私もチョキをつくったら、うれしそうに笑います。あお向けに寝かせると、自分の足をつかみます。自分の体の一部を、触ったり眺めたりするのが楽しい様子です。体重が6kgを超えて、抱っこで出かけるのも大変になってきました。ついにベビーカーを購入し、赤ちゃんが退屈しないよう、ほろにおもちゃをつけました。手を伸ばして触るなどして新しいおもちゃに興味津々です。

「鏡に映った自分に、にこっ」

手鏡を見るのが大好きで、鏡の中の自分に笑いかけます。手を伸ばして鏡に触ることもあります。

「あのおもちゃで遊びたいよ～」

うつぶせの体勢で、目の前にあるおもちゃをつかもうとしています。両手を懸命に動かし、表情は真剣そのものです。

「ママの添い寝でねんね」

生活リズムが整ってきたようです。赤ちゃんの昼寝の時間もほぼ決まってきました。私が添い寝で寝たふりをすると、その後10分くらいで寝つきます。

＊可帆ちゃんの発育曲線＊

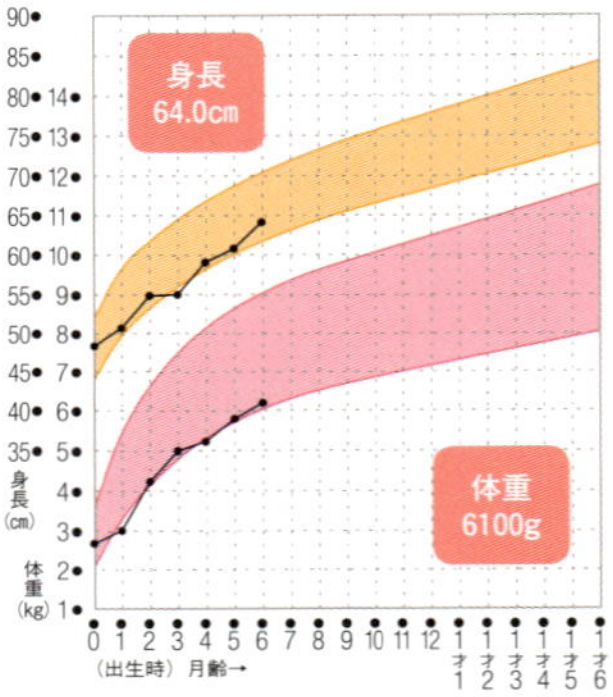

可帆ちゃんの1日の様子

05：00		
06：00	おっぱい（10分）	
07：00		ママ起床、朝食、家事
08：00	起床、おっぱい（5分）	
09：00	おっぱい（5分）、ママと遊ぶ	
10：00	ねんね（40分）、遊ぶ	ママ昼食
11：00	おっぱい（10分）	
12：00	ママと遊ぶ	
13：00	ママと散歩	ママ買い物
14：00		
15：00	おっぱい（15分）、ねんね（120分）	ママ仮眠、家事
16：00	↓	
17：00	おっぱい（10分）、ママとおふろ	
18：00	遊ぶ	ママ夕食
19：00	ママと遊ぶ	
20：00	おっぱい（10分）	
21：00	グズグズ	ママ仮眠
22：00	就寝	
23：00		
24：00		ママ家事
01：00		ママ就寝
02：00		
03：00		
04：00		

おっぱい 65分

うんち 1回

昼寝 2回

※発育曲線の色帯には、各月齢・年齢の94％の子どもの体重・身長が入ります。

※スケジュール内の吹き出しは、おっぱい・ミルク、うんち、昼寝の1日の合計時間・回数を記しています。

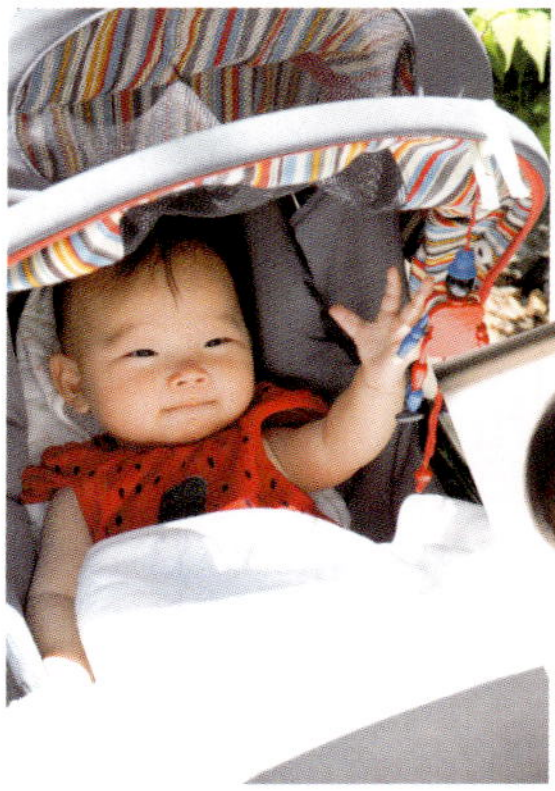

「ゆらゆらおもちゃ、楽しいな」

ベビーカーにつけたおもちゃが、振動に合わせてゆらゆら揺れます。赤ちゃんは手を伸ばしたり、眺めたりして満足そう。

「やった！ 寝返りができたよ」

目撃したのはこれが初めてなので、感激です。以前、寝返りをしたときは見逃してしまいました。

「絵本が大好き。もっと見せて」

寝転がって絵本を読むのが日課です。中のページは真剣な表情で見ているのに、表紙と裏表紙を見せると、いきなり大喜びをします。

「いろんな指をしゃぶるのね」

少し小指を立て、3本の指を口に入れてしゃぶっています。しゃぶる指や本数は決まっていません。その都度、変化しています。

5〜6カ月のころの みんなの様子

お互いの顔に触れてスキンシップします

栃木幸里《こうり》くん&絵美里ママ

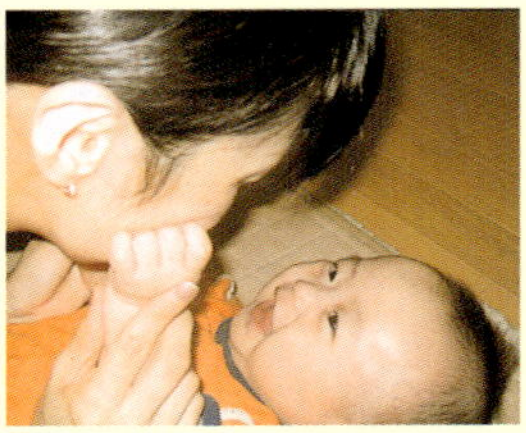

私から赤ちゃんの顔を触るだけではなく、赤ちゃんにも私の顔を触らせています。お互いに顔タッチをすることで、ぐずりが治まることも。最近、寝返りを始めたのですが、うつぶせからあお向けにはまだ戻れません。

寝る前に大きな声を出します

桂野朱莉《あかり》ちゃん&恵美ママ

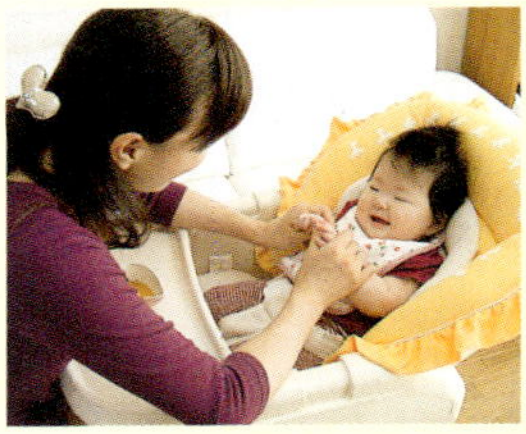

「おはよう」「着替えようね」など、たびたび語りかけます。赤ちゃんも声を出すのが楽しいのか、寝る前に叫び声を上げることも。2週間続いたときは驚きました。最近は寝返りで移動するようになりました。

5~6 カ月

気がかりQ&A

おすわりの練習は必要？

Q おすわりの練習をしようとわきを支えて座らせていたら、おばあちゃんに「腰を痛めるからダメ」と言われました。本当ですか？

A 無理な姿勢でなければ問題ありません

おすわりは、腰まわりの筋肉が発達し、しっかりと上半身を支えられるようになって、初めてできるようになります。体の準備が整っていないのに、練習をさせても意味はありません。これまでの発達が順調なら、そのうちおすわりができるようになります。

練習といっても、無理な姿勢でなくて、ママが支えながらひざの上に座らせてあげる程度なら問題ないでしょう。とくに腰を痛める心配もありません。

よだれが多い

Q よだれの量が多くて、いつもスタイがぐしょぐしょになるほど。唾液《だえき》の多い子と少ない子がいるのはなぜですか？

A 無意識に飲み込んでいるか否かの違いです

大人も子どももよだれの量に差はなく、1日1ℓ以上が分泌されています。ただ赤ちゃんは口のまわりに意識が働かないため、よだれを飲み込もうとしません。そのために無意識に飲み込んでいる子は、見た目によだれが少なく、飲み込まない子は多く見えます。

よだれが多い赤ちゃんは、スタイを何枚か用意して、小まめに交換しましょう。

また口のまわりによだれがついたままだと、湿疹やかぶれの原因になります。やわらかいガーゼなどで小まめにふいてあげましょう。

離乳食を出してしまう

Q 離乳食を始めたのですが、スプーンが口に入っただけで泣きだしてしまいます。うまく舌の上に離乳食がのっても、舌でベーッと押し出してしまいます。どうしたらいいですか？

A あせりは禁物。根気強くあげ続けましょう

これまでおっぱいやミルクしか飲んでいなかった赤ちゃんが、食べ物をゴックンと飲み込んだり、スプーンで食べることに慣らしていく時期です。あせらないようにしましょう。

食べないからといって離乳食を与えるのをやめてしまうと、いつまでも慣れません。無理強いしない程度に1さじずつ口に運びましょう。スプーンの感触が嫌な場合もあるので、スプーンを替えて試してみてもいいでしょう。根気よくあげ続けていれば、必ず食べるようになります。そのときは、たくさんほめてあげて。

頭の形が気になる

Q 頭の後ろの毛がすり切れて地肌が見えるくらいに。後頭部も扁平で形が悪いのが気になります。

A 髪の毛がフサフサになれば気にならなくなります

おすわり前の赤ちゃんは、布団や枕で後頭部がすれてしまうものです。おすわりをして起きている時間が長くなってくれば、自然に髪の毛は生えてきます。

頭の形もある程度は整ってきますが、生まれつきの骨の形は変わりません。ただ、髪の毛がフサフサになれば、髪の毛で隠れてしまうので、頭の形も気にならなくなるでしょう。

男の子の性器のケア

Q おちんちんの先が赤くなっています。何か病気でしょうか？ ケアの方法があれば教えてください。

A 小まめにおむつを交換するなど清潔を保って

おしっこのアンモニアが刺激になって、少しただれているのかもしれません。おむつ交換を小まめにして、おふろでは石けんを泡立てて洗ってあげましょう。ゴシゴシとこすらないように注意して。

腫《は》れてかゆみがある、おしっこのたびに痛がって泣く、膿《うみ》が出ているなどの場合は、「亀頭包皮炎《きとうほうひえん》」（P.241参照）などの病気の可能性があります。このような症状が出たら、小児科を受診しましょう。

哺乳びんの消毒

Q おもちゃを口に入れたり、手をしゃぶったりしますが、哺乳びんの消毒はまだしないといけませんか？

A 消毒はやめてOKですが、使用の都度清潔に洗って

6カ月ごろ、つまり離乳食を開始するころには哺乳びんの消毒をやめてOKです。雑菌に対する抵抗力がついてくる5、その代わり哺乳びんは、使用後すぐに洗剤とミニブラシで隅々まで洗いましょう。

とくに乳首の溝にはミルクかすがたまりやすいのでていねいに洗います。哺乳びんや乳首についた傷には雑菌が増殖しやすいので、傷をつけにくいスポンジや専用のブラシで洗いましょう。

赤ちゃん言葉での話しかけはダメ？

Q 「ブーブー」とか「ワンワン」などの赤ちゃん言葉で話しかけるのはよくないのでしょうか？ 「くるま」「いぬ」など正しい言葉で話しかけるべき？

A どんどん赤ちゃん言葉で話しかけてあげましょう

赤ちゃん言葉は、赤ちゃんにとって聞きやすく、言いやすい音。むしろ言葉の発達を促すにはおすすめです。

1才ごろになると、赤ちゃんは赤ちゃん言葉をまねして言うようになります。たとえ赤ちゃん言葉を覚えても、成長とともに、自然と周囲の話す大人の言葉へと切り替えていくので心配いりません。この時期は赤ちゃん言葉でどんどん話しかけてあげてください。

6~7カ月

寝返りが上手になり、おすわりができる子もいます

このころの赤ちゃん

- 顔の上にかかった軽いものを取り除くことができます。
- 短時間なら、手で体を支えておすわりの姿勢ができるように。
- 手に持ったおもちゃをもう片方の手に持ち替えることもできるようになります。
- 個人差がありますが、人見知りを始める赤ちゃんもいます。
- ほとんどの赤ちゃんが寝返りは上手になっています。

女の子

身長
61.7～70.4cm
体重
6.06～9.05kg

男の子

身長
63.6～72.1cm
体重
6.44～9.57kg

モデル／香川心春《こはる》ちゃん、加納優月《ゆづき》くん

体　腰をひねって寝返りできるようになります

腰をひねるだけで寝返りができるようになります。うつぶせになって手を伸ばすとき、ひじに重心を置き、ひざを前に出そうとします。これがやがてはいはいへと移行し、手で体を支えておすわりができるようになります。ただし、状態は不安定で、すぐ倒れるでしょう。また、片手でつかみ、もう一方の手に持ち替えることができる赤ちゃんもいます。

腕や脚で勢いをつけずに、腰をひねって寝返りができるようになります。

心 人見知りを始める赤ちゃんが出てきます

ママが手を差し出すと、抱っこをしてもらいたくて、声を上げたり身を乗り出したりします。気に入らないことや何か欲求があるときは、大人の注意を引くために大きな声を出すようになります。唇の動きが発達し、「ダーダ」「バーバ」などの繰り返し音を出すことも。個人差はありますが、6カ月を過ぎると人見知りを始める赤ちゃんも出てきます。

生活 夜泣きが始まることもあります

突然、夜泣きが始まる赤ちゃんもいます。夜泣きの原因ははっきりわかっていません。添い寝や抱っこなど、その子に合った方法で落ち着かせましょう。ママからもらった免疫が切れるころです。外出も増えるため、ウイルスや細菌による感染症にかかりやすくなります。普段から平熱を調べておいたり、いつもと違う様子がないかチェックしたりしましょう。

寝つくときや寝起きの機嫌はさまざま。ひどくぐずる赤ちゃんも少なくありません。

飲む・食べる 離乳食は1日2回に進みます

離乳食開始から1カ月を経過し、1日1回の離乳食に慣れたら、1日2回にしてもいいでしょう。1回目と2回目の間隔は3～4時間以上空け、2回目は19時ごろまでにあげるようにします。離乳食の量が増えるに従い、食後の授乳量が少なくなってくることもあります。離乳食を始めていない赤ちゃんは、この時期にはトライしましょう。

栄養の中心はまだ母乳やミルクです。離乳食後は、欲しがるだけあげて構いません。

コミュニケーション 声を出して注意を引こうとすることも

喃語のバリエーションが増えて、あやされると盛んに声を出して喜びます。何か要求があるときは大きな声を出してママを呼ぶようにもなります。おもちゃなど、欲しいものが手に入らなかったりすると、泣いたり暴れたりといった行動も始まります。赤ちゃんが声を使ってママやパパに合図を送ることを覚えたのです。ママは「あのおもちゃが欲しいのね」などと答えてあげましょう。

「たかいたかい」など、ダイナミックな体遊びを喜ぶ赤ちゃんが多くなります。

赤ちゃんがガーゼを引っ張ったら、次はママが力を入れて引っ張ります。交互に楽しんで。

6~7カ月の暮らし 見せて!

モデルは

松岡香菜子《かなこ》ちゃん
（6カ月）
&緑ママ

「おすわりが大好きで座らせないとグズグズ」

今はおすわりの姿勢がお気に入りです。すわらせないとすぐにぐずってしまいます。まだはいはいはできませんが、おなかを床につけ、体をズリズリと回転させるようになりました。身のまわりのものに興味が出てきて、中でもママの携帯電話を見つけると自分から手を伸ばします。つかむとストラップをなめています。少し人見知りが始まったようです。今までなついていたおじいちゃんの顔を見て泣いたのにはびっくりしました。

「うつぶせでぐ~るぐる」

おなかを床につけたまま、体の向きを変えます。まだ前に進むことはできません。

「ママと一緒に歌っているよ」

手の振りつきで歌ってあげると、自分も声を出し、ママに合わせて器用に手を動かします。上手だね~。

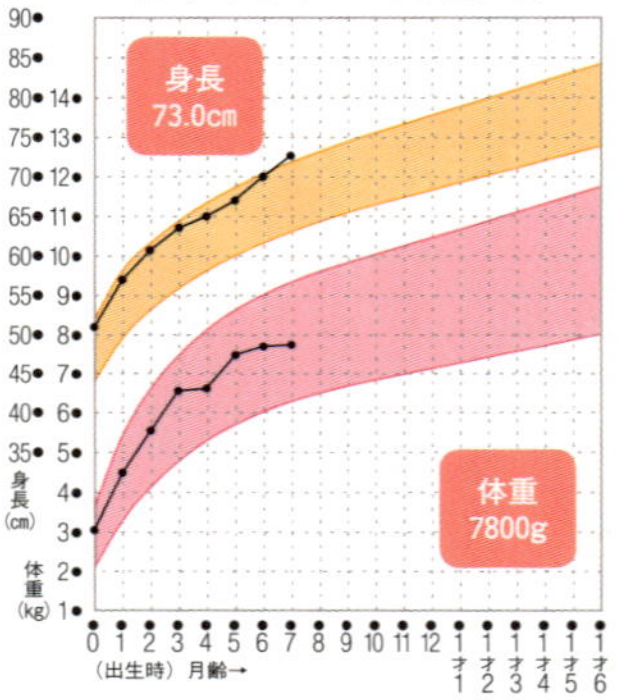

香菜子ちゃんの1日の様子

05：00		
06：00		ママ起床、家事
07：00	起床、ミルク（50mℓ）	パパ起床、朝食
08：00	ねんね（120分）	パパ出勤
09：00	↓	ママ朝食、家事
10：00	離乳食（おかゆ、かぼちゃのスープ、バナナ）、ミルク（40mℓ）	
11：00	遊ぶ	
12：00	ミルク（100mℓ）	ママ昼食
13：00	ミルク（120mℓ）	
14：00	ねんね（60分）	ママ家事
15：00	ばあばと遊ぶ	ママ買い物
16：00	遊ぶ	
17：00	ミルク（150mℓ）	
18：00	ねんね（45分）	ママ家事
19：00	遊ぶ	パパ帰宅、ママ・パパ夕食
20：00	パパにおふろに入れてもらう、ミルク（140mℓ）	ママ家事
21：00	ねんね（60分）	ママおふろ、パパ外出
22：00	遊ぶ	
23：00	ミルク（100mℓ）、就寝	
24：00		ママ・パパだんらん
01：00		ママ就寝
02：00		パパ就寝
03：00		
04：00		

ミルク 700mℓ

うんち 1回

昼寝 4回

※発育曲線の色帯には、各月齢・年齢の94%の子どもの体重・身長が入ります。
※スケジュール内の吹き出しは、おっぱい・ミルク、うんち、昼寝の1日の合計時間・回数を記しています。

「トントン、何の音?」

紙芝居をしてあげると喜びます。ドアをたたく場面は「トントン」と音響つき。

「散歩中ウトウト…」

冬場は暖かい昼間を選んで、散歩に出かけます。心地いいのかすぐに寝てしまいます。

「私のお気に入りなの」

お気に入りの歯固め。左手で持ち手を握っておもちゃをなめています。縦に持ったまま、口に入れようとしているのがほほ笑ましいです。

「エプロンをして離乳食の準備」

離乳食は１日１回。食べこぼすので、ビニールのエプロンが重宝します。

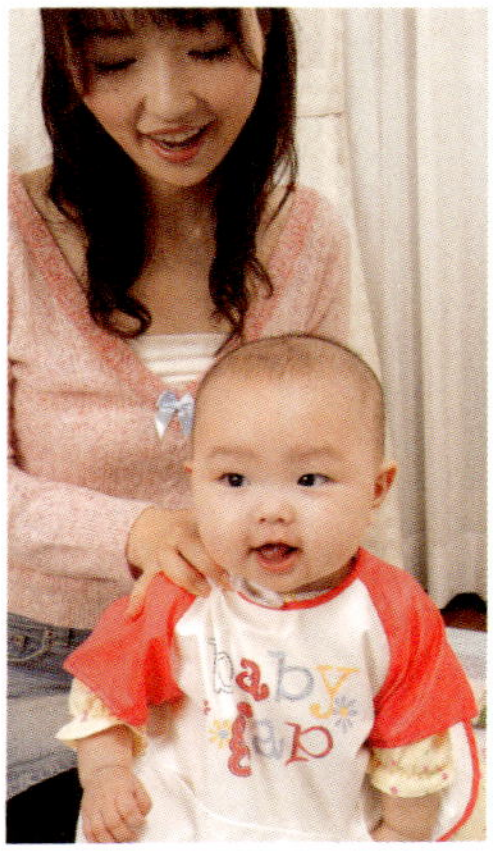

「ストラップも上手につかめます」

6〜7カ月のころのみんなの様子

「たかいたかい」で歓声を上げます

栗城敦大《あつひろ》くん&恭子ママ

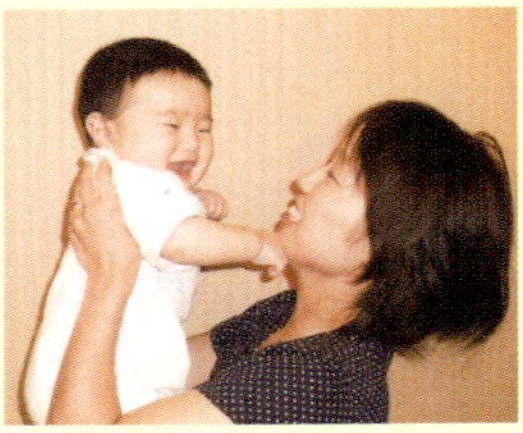

「たかいたかい」をすると、キャッキャッと声を上げて大喜びします。おもちゃに限らず、目の前にあるものにはなんでも興味を示すようになりました。つかんだりかんだり、手と口で感触を確かめているようです。

体がしっかりしてきて大きな遊びが大好きに

山田奏帆《かなほ》ちゃん&千恵美ママ

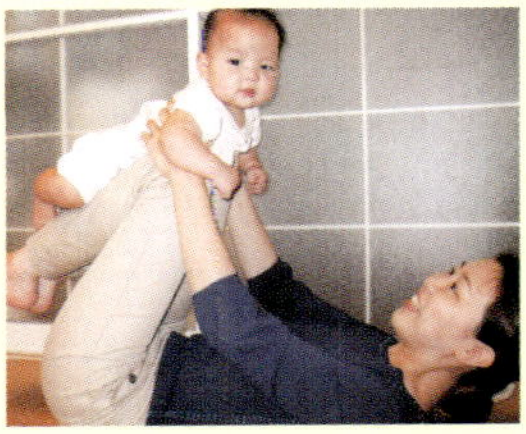

私の両脚の上に赤ちゃんを乗せて、「飛行機！」と言いながら体を持ち上げると大喜び。体全体を使う遊びが好きになってきたみたいです。手先が器用になり、広告チラシをくしゃくしゃと握って遊んでいます。

6～7カ月

気がかりQ&A

ミネラルウオーター

Q 赤ちゃん用の飲み物としてミネラルウオーターを与えてもいいですか？ お茶やジュースのほうが適しているのでしょうか？

A ミネラルが豊富な飲み物は赤ちゃんの負担になります

ミネラルウオーターは、カルシウムやマグネシウムなどのミネラルが豊富な飲み物です。ミネラルは、赤ちゃんの未熟な消化器官などに負担をかけ、下痢をすることがあります。安易に与えるのはやめましょう。

市販の水を飲ませる場合は、ミネラルの含有量が少ない軟水を選びましょう。ジュースは甘いので、赤ちゃんが味を覚えてしまうと、必要以上に欲しがるようになることもあります。そうなると糖分のとりすぎの心配も出てきます。普段の水分補給としては、甘くない麦茶や白湯《さゆ》をあげましょう。

テレビが大好き

Q テレビが大好きで、とくにCMのときなどは、じっと見ています。視力の発達に影響しますか？

A テレビの見せすぎには注意しましょう

テレビが好きといっても、この月齢では、画面の変化や出てくる音を楽しんでいるだけでしょう。赤ちゃんは視力が未発達なので、この時期、テレビが視力の発達に影響を与えることはありません。

ただ、一般にテレビは赤ちゃんには必要ないとされています。テレビの問題点は、画面から一方的に刺激を受けるだけになることです。もし見るときは、ママやパパが一緒に見て、適宜言葉をかけ、テレビに赤ちゃんのお守りをさせるのはやめましょう。家事などで忙しいときに、ほんの少し見せるのはしかたがありませんが、日中はテレビを消して、ママやパパと一緒に遊ぶ時間を増やすようにしたいものですね。

寝返りの練習

Q 少し前にちょっと寝返りの気配があったのですが、それ以降、まったく寝返りをしなくなりました。練習をさせたほうがいいですか？

A 寝返りのきっかけになる遊びをしてみても

腰や手足の筋肉が発達していても、赤ちゃんにやる気がなければ、寝返りをしないこともあります。寝返りは首すわりやおすわりとは違って、しないからといって次の発達に進めないものではないので心配いりません。

練習も必要ありませんが、寝返りさせるように、ママやパパがおもちゃを動かして赤ちゃんに取らせてみたり、おなか

に赤ちゃんを乗せてごろごろしてみるなどがきっかけになることもあります。遊びで試してみてもいいでしょう。

◆寝る時間、起きる時間がずれ込む

Q パパが遅く帰ってくるせいもあって、寝るのが遅くて困ります。夜は22〜23時くらいまで起きていて、朝は10時ごろまで寝ています。このままでいいのでしょうか？

A パパを待たずに、もっと早い時間に寝かしつけて

赤ちゃんの健康的な成長を考えるなら、早起き・早寝の習慣をつけることが大切です。パパとのスキンシップは朝の出勤前か休日にして、普段はパパの帰りを待たずに、赤ちゃんを寝かしつけましょう。

まず朝8時に起こすことから始めましょう。遅くとも20時か21時ごろには寝かしつけたいので、その時間から逆算して、夕方のしたくやおふろなどの時間を決めましょう。毎日同じリズムを繰り返していれば、早寝の習慣がつきます。日中30分から1時間、外遊びや散歩で適当に刺激を与えると、ある程度体が疲れるので、寝つきもよくなります。

◆髪の毛はいつ生える？

Q 生まれたときから髪の毛が薄く、今もほとんど生えていません。いつになったら生えてくるのでしょうか？

A 生えそろう時期には個人差があります

髪の毛の量や生えそろう時期には個人差があり、生まれたときから髪の毛がフサフサの子もいれば、髪の毛がほとんど生えない時期が長く続く子もいます。また、かたくてしっかりとした剛毛の子、やわらかくてふわふわの子もいます。

いずれにせよ、ほとんどの子が1才半〜2才ごろには髪の毛がたくさん生え始め、3才ごろまでにはフサフサになるので心配いりません。楽しみに待っていましょう。

◆市販薬を服用後のおっぱい

Q 私が飲んだ薬はおっぱいに出ますか？ 風邪をひいて発熱して、ついうっかり市販の総合感冒薬を飲んでしまいました。飲んだあと、おっぱいを与えても大丈夫ですか？

A 通常の風邪薬であれば、問題はありません

ママが風邪を長引かせると、赤ちゃんにうつしたり、おっぱいの出が悪くなることがあります。症状によっては、早めに薬を飲んで治すことが大切です。

確かにママが薬を飲むと、ごく少量の薬物の一部がおっぱいに出ます。うっかり飲んだ市販薬も、通常の風邪薬であれば、問題ないでしょう。

今後、薬を飲むときは薬局で授乳中であることを伝え、飲んでも問題ないことを確認したほうが安心です。市販の薬は、用法・用量を守って2〜3日だけ飲むようにしましょう。おっぱいへの影響を減らすためにも、薬を飲むタイミングは、授乳の直後がいいでしょう。

7~8カ月

1人で座れる赤ちゃんが増え、遊びの種類が広がります

このころの赤ちゃん

- 手で支えなくてもおすわりできる赤ちゃんが増えます。
- 親指とほかの指で物を挟めるようになります。
- おなかを床にすりながら進む「ずりばい」を始める赤ちゃんもいます。
- 「いないいないばあ」などの遊びを好むようになります。
- 歯が生え始めます。

女の子

身長
63.1～71.9cm
体重
6.32～9.37kg

男の子

身長
65.0～73.6cm
体重
6.73～9.87kg

モデル／塩田怜香《れいか》ちゃん、川端煌翔《こうが》くん

体 親指とほかの指で物を挟みます

手で支えなくてもおすわりできる赤ちゃんが増えてきます。まだ不安定で、振り向いたときに倒れることもあります。手の動きが発達し、親指とほかの指で物を挟んで持てるようになります。おなかを床につけたまま前に移動するようになり、「ずりばい」へと進む赤ちゃんも出てきます。下の前歯2本が生え始める赤ちゃんもいます。

挟んで持てるようになったら、積み木などを両手で1つずつ持つこともできます。

心　大人のすることに興味を示します

大人が触れたものや行動に興味を示し始めます。日用品で遊びたがることもあります。危険でないものなら、遊ばせてあげてもいいでしょう。人見知りをする赤ちゃんが多くなります。不安そうにしてママに抱かれたがったり、泣きだしたりします。これは人の顔の区別がついてきた証拠。個人差があるので、表れない赤ちゃんもいます。

生活　散歩を習慣にしましょう

おすわりができると、かぶせるタイプの洋服が楽に着せられるようになります。動きが活発になるので、衣類は大人より1枚少なめにしてもいいでしょう。はいはいをするようになったら、おなかの出ない服を選んであげます。赤ちゃんは外の刺激を喜びます。毎日の散歩を習慣にしましょう。つかんだものはなんでも口にするので誤飲には十分な注意が必要です。

おすわりができたら見えるようになる範囲も変わります。好奇心を広げてあげて。

飲む・食べる　口の動きが複雑になり離乳食は次のステップへ

離乳食を食べさせると、モグモグとした口の動かし方ができるようになります。離乳食開始から約2カ月が経過し、5・6カ月ごろの離乳食をゴックンと飲み込めるようになったら、次のステップに。7・8カ月ごろの離乳食に入ると、離乳食から約30〜40％の栄養をとるようになります。ただし、まだ母乳やミルクは大事な栄養源です。離乳食後は欲しがるだけ飲ませましょう。

離乳食は、絹ごし豆腐くらいのかたさが目安です。赤ちゃんの様子を見ながら調節を。

コミュニケーション　遊びを通してやりとりを覚えます

遊びを通して、少しずつコミュニケーションを覚えていく時期です。「どうぞ」とおもちゃを差し出すと、手を伸ばして受け取るようになります。パペットを使った声かけにも喜んで反応し、ママやパパの言葉をまねしようとする赤ちゃんも出てきます。太鼓をたたいたり、左右の手におもちゃを持って打ち鳴らしたりと、遊びの幅が広がっていきます。

座ったまま両手を使って遊べるようになります。音の出るおもちゃもより好きになります。

ぬいぐるみやパペットでの声かけで、コミュニケーションの楽しさを伝えていきます。

7~8カ月の暮らし見せて!

モデルは

加藤璃久《りく》くん（7カ月）& 真友ママ

「離乳食のメニューが増えました」

最初は心配した離乳食ですが、最近はよく食べてくれるようになり、ひと安心。食べられる品目が増え、メニューにバリエーションがつけられるようになりました。身のまわりのものに興味を示すようになりました。新聞をくしゃくしゃにし、おふろではシャワーの水をつかもうと指を動かしたりします。ずりばいが始まり、離れた所におもちゃを置くと一生懸命、前に進んでいきます。ただ、私が少しでも離れると号泣してしまいます。

「たて抱きでママと密着」

たて抱きは密着度が高く、赤ちゃんも安心するみたい。コアラみたいだね。

「見て! 抱っこでこの表情」

「どうしてつかめないのかな?」

パパとおふろに入ります。赤ちゃんの前でシャワーを流すと、指先を動かしてつかもうとします。

＊璃久くんの発育曲線＊

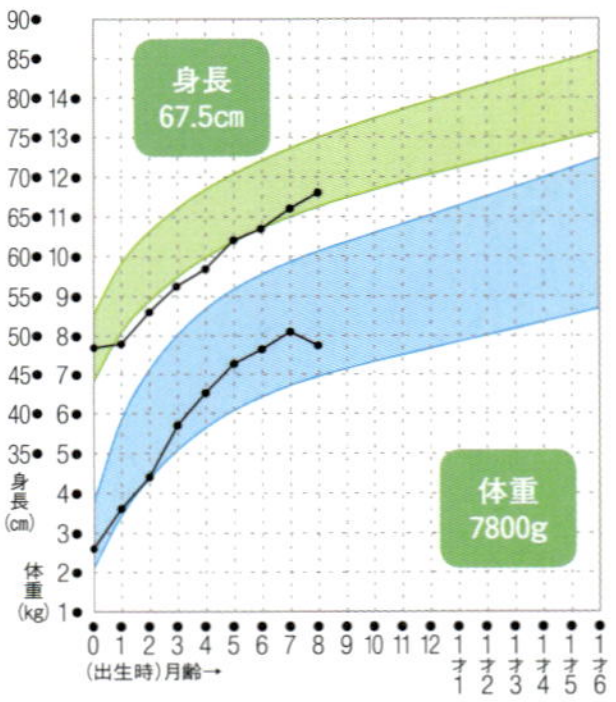

璃久くんの1日の様子

05：00		
06：00		ママ・パパ起床、ママ家事、パパ朝食
07：00		ママ朝食、パパ出勤
08：00	起床、ミルク（200㎖）、遊ぶ	ママ家事
09：00	ママと遊ぶ	
10：00	グズグズ、ねんね（90分）	ママ仮眠
11：00	↓	↓
12：00	離乳食（しらすがゆ、白身魚とマッシュポテトのクリーム煮、ヨーグルト）、ミルク（200㎖）	ママ昼食
13：00	遊ぶ	
14：00	ママ&友だちと散歩	
15：00	友だちの家へ	
16：00	ミルク（200㎖）	ママ家事
17：00	遊ぶ	↓
18：00	グズグズ、ねんね（60分）	ママ夕食
19：00		
20：00	離乳食（しらすがゆ、かぼちゃとコーンのあえもの、梨）、ミルク（200㎖）	
21：00	ママとおふろ	
22：00	パパと遊ぶ、就寝	ママ家事、パパ帰宅、夕食
23：00		ママ家事
24：00		パパおふろ、就寝
01：00		ママおふろ、就寝
02：00		
03：00	グズグズ	
04：00		

ミルク 800㎖

うんち 2回

昼寝 2回

※発育曲線の色帯には、各月齢・年齢の94%の子どもの体重・身長が入ります。

※スケジュール内の吹き出しは、おっぱい・ミルク、うんち、昼寝の1日の合計時間・回数を記しています。

「おもちゃまであと少し！」

目当てのおもちゃに向かって、ずりばいをしています。おなかを床につけたまま、腕で支えたり、腰をひねって前へ進んでいます。

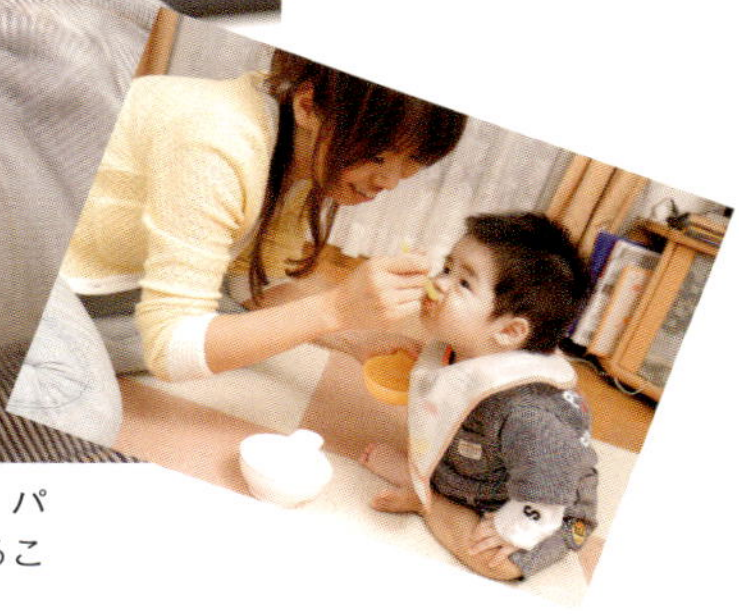

「どう？おいしいかな？」

身を乗り出してパクッと食べてくれます。おいしそうに食べてくれてうれしい。メニューのバリエーションも増えました。

「パペットの頭をいい子、いい子」

最近はパペット遊びがお気に入りです。パペットの頭をなでるようなしぐさをすることもあります。

「くしゃくしゃ、楽しい？」

新聞などを見つけると、くしゃくしゃ、びりびりを開始。夢中になって指を動かしています。

「ママ、早く来てよ〜」

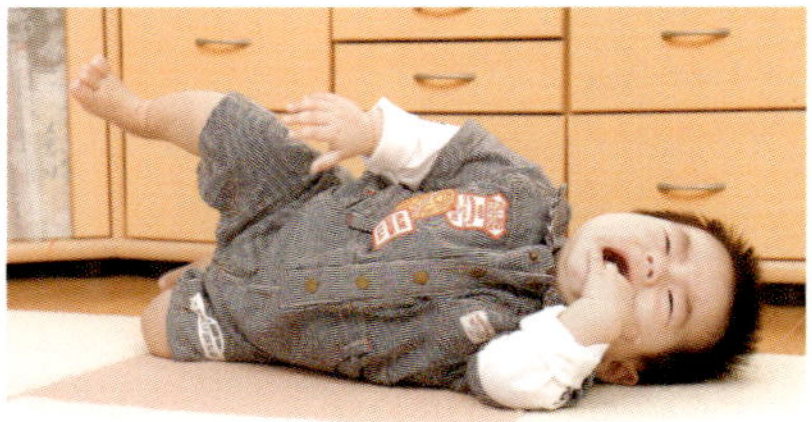

ママがちょっとでも離れると大号泣。全身をバタバタさせ、かん高い声を上げます。ママとしてはうれしい半面、抱っこが多くて大変です。

7〜8カ月のころのみんなの様子

体全体を使った遊びでにこにこと笑います

寺田惟人《ゆいと》くん&世子ママ

赤ちゃんをひざに抱っこし、脚を曲げたり伸ばしたりしてあげると、笑顔に。最近、身のまわりのものに興味が出てきたようです。ママが掃除をしていると、はいはいで掃除機を追いかけてきます。

向かい合ってボール転がし

藤澤妃代里《ひより》ちゃん&智子ママ

おすわりが安定し、座ったままボール遊びができるようになりました。私がボールを転がすと上手に受け取り、ボールをつかんでなめます。また、あまり教えていなかったのにストロー飲みができるようになって驚きました。

7~8カ月

気がかりQ&A

BF《ベビーフード》だけでOK?

Q 料理が不得手で、離乳食にどんな食材を選べばいいのか自信がありません。BFだけ与えるのではダメですか?

A 9カ月以降は手作りにも挑戦して

食べ物を舌とあごですりつぶす練習をする8カ月ごろまでは、BF中心でも構いません。歯ぐきでかむ練習が始まる9カ月以降は、BFだけではかたさがたりず、品数や離乳食の回数も増えるので、手作りすることが必要になるでしょう。

難しく考えず、まずは大人のみそ汁の具を取り分けることから始めてみてはいかがでしょう。ゆでた白身魚をBFのホワイトソースであえるなど、BFも上手に取り入れながら手作りに挑戦してみてください。

ベビーカーが嫌い

Q ベビーカーに乗せて5分くらいたつと泣きだします。それまではおとなしく乗っているのに、なぜですか?

A 体を動かせるようになり窮屈に思うのでしょう

自分で手足を活発に動かし、自分の意思で移動もできるようになる時期です。ベビーカーに乗っているのが窮屈に思うのかもしれません。

ベビーカーにおもちゃをつけたり、何か赤ちゃんが興味を持つようなものをまわりに見つけるなどして、気をそらしてみましょう。それでも毎回泣くようなら、抱っこかおんぶでお出かけするしかないでしょう。

抱っこひもを持参してその都度使い分けているママもいますが、赤ちゃんを抱っこしながら、ベビーカーを持ち歩くのは大変ですね。そのうちまた泣かずに乗るようになるかもしれないので、今は赤ちゃんにつき合ってあげましょう。

ひざの上に立たない

Q 両わきを支えて、ひざの上に立たせようとするのですが、ピョンピョンしません。どこか問題があるのでしょうか。

A ピョンピョンするのが嫌いな子もいます

すべての赤ちゃんが足をピョンピョンさせるわけではなく、中にはやりたがらない子もいます。とくに体がやわらかい赤ちゃんは好きではないことが多いようです。そういう赤ちゃんは、はいはいや一人歩きなどの運動発達がゆっくりペースになる傾向はありますが、2才くらいまでに追いつくので問題はありません。

ピョンピョンしないからといって、決して足が弱いわけではありません。あまり心配せずに、これからの赤ちゃんの成長を見守っていましょう。

◆ミルクは飲まなくてもOK？

Q 離乳食はよく食べるのですが、離乳食後のミルクをほとんど飲まなくなってしまいました。栄養的にたりているのか心配です。

A ほかの授乳時間にしっかり飲ませてあげて

離乳食をよく食べる赤ちゃんは、離乳食だけで満足して、食後のミルクを欲しがらなくなることもあります。その場合は無理に与えなくても大丈夫です。

離乳食を栄養バランスよく与えて、食後以外の授乳時間にたっぷり飲ませてあげるようにしましょう。

◆寝汗をかく

Q 寝て30分もすると頭に汗をかき、布団を蹴《け》飛ばしてしまいます。風邪をひかないかと心配で寝つけません。

A 着せているものや布団をチェックして

頭に汗をかくのは、厚着をさせて寝かせているか、布団が暑いためです。着せているものをチェックし、寝具は薄手のものに替えましょう。寝汗をほうっておくと体が冷えてしまうので、気づいたときはふき取ってあげましょう。

赤ちゃんが布団をかけなくてもよく眠っている場合は、その状態が快適だと思ってOK。ママは神経質になる必要はありません。腹巻きをする、おなかにバスタオルをかけるなどしておなかが冷えないようにすれば、そのままでも大丈夫です。

◆歯の生え始めのケアは？

Q 下の前歯が2本、生え始めました。歯磨きはいつごろから始めればいいのでしょうか。

A 歯のまわりをぬらしたガーゼできれいに

乳歯の生える時期には個人差がありますが、7～8カ月ごろになると、下の前歯が2本、上の前歯が2本生えてきます。

下の前歯が生えてきたら、歯の表面とそのまわりをぬらしたガーゼでふきましょう。まずはほっぺのまわりを指でやさしくつつきながら、ママやパパに口を触られることに慣れさせていきます。次にぬらしたガーゼやタオルでよだれや口のまわりの食べ物をふいたときに、歯もやさしくふきます。赤ちゃん用の歯ブラシを持たせてみるのもいいでしょう。

◆「たかいたかい」は安全？

Q 「たかいたかい」が大好き。パパによくしてもらいますが、揺さぶられ症候群になるのではないかと気になります。

A 通常の遊びでする「たかいたかい」なら大丈夫

「揺さぶられ症候群」とは、赤ちゃんの頭を強く揺さぶることで、脳の内部や周辺の血管が切れ、けいれんなどの症状を起こすことです。

通常の遊びでする「たかいたかい」の程度では、ならないので心配いりません。ただし、赤ちゃんを投げ上げたり、肩をつかんで激しく前後に揺らすようなことは危険です。絶対にやめましょう。

8～9カ月

おすわりが完成し、人見知りが増えてきます

このころの赤ちゃん

- おすわりがほとんど完成します。
- はいはいができる赤ちゃんが多くなります。
- 人見知りがピークを迎えます。
- 昼夜の区別がはっきりついてきます。
- 離乳食を自分で食べたがるようになります。
- 動きが予測できる「いないいないばあ」を喜びます。

女の子

身長
64.4～73.2cm
体重
6.53～9.63kg

男の子

身長
66.3～75.0cm
体重
6.96～10.14kg

モデル／森尾怜《れ》音《ね》ちゃん、小野田 翼《つばさ》くん

体　おすわりの姿勢が安定してきます

体重の増え方より身長の伸びが著しく、しだいにほっそりとした体形になってきます。個人差がありますが、おすわりの姿勢が安定してきて、座ったまま後ろを振り向いても倒れないようになります。中には、はいはいを始める赤ちゃんもいます。指先の動きが器用になり、親指とほかの指を使い、小さな物をつまめるようになります。

背中がまっすぐ伸び、体をねじって振り向いても倒れません。おすわりの完成です。

心

人見知りがピークに達します

ママやパパなど身近な人への愛着心が強くなり、記憶力も発達してきます。そのため、人見知りがピークを迎えます。やがて慣れてくるので、無理に知らない人になじませる必要はありません。泣いて怖がったら、しっかり抱いて不安や恐れを鎮めてあげましょう。言葉の意味は理解していませんが、自分の名前を呼ばれると、呼んだ人のほうを見るなど、話しかけに反応するようになります。

大人の呼びかけに反応し、相手が自分にどう対応してほしいのかがわかってきます。コミュニケーションや言葉の発達の大切なポイントです。

生活

動きが活発になるので事故防止策は万全に

なんでも口に入れたり、寝返りやはいはいで思うままに動いたりするようになり、誤飲などの事故の危険が増えてきます。危険なものは手の届かない場所に片づけるなど、事故防止に気をつけましょう。昼夜の区別がはっきりついてくる時期ですので、そろそろ本格的に早寝早起きの生活リズムを整えていきましょう。

飲む・食べる

自分で食べたい意欲を尊重してあげましょう

運動量が増え、離乳食を食べる量も増えてきます。ただし、主な栄養はおっぱいやミルクですので、食後は飲みたいだけ飲ませましょう。自分でスプーンを持ったり、手づかみで食べたりする赤ちゃんも出てきます。まだ上手にできませんが、自分で食べたいという意欲を尊重してあげましょう。唾液《だえき》を飲み込むのがうまくなり口元が締まるようになってくるので、コップ飲みの練習が始められます。

コミュニケーション

「いないいないばあ」が大好きで喜びます

ママやパパといるのがうれしい時期なので、積極的にかかわって一緒に遊びましょう。多くの赤ちゃんは「いないいないばあ」を喜びます。ママやパパの顔が隠れると一瞬緊張しますが、再び顔が出てくるのを覚えているので、自分の予測どおりに出たり消えたりするのに夢中になります。また、たくさん話しかけてあげると、言葉の発達を促すことができます。

自分でスプーンを握って口に運ぼうとすることも。自分で食べたい気持ちの表れです。

「いないいないばあ」が大好き。タオルを取って予測どおりおもちゃが現れると満足します。

8~9カ月の暮らし 見せて!

モデルは

重谷慶太郎《けいたろう》くん
（８カ月）
＆広美ママ

「おすわりが上手になり、歯が４本になりました」

まだ手で支えてあげる必要がありますが、おすわりが上手にできるようになったので、大人になっても使える木製の椅子を購入しました。離乳食は2回食になりましたが、食べる量が増えなくて心配です。でも、私が食べてもおいしいと思うものはよく食べるようなので、味覚がしっかりしてきたみたい。最近は自分でスプーンを持ちたがるようになりました。歯が４本になり、初めて歯ぎしりしたときはビックリしました。

「これはずすのおもしろいなぁ」

指先を器用に使えるようになってきました。パネルマットをはずすのが日課になっていて目が離せません！

「ただ今、はいはいの特訓中です」

はいはいの格好をするものの前には進めず、もどかしいのか泣きべそ顔になっちゃいました。

「パパにもらった車が大好き」

車のおもちゃが大好きで、毎日夢中になって動かしています。

＊慶太郎くんの発育曲線＊

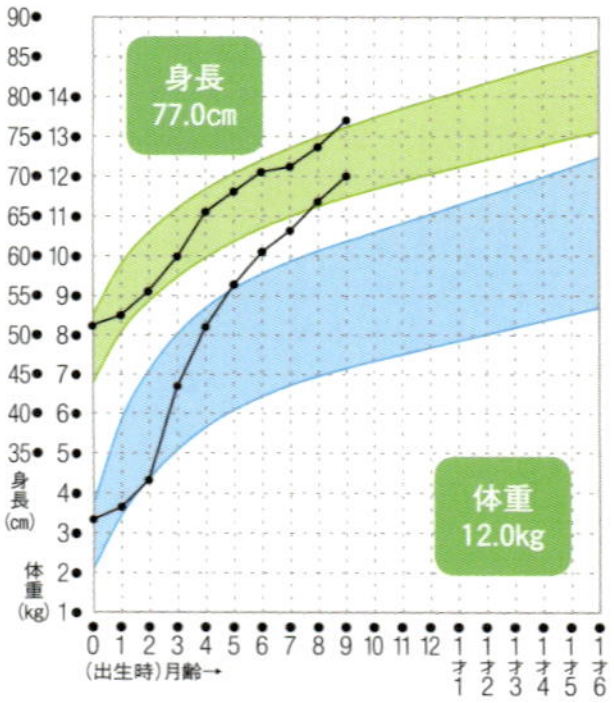

慶太郎くんの１日の様子

05:00		
06:00	起床、おっぱい（10分）	ママ・パパ起床
07:00	パパと遊ぶ	ママ・パパ朝食、パパ出勤
08:00	離乳食（７倍がゆ、納豆、ほうれん草と鯛のスープ、ヨーグルト）、おっぱい（10分）	
09:00	ねんね（60分）	ママ家事
10:00	ママと遊ぶ	
11:00	おっぱい（５分）	
12:00	遊ぶ	ママ昼食
13:00	おっぱい（10分）、ねんね（30分）	
14:00	ママとベビーサイン教室へ	
15:00	友だちと遊ぶ	ママ友とお茶
16:00	ねんね（30分）、離乳食（７倍がゆ、しらす干し、かぼちゃ・豆腐・牛乳のとろとろスープ、ヨーグルト）、おっぱい（５分）	
17:00	ねんね（30分）	ママ家事
18:00	ママとおふろ、グズグズ、ママと遊ぶ	
19:00	おっぱい（10分）	ママ家事
20:00	遊ぶ	パパ帰宅、ママ・パパ夕食
21:00	パパと遊ぶ	
22:00	おっぱい（10分）、就寝	
23:00		ママ就寝、パパおふろ
24:00		パパ就寝
01:00	おっぱい（10分）	
02:00		
03:00		
04:00		

おっぱい 70分
うんち 2回
昼寝 4回

※発育曲線の色帯には、各月齢・年齢の94%の子どもの体重・身長が入ります。
※スケジュール内の吹き出しは、おっぱい・ミルク、うんち、昼寝の1日の合計時間・回数を記しています。

「ごはんは自分で食べたいよぉ～」

スプーンを自分で持ちたがるようになりました。一度かみかみしたらなかなか離しません。

「前歯が生えそろいました」

前歯が上下４本になりました！　でも歯ぎしりするので、ちょっぴり心配です……。

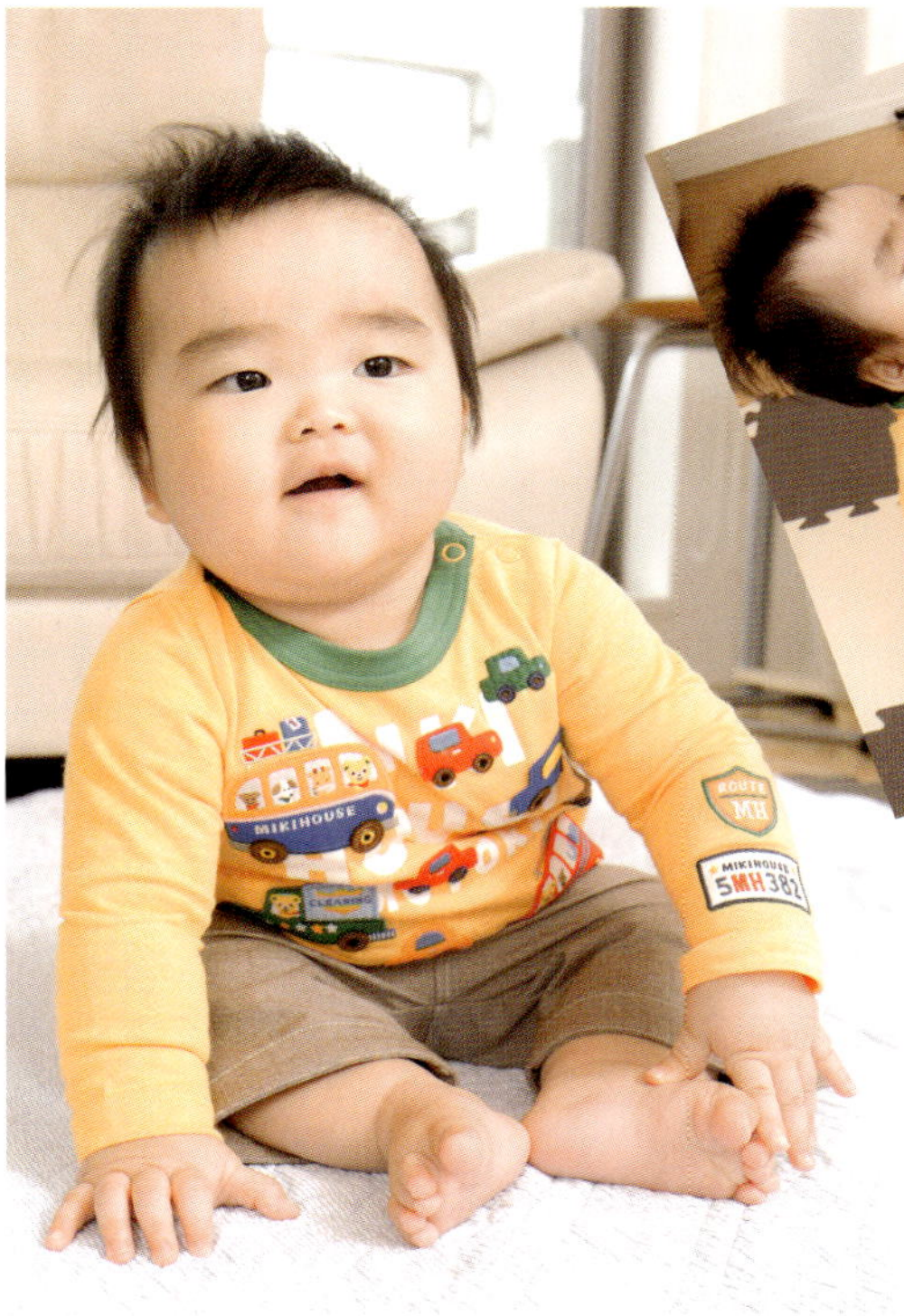

「これを押すとどうなるのかな?」

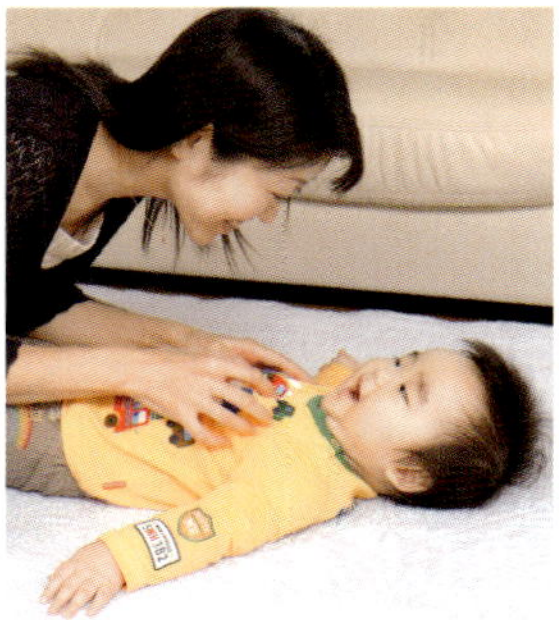

「おすわりが上手にできるようになったよ」

手をついて支えていることが多いけれどおすわりが安定してきました。そのおかげで姿勢よく食事ができるようになりました。

「うどん粉こねこね楽しいな」

ベビーサインの教室で教えてもらった「うどん粉こねこね」の遊びで「ムシャムシャ～」と言って体を触ると大喜び。

8～9カ月のころのみんなの様子

話しかけると一生懸命聞くように

小野耀《よう》大《た》くん＆真由美ママ

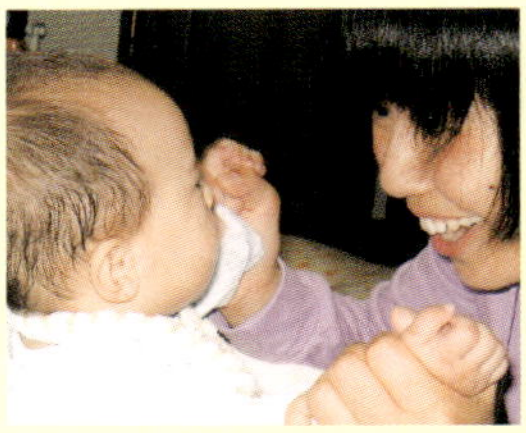

抱っこが大好きで、抱っこをすればすぐにご機嫌になります。向かい合って座り、私が話しかけると、一生懸命聞いてにっこりすることも。指を動かすのが上手になってきて、力もついたためか、紙を破るようになりました。

室内かくれんぼを楽しんでいます

川治和《わ》奏《かな》ちゃん＆和恵ママ

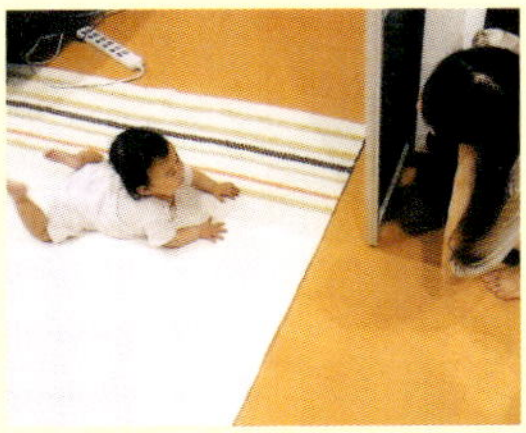

かくれんぼを理解するようになり、娘が見つけやすい場所に私が隠れて目が合うと、にっこりしながらはいはいで近寄ってきます。おすわりができるようになり、太鼓などのおもちゃで１人で遊んでいることもあります。

8~9カ月

気がかりQ&A

◆夜泣きがひどくて

Q 夜泣きがひどくて、何度も起きます。泣きやむまで抱っこしていますが、共働きなので、へとへと。原因は何？ いつまで続くのでしょうか？

A しばらくは大変ですが、つき合ってあげて

夜泣きの原因はわかっていませんが、赤ちゃんの睡眠の発達上、避けて通れないものです。夜泣きの時期は赤ちゃんによって個人差があります。

夜泣きが始まると大変ですが、おっぱいや麦茶を飲ませる、外の空気に触れさせる、添い寝でトントンするなど、いろいろ試してみましょう。寝ぼけたままだと泣き続けるので、照明をつけて一度しっかり起こしてから、再び寝かしつけたほうがいいこともあります。

しばらくは大変ですが、夜泣きは2才くらいまでには治まるものです。それまではパパと協力してなんとか乗りきりましょう。

◆自転車の乗せ方

Q おすわりが安定したので、自転車に乗せたいのですが、いつから赤ちゃんを自転車に乗せていいですか？ 前と後ろだとどっちが安全？

A 10カ月を過ぎてから乗せるようにしましょう

安全性を考えて、赤ちゃんを自転車に乗せるのは、10カ月を過ぎてからにしましょう。赤ちゃんを自転車に乗せるときは、事故防止のヘルメットを装着する習慣をつけましょう。最初は嫌がる赤ちゃんもいますが、徐々に慣らしていくことが大切です。

前乗せは、ママの視界を妨げない小さい子向き、後ろ乗せは子どもが自分でバランスをとれるようになる、2才ごろからがいいでしょう。

自転車を購入する際には、購入後も整備・調整をしてくれるお店で、ＢＡＡマーク※のついた信頼できるブランドのものを選びましょう。

◆具合が悪いときの水分補給

Q 熱があるときの水分補給は、おっぱいでいいのでしょうか？ 症状にかかわらず飲ませていいものがありますか？

A 高熱のときは経口補水液がおすすめです

基本的には具合が悪いときでもおっぱいで構いません。ほかには湯冷ましや麦茶がいいでしょう。ただ、高熱のときは脱水症状を防ぐためにも、経口補水液がおすすめです。嘔吐や下痢の場合も、医師の指導の元に失われた電解質を経口補水液で補いましょう。一度にたくさん飲

※BAA（安全基準適合車）マーク　一般社団法人自転車協会が定める自転車の安全基準に合格した車種につけるマークです。

ませると吐くことがあるので、スプーンなどで小まめに与えるようにしましょう。

一人遊びばかり

Q 一人遊びが好きで、こちらから声をかけても反応せずに黙々と遊んでいます。手がかからず楽ですが、ほうっておいていいのでしょうか?

A 集中しているときは見守ってあげましょう

ある程度一人遊びができるようになったのでしょう。遊びに集中しているときは、声をかけずに見守ってあげましょう。赤ちゃんがママのほうを見たときに、「上手にできたね」など声をかけてあげたり、新しい遊びを見つけてあげればOKです。

ティッシュペーパーが大好き

Q はいはいで移動し、ティッシュペーパーを箱から出すのが大好き。しかったほうがいいのでしょうか?

A 好奇心を育てる代わりのおもちゃを

しかってもまだ赤ちゃんには伝わりません。させたくないのなら、赤ちゃんの手の届かない場所に置いておきましょう。とはいえ、赤ちゃんの好奇心の芽はつぶしたくありませんね。ティッシュペーパーの空き箱にハンカチをつなげて入れておき、それを引き出させるなど代わりのおもちゃを作ってあげてもいいですね。

日中や夜中に何度もおっぱい

Q 離乳食をたくさん食べているのに、食後はもちろん、日中や夜中にも何度もおっぱいを欲しがります。こんなに飲んだり食べたりで大丈夫?

A 下痢や嘔吐がなければ欲しがるだけあげて大丈夫

この時期はおっぱいが栄養の中心です。赤ちゃんが欲しがるだけあげましょう。下痢や嘔吐がなければ、問題ありません。おっぱいを欲しがるのは、ただ甘えたいだけのこともあるので、まずは抱っこしてあげたり、遊んであげたりするなど、おっぱい以外のことも試してみましょう。

うまくつめを切る方法は?

Q 赤ちゃんのつめを切るのが怖くて。安全でうまく切るためのコツはありますか?

A 赤ちゃんの指を押さえ、つめの角も丸く切ります

赤ちゃんの上半身を固定して、指が動かないようにします。指の第一関節をママの親指と人さし指で挟んで切ります。つめのてっぺんを横に切って、全体の長さを決めたあと、つめの両サイドを斜めに切り、角を丸くします。

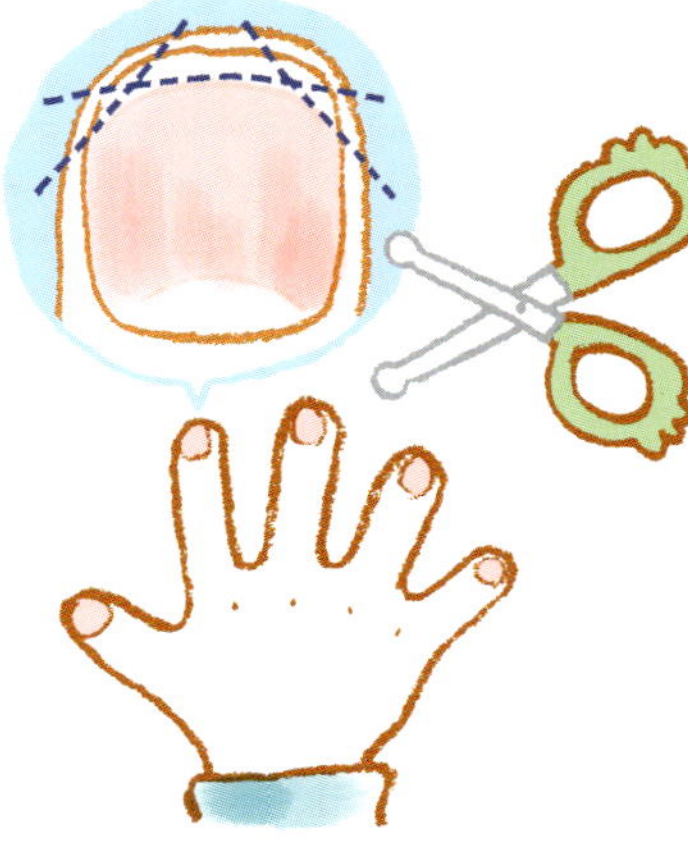

9～10カ月

はいはいが上手になり、後追いが激しくなってきます

このころの赤ちゃん

- はいはいができる赤ちゃんが多くなります。
- つかまり立ちをする赤ちゃんも増えます。
- ママへの後追いが激しくなります。
- 昼寝が午前と午後の1日2回になります。
- 離乳食が1日3回になります。
- 言葉の理解が進み、大人のまねが上手になります。

女の子

身長
65.5～74.5cm
体重
6.71～9.85kg

男の子

身長
67.4～76.2cm
体重
7.16～10.37kg

モデル／松浦梨《り》結《ゆ》ちゃん、西村侑《ゆう》馬《ま》くん

体 はいはいが速くなり方向転換もできます

はいはいをする赤ちゃんが多くなり、方向転換をしながら素早く移動できるようになります。中には、テーブルなどに両手をかけて、つかまり立ちをする赤ちゃんも出てきます。運動量が増えるので、体が締まってくることも多いでしょう。指先も上手に動かせるようになり、早い赤ちゃんだと親指と人さし指の腹を使って小さなものを器用につかみます。

親指と人さし指を使って、卵ボーロなど小さなものでも器用につまめるようになります。

心

後追いはできるだけこたえてあげましょう

ママへの愛着がさらに強くなります。ママが離れるのを不安に感じ、別の場所に行こうとすると後追いをする赤ちゃんが多くなります。後追いはママを特別な存在と認識している証しで、悪いことではありません。赤ちゃんの気持ちにできるだけこたえてあげましょう。不安なときにこたえてくれる安心感が、今後の自立や冒険心を育てていく基礎になります。

赤ちゃんのそばを離れるときは声をかけて、不安感を与えないようにしましょう。

ママあるいは家族の区別がつくことで後追いが始まります。

生活

昼寝や離乳食によって生活リズムが整います

昼寝は午前と午後の1日2回、離乳食は1日3回になるなど、生活リズムが整ってきます。また、はいはいやつかまり立ちをしたときにけがをしないよう、安全に遊べる環境をつくりましょう。小さなものをつまめるようになるので、引き続き誤飲にも注意。歯が生えている赤ちゃんはむし歯予防のために、食後にガーゼで歯をふいてあげましょう。

ほとんどの赤ちゃんが午前と午後の2回、だいたい決まった時間に昼寝をするようになります。

飲む・食べる

1日3回決めた時間に離乳食を食べましょう

離乳食は1日3回になります。きちんと食べられるよう、決まった時間に食べさせましょう。自分で食べたがる赤ちゃんも増えてきます。自分で食べたいという意欲を大切にしてあげましょう。このころから栄養の約60%を離乳食でとれるようになるため、しっかり食べているならおっぱいやミルクは減らしていきます。ミルクは1日400〜600㎖が目安です。

自分で食べたがる時期で、スプーンや食器に手を出したりします。

コミュニケーション

言葉の意味がだんだんわかるようになります

言葉の意味がだんだんわかってきて、ママの話しかけに表情豊かに反応するようになってきます。「マンマ」「ネンネ」などの言葉をその動作と一緒に言ってあげると、言葉と行動の意味がつながってわかるようになります。ママがはいはいをすると一緒にするなど、大人のまねが上手になる時期です。赤ちゃんができそうなことをいろいろ見せてあげましょう。

9~10カ月の暮らし見せて!

モデルは

和田舞乃《まの》ちゃん
（9カ月）
&千佳ママ

「キッチン以外の部屋を遊び場に変えました」

隣に寝ているはずなのに姿が見えず、あわてて起きたら私の足元をうろうろ。ベッドから落ちたら大変と思い、ベッドを片づけ布団で寝るようにしました。赤ちゃんが安全に動けるよう、部屋中の家具を移動させて、キッチン以外は遊べるようにしました。欲しいものを見つけると移動して取ろうとするので、ますます目が離せなくなりました。離乳食が3回になり、つかみ食べが始まりました。食欲も旺盛です。

「大好きなおもちゃを見つけたよ」
欲しいおもちゃを見つけて「あった〜！」と満足げな顔。少し重いかなと思うおもちゃも自分で持ち上げられるようになりました。

「ママ、なんて言っているの?」
まだ自分ではできませんが、私が「ごはん」というベビーサインをしてみると、興味深そうにじっと見つめています。

「何かおもしろいものないかなぁ?」
テーブルの下に入ってひと遊び。なんでも口に入れてしまうので、床に何か落ちていないかを常に確認しています。

＊舞乃ちゃんの発育曲線＊

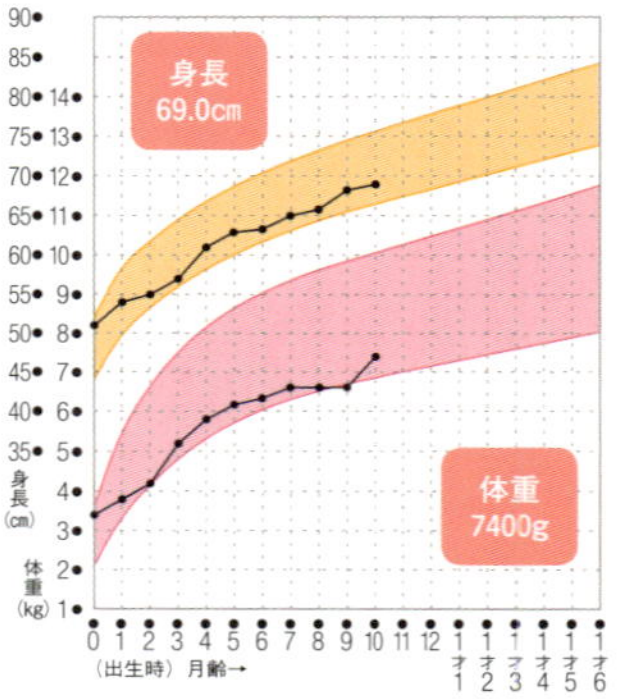

舞乃ちゃんの1日の様子

05:00	グズグズ、おっぱい（15分）	
06:00		
07:00	グズグズ、おっぱい（10分）、起床	ママ起床、家事
08:00	パパと遊ぶ	パパ起床、ママ・パパ朝食、パパ出勤
09:00	離乳食（ジャムのサンドイッチ、ひき肉と野菜のポタージュスープ、ヨーグルト）、ご機嫌、遊ぶ	ママ家事
10:00	グズグズ、おっぱい（10分）、ねんね（30分）	
11:00	ママと遊ぶ	
12:00	離乳食（おにぎり、バナナ）、おっぱい（10分）	ママ昼食
13:00	ご機嫌	
14:00	ママと散歩 ↓	ママ買い物 ↓
15:00	ねんね（40分）	
16:00	グズグズ、ママと帰宅	
17:00	おっぱい（10分）	ママ家事
18:00	離乳食（おかゆ、高野豆腐と野菜の煮もの、ブロッコリーとトマトのおひたし）	
19:00	ご機嫌、遊ぶ	ママ夕食
20:00	ママとおふろ	
21:00	おっぱい（10分）、就寝	
22:00		
23:00		
24:00	おっぱい（5分）	パパ帰宅、おふろ
01:00		ママ・パパ就寝
02:00		
03:00		
04:00		

おっぱい 70分

うんち 3回

昼寝 2回

※発育曲線の色帯には、各月齢・年齢の94%の子どもの体重・身長が入ります。
※スケジュール内の吹き出しは、おっぱい・ミルク、うんち、昼寝の1日の合計時間・回数を記しています。

「伝い歩きができるように」

9カ月を過ぎて、だんだん伝い歩きができるようになりました。ママはそばで、しっかり見守っています。

「絵本の読み聞かせ大好き」

絵本を自分でめくれるようになりました。見たいページはいつも同じ。お気に入りの絵が見つかってよかったね。

「ちょうだい。はい、どうぞ」

これちょうだいと言って手を出すと、渡すふりをしてくれるようになりました。私の言うことがだいぶわかってきたみたい。

「食事のあとにかぶれ予防」

食事のあと、口のまわりが赤くかぶれてしまうことがあります。保湿クリームでスキンケア。

「おいしいからいっぱい食べた〜い」

食べるのが大好きで、次々と口に入れてこの表情。のどに詰まらせないかヒヤヒヤです。

9〜10カ月のころのみんなの様子

電車に興味を持つようになりました

村上大悟《だいご》くん&文子ママ

子育てサロンで会ったお兄ちゃんたちの影響で、電車が好きになりました。部屋で電車を走らせてあげると夢中になって見ています。伝い歩きができるようになり、押して歩くおもちゃで家の中を歩き回っています。

ママとリズム遊びを楽しんでいます

松本姫来里《きらり》ちゃん&めぐみママ

私と一緒にリズム遊びをするのが大好き。とくに児童館で習った「おふろ屋さんへ行こう」という遊びが気に入り、家でもよくやっています。小さなものがつまめるようになり、組み立てて作るおもちゃに挑戦しています。

9~10カ月

気がかりQ&A

うつぶせが嫌い

Q　寝返りはできるのに、うつぶせにすると嫌がって泣きます。これでは、いつまでたってもはいはいをしないのでは、と心配になります。

A　はいはいをしない赤ちゃんもいます

　足腰の筋肉やバランス感覚が十分発達してきているのに、うつぶせの姿勢が嫌いな赤ちゃんは、はいはいをしないこともあります。はいはいをしない赤ちゃんは少なくなく、個性ととらえていいでしょう。そういう子は、つかまり立ち、立っち、あんよと発達していきます。

　無理にうつぶせにしたり、はいはいの練習をさせたりするのはやめておきましょう。つかまり立ちのあとに、突然はいはいを始めることもあります。

寝る前に頭をゴンゴン

Q　眠くなると、ベッドの柵に頭をゴンゴンぶつけます。何か不安があるのか、私の愛情がたりないのでしょうか？

A　一つの癖なので心配いりません

　これは一つの癖です。決してストレスがたまっているわけでも、親の愛情がたりないわけでもありません。中には、泣いたり怒ったりしたときや、親が自分の気持ちをわかってくれないもどかしさからする赤ちゃんもいます。言葉の発達など、成長に伴ってそのうちやらなくなるので心配いりません。

　ママやパパは赤ちゃんの様子をよく見て、そのときの赤ちゃんの気持ちを受け止めてあげましょう。このような行為に出たら、赤ちゃんを抱っこして「頭、イタイイタイだからやめようね」と優しく落ち着かせてあげましょう。

まねをしない

Q　ほぼ同じ月齢の友人の子は、「いないいないばあ」が大好きで、私がやってあげるとまねをします。でも、うちの子は、何もしません。

A　ママが楽しそうにやると、そのうちまねをするかも

　盛んにまねをする赤ちゃんもいますが、ほとんどまねをしない赤ちゃんもいます。喃語が出ている、ママの働きかけに反応するなど、ほかの面で発達の問題がなければ、まねをしなくても心配いりません。

　また、赤ちゃんがまねをしないのは、まねが楽しくないからかもしれません。たとえば「いないいないばあ」や「バイバイ」をママが楽しそうにやって見せていると、そのうちまねをすることもあります。そのときにたくさんほめてあげると、赤ちゃんも得意になってどんどんまねをするようになるでしょう。

コードしゃぶりをやめさせたい

Q パソコンや電話のコードが大好きです。かなり気になるらしく、はいはいで近づき、握ったりしゃぶったりします。危ないのでやめさせたいのですが、どうしたらいい？

A 赤ちゃんが見たり触ったりしない工夫を

コードはかんで切れたときに大変危険なので、すぐにやめさせましょう。また遊んでいるうちに誤って首に巻きついてしまうこともあります。家具の後ろに隠して見えないようにしたり、引っ張れないように壁や床にしっかりと留めてしまうなどの工夫が必要です。

日焼け止めクリーム

Q 外遊びに行くときは、日焼け止めクリームを塗ったほうがいいのでしょうか。日よけつきのベビーカーに乗せていても、塗ったほうがいい？

A 長時間のお出かけなら日焼け止めを塗りましょう

直射日光に当たらなくても、紫外線は赤ちゃんの肌に届いています。とくに紫外線が強い5〜9月の10〜14時のお出かけは控えましょう。どうしてもこの時間帯に出かける必要がある場合は、赤ちゃん用の日焼け止めを塗りましょう。

ただ紫外線が強くない季節の30分程度のお出かけなら、日焼け止めを塗らなくても大丈夫です。長時間出かける場合は、日焼け止めを塗ったほうが安心です。

かんしゃくを起こす

Q すぐかんしゃくを起こして、物を投げたり、泣き叫んだりします。落ち着かせるにはどうしたらいいですか？

A 抱っこしてなだめたり、場所を変えて気分転換を

かんしゃくを起こすのは、「○○したい」という欲求が出てきたという証拠です。まずはママが落ち着きましょう。

かんしゃくを起こした原因がわかれば、それを解決してあげます。わからなければ、抱っこして「嫌だったね。もう大丈夫よ」と優しく声をかけたり、背中をトントンしながら落ち着かせて。その場所から離れたり、外の空気を吸わせて気分転換させてあげてもいいでしょう。

フォローアップミルク

Q 9カ月以降はミルクの代わりにフォローアップミルクを与えたほうがいいですか？

A 離乳食から鉄分がとれれば与えなくてもOKです

フォローアップミルクは、ミルクよりもタンパク質と糖質が多く、脂肪が少なめです。また牛乳に比べると鉄分が多く、ビタミンも適量が加えられています。

9カ月ごろになると、鉄分が不足しがちになり、それを補う目的でフォローアップミルクを与えます。ただ、赤身の魚や鶏や豚、牛のレバー、BFのレバー製品、鉄強化製品などで離乳食からとることができれば、あえてフォローアップミルクを与える必要はありません。

10~11カ月

つかまり立ちが安定し、大人のまねが上手になります

このころの赤ちゃん

- つかまり立ちが上手になり、伝い歩きをする赤ちゃんもいます。
- 指先でこまかい動作ができるようになります。
- 「バイバイ」など大人のまねをするようになります。
- 1日3回の食事が定着し、生活リズムが整ってきます。
- 大人との簡単なやりとり遊びが楽しめます。

女の子

身長
66.5～75.6cm
体重
6.86～10.06kg

男の子

身長
68.4～77.4cm
体重
7.34～10.59kg

モデル／西本胡桃《くるみ》ちゃん、星 玲河《りょうが》くん

体

伝い歩きを始める子も。指先がますます器用に

全身がほっそりしてきて、赤ちゃんというより幼児に近い体形になります。多くの赤ちゃんがつかまり立ちをするようになり、伝い歩きを始める赤ちゃんも見られます。指先でこまかい動作ができるようになり、シールを器用にはがしたりします。左右の手を上手に連動させられるため、それぞれの手に持ったおもちゃを打ち合わせて遊べるようになります。

シールをはがしたり、引き出しを開たりと、こまかい指の動きができるようになります。

心

言葉に合わせて大人のまねをします

「バイバイ」「バンザイ」など、言葉に合わせて大人のまねができるようになります。ただ、気が向かないとしなかったり、興味を示さなかったりする赤ちゃんも。興味のあるものに向かって指や手をさすようになり、指さしや手さしが増えてくるに従って、今までのように泣いて意思を伝えることが減ってきます。

大人のまねが上手になるころ。豊かな表情でわかりやすい動作をつけて、話しかけてあげましょう。

生活

規則正しい生活リズムを整えてあげましょう

1日3回の食事が定着して生活リズムが一定になってきます。早寝早起きを習慣にして、規則正しい生活リズムを整えてあげましょう。つかまり立ちや伝い歩きをするようになったり、引き出しや扉を開けたりなどできることが増える分、危険も増してきます。今まで目が届かなかった高い場所へも手を伸ばせるようになりますので、いま一度赤ちゃんの目線で、危険がないかを点検しましょう。

夜は21時までに寝かしつけ、早寝早起きを基本に規則正しい生活習慣を整えましょう。

飲む・食べる

手づかみ食べメニューを用意しましょう

手と口を連動させて動かせるようになるので、手づかみ食べのメニューを用意してあげましょう。好き嫌いや「むら食べ」が出ることが多くなります。この時期によくあることなので、無理強いは禁物。ママが手を添えながらコップで飲む練習を始めましょう。ママが支えればあまりこぼさず飲めることもありますが、1人で飲めるようになるのは先です。

コップに慣れたらストローの練習も始められます。最初は短めのものを用意しましょう。

コミュニケーション

簡単なやりとり遊びができるように

「ちょうだい」と言うと手に持っていたおもちゃを差し出したりするようになります。ママとの簡単なやりとり遊びをたくさんしましょう。リモコンのスイッチを押す、新聞紙をくしゃくしゃにするなど、ママから見るといたずらと思えることも、好奇心から発展した立派な遊びです。触れてほしくないものは片づけ、遊んでいいものを用意してあげましょう。

絵本に興味が出てくることも。ページをめくったり、動物の絵を見て喜んだりします。

10~11カ月の暮らし 見せて!

モデルは

金子遥夏《はるか》ちゃん（10カ月）&絵美子ママ

「大人のまねっこやいたずらが大好き」

本棚の本を散らかしたり、引き出しを開けたりして、次々といたずらを見つけては楽しんでいます。洗濯の後片づけや歯磨きなど、大人と同じことをするのも大好きです。ママが職場復帰のため、遥夏は保育園に通うようになりました。後追いの激しい時期と重なり、泣き叫び続けることがあったようですが、2週間ほどすると泣くのは朝のお別れのときだけになり、ひと安心です。一緒にいるときは、前よりおっぱいを欲しがります。

「おっぱい飲んでいい気持ち」

保育園に通うようになってから、ますますおっぱいを欲しがるようになりました。一緒のときは私に甘えたいのかもしれません。

「今日はどの本を読もうっかな?」

「次はどんな話なのかワクワク」

絵本が大好きで、次のページが見たくてワクワク。簡単なストーリーなら、なんとなくわかっているようです。

遥夏ちゃんの発育曲線

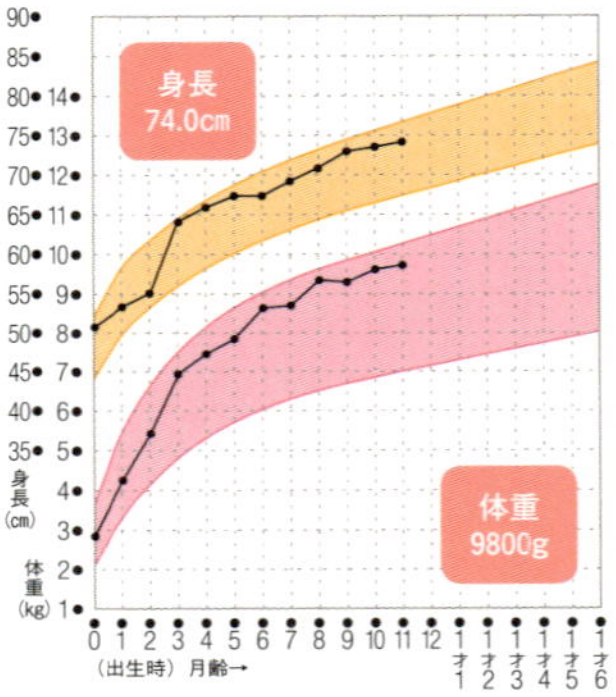

遥夏ちゃんの1日の様子

05:00	おっぱい（15分）	ママ起床、家事
06:00	起床、パパと遊ぶ	パパ起床、出勤
07:00	おっぱい（10分）、ママと保育園へ	ママ出勤
08:00		
09:00	ねんね（40分）	
10:00	離乳食（おかゆ、じゃがいものくず煮、みそ汁）、ミルク（95㎖）	
11:00	ねんね（130分）	
12:00	↓	ママ昼食
13:00		
14:00	離乳食（牛乳がゆ、すまし汁、果物）、ミルク（95㎖）	
15:00		↓
16:00	ママと帰宅、ママと遊ぶ、おっぱい（15分）	ママ家事
17:00	ママと遊ぶ、ママとおふろ	
18:00	離乳食（おかゆ、にんじんとさつまいものスティック、ツナとキャベツのトマト煮）	ママ夕食、家事
19:00	ママと遊ぶ、おっぱい（10分）	
20:00	就寝、おっぱい（15分）	
21:00		ママ家事、仕事
22:00		ママ就寝
23:00	おっぱい（15分）	パパ帰宅、おふろ、就寝
24:00		
01:00		
02:00		
03:00	おっぱい（15分）	
04:00		

おっぱい 95分 ミルク 190㎖

うんち 3回

昼寝 2回

※発育曲線の色帯には、各月齢・年齢の94%の子どもの体重・身長が入ります。

※スケジュール内の吹き出しは、おっぱい・ミルク、うんち、昼寝の1日の合計時間・回数を記しています。

「洗濯物の片づけをお手伝い中」

洗濯物をたたんでいると、次々にポイポイ投げ入れます。私のお手伝いをしているつもりみたい。

「ママ、置いていかないでよぉ」

後追いが激しい時期で、私がそばにいないことに気がつくと、号泣しながら探し回ります。普段より大きな声で泣くので、急いで戻ります。

「いないいないばあが、大のお気に入り」

布団で「いないいないばあ」をするのがマイブーム。飽きるまで何度も何度も繰り返しやっています。

「みんなで歯磨きするの楽しいね」

3人で同じことをするとうれしそう。今日はみんな一緒に、歯磨きをしています。

「お外はやっぱり気持ちいい〜」

天気がいい日に家族でピクニックへ。パパが「気持ちいい」と伸びをしたら、まねをしていました。

10〜11カ月のころのみんなの様子

体を思いきり使う遊びが大好きです

花村榮亮《よしあき》くん&真規子ママ

児童館にある乗って揺らす遊具が好きでよく遊びに行きます。家でも私の体をジャングルジム代わりにして、登ったり下りたりしながら遊ぶことが。スキンシップもできて私も大満足です。一緒に楽器で遊ぶのもお気に入りです。

おんぶをすれば機嫌が直ります

小野山里《り》咲《さ》ちゃん&直子ママ

どんなに機嫌が悪くても、おんぶをするとピタッと泣きやむので、しょちゅうしています。また、音の出るおもちゃが大好き。中でもおもちゃの携帯電話が気に入っていて、ボタンを押すことを楽しんでいます。

10~11 カ月

気がかり Q&A

◆つま先立ちでOK?

Q つかまり立ちをして立っているときに、足の裏全体ではなく、つま先で立っていますが、問題ありませんか?

A そのうち足の裏全体で立つようになります

まだつかまり立ちに一生懸命の状態で、不安定なのでしょう。または赤ちゃん自身が楽しんで、このような立ち方をしていることもあります。

そのうちつかまり立ちに慣れてくると、つま先立ちではなくて、足の裏全体を床につけて、全体重を足の裏にかけて立つようになります。つま先だけでつかまり立ちをしていると、体が不安定になりがちです。転倒したときや、しりもちをついたときに赤ちゃんがけがをしないように、赤ちゃんのまわりに危険なものを置かないようにしましょう。

◆バイバイができないことが

Q ほかの赤ちゃんは「バイバイ」などを上手にするのに、うちの子は気が向いたときだけです。覚えるのが遅いのでしょうか?

A たまにでもできれば十分。無理強いはやめましょう

赤ちゃんだって、そのときによって気分が乗ったり乗らなかったりするものです。たまにでも「バイバイ」ができるなら十分です。まねがちゃんとできているわけですから、覚えるのが遅いということはありません。

やりたくないときに、ママが無理に「バイバイ」をさせたりしたら、余計つまらなくなって、やらなくなってしまうかもしれません。ママはだれかとさよならするときに毎回楽しそうに「バイバイ」をする姿を見せていればいいでしょう。そうすれば、赤ちゃんもまねをしてもっとやるようになることもあります。

発達のペースには個人差があります。ほかの赤ちゃんと比べるのは、意味がないのでやめましょう。

◆おもちゃをたたいてばかり

Q 指で押して遊ぶおもちゃを買ったのに、たたいてばかりいます。正しい遊び方を教えてあげたいのですが、どうしたらいいですか?

A おもちゃの遊び方は赤ちゃんに任せて

おもちゃの遊び方は赤ちゃんに任せましょう。たとえ、指で押して遊ぶおもちゃだとしても、今の赤ちゃんにとってはたたくことのほうがおもしろいのでしょう。それを無理に正しい遊び方を教え込む必要はありません。

ママが一緒に遊ぶときに、本来の遊び方の見本を見せてあげていたら、そのうち赤ちゃんも興味を持つかもしれません。そして自分から遊ぶようになったときに、「上手ね」「おもしろいね」とほめてあげましょう。

◆おむつ替えを嫌がる

Q　おむつを替えようとすると、はいはいで逃げてしまいます。寝かせるとすぐ寝返りしてしまうし、なかなかすんなり替えさせてくれません。それでつい怒ってしまいます。

A　赤ちゃんの気を引きながら手早く済ませましょう

寝返りやはいはいをするようになると、おむつ替えがなかなかスムーズにいかなくなりますね。清潔にするため、などという理屈が理解できない赤ちゃんにとっておむつ替えは、じっとしていなければならない苦痛な時間でしかないのでしょう。

力づくで交換しようとするとストレスになるので、おもちゃを持たせる、歌を歌う、おなかをくすぐるなどで赤ちゃんの気を引いて、手早く済ませましょう。つかまり立ちができるようになれば、やや割高ではありますが、立ったまま交換できるパンツ型のおむつが便利です。

◆遊び食べ

Q　このごろ離乳食をあまり食べなくなりました。手で食べ物を器から器へ移し替えたりして、遊んでしまうのですが、どうしたらいいでしょう？

A　おなかがすくリズムをつくることも大切です

この時期の赤ちゃんは、まだ遊びと食事の区別がついていないので、食べ物で遊ぶのはしかたがありません。遊ぶ傍ら、適宜ママが口に運んであげて、ある程度やらせてあげたら食事を切り上げましょう。また授乳の時間を見直したり、外遊びの時間を増やしてしっかりおなかをすかせることも大切です。

◆ミルクをコップで飲まない

Q　水などはコップで飲めるのに、ミルクは哺乳びんでないと飲みません。どうしたらコップで飲むようになる？

A　哺乳びんと併用しながら徐々にコップに切り替えて

哺乳びんは、赤ちゃんの心の安定剤のようなものなので、なかなかやめられないのでしょう。でも、できれば哺乳びんは1才～1才6カ月ごろまでには卒業したいですね。のどが渇いているときにコップで飲ませてみるなどしながら、少しずつコップに切り替えていきましょう。

◆大泣きするとひきつける

Q　大泣きすると息が止まったようにひきつけることがあります。病気ですか？

A　病気ではありません。抱っこで落ち着かせて

赤ちゃんは上手に呼吸できないので、大泣きして興奮すると、呼吸を整えることができず、ひきつけることがあります。病気ではないので心配いりません。激しく泣きだしたら、ひきつける前に抱っこして落ち着かせましょう（P.231参照）。

11カ月〜1才0カ月

伝い歩きや1人での立っちができるようになります

このころの赤ちゃん

- 伝い歩きが上手になり、立っちやあんよを始める赤ちゃんが出てきます。
- 昼寝がまとまり、朝までぐっすり眠るようになります。
- 興味のあるものに指さしや言葉を発することがあります。
- 「遊び食べ」や好き嫌いなどが目立ってきます。
- 言葉を使ったやりとりや絵本の読み聞かせに興味を示します。

女の子

身長
67.4〜76.7cm
体重
7.02〜10.27kg

男の子

身長
69.4〜78.5cm
体重
7.51〜10.82kg

モデル／髙橋心《み》優《ゆう》ちゃん、櫻井悠《ゆ》羽《う》くん

体

伝い歩きが上手になってきます

11カ月の終わりごろには体重は生まれたときの3倍近く、身長は1.5倍近くになり、体形にますます個人差が出てきます。伝い歩きが上手になり、足の力だけで上手にバランスをとって、1人での立っち、よちよち歩きを始める赤ちゃんがいます。指先はいっそう器用になり、簡単なものなら、ふたの開け閉めやボタンを指1本で押せるようになります。

足でバランスがとれるようになり、手押し車を押しながら上手に遊べるようになります。

欲しいものや行きたい方向をさして、「取って」「行こう」など求めるようになります。

興味があるものを見ると、指をさして「アッ、アッ」などと声を出すことがあります。

心

指さしやおしゃべりを楽しむようになります

興味のあるものや欲しいものを指さして「取って」とアピールしたり、「ダダダ」など意味のない言葉でおしゃべりしたりする赤ちゃんが出てきます。感情表現が複雑になってきて、「よくできたね」などとほめられると、うれしそうな表情を浮かべたり、できなかったことができるようになると得意そうにしたり、さまざまな表情をするようになります。

生活

昼寝が1日1回になり夜まとめて眠るように

昼寝が1日1回になり、時間も短くなる子が増え、その分朝までぐっすり眠るようになります。昼寝が夕方にずれ込むと就寝時間が遅くなりがちなので、昼寝は遅くても15時には切り上げましょう。ふすまや網戸などの軽い引き戸や押すだけで開く浴室のドアなどを開けられるようになるので、鍵をかけるなどして赤ちゃんが簡単に開けられないよう配慮を。

飲む・食べる

楽しく食事ができる雰囲気が大切です

食べ物や食器などで遊ぶ「遊び食べ」や1つのものばかり食べる「ばっかり食べ」のほか、食べ物の好みが出てきて、好き嫌いや「むら食べ」が目立つことも。ただし、いずれも一時的なことです。嫌がったら無理強いせず、楽しく食事ができるように心がけましょう。調理法や味つけを変えたり、再び食卓に出してみると、すんなり食べたりします。

遊び食べをするようになっても、ある程度は大目に見てあげましょう。

コミュニケーション

赤ちゃんとのおしゃべりを楽しんで

赤ちゃんが声を発したときは声のまねをしたり、「そうだね」などと答えたりしておしゃべりを楽しみましょう。ママから「ワンワンがいるね」などと興味のあることを話しかけてあげると、言葉のやりとりのおもしろさが実感でき、言葉の発達につながります。言葉を介した「ちょうだい」「どうぞ」などの遊びや絵本の読み聞かせも楽しみましょう。

物の出し入れも楽しい遊びです。ママやパパも一緒につき合って遊んであげましょう。

11カ月～1才0カ月の暮らし 見せて！

モデルは

川口隼《しゅん》季《き》くん（11カ月）&美智恵ママ

「よく食べ、よく眠る健康的な生活が定着」

最近、年上の子とよく遊ぶようになってから、刺激になるのか動きが活発になってきました。まだまだよちよち歩きですが、公園でもあちこち動き回るので、追いかけるのが大変です。保育園に通うようになり、食事をしっかり食べ、早寝早起きの生活リズムが定着してきました。一方で、だんだんと自我が出てきたみたい。気に入らないことがあると「キー！キー！」と怒りながら、床に物を投げつけるのがちょっと心配です。

「顔まね、上手にできたよ」

大人の表情を見て、まねをするようになりました。私が下唇を前へ突き出してみせると、同じようにポーズ！　とても上手にできました。

「わあ～不思議だぁ」

電話が鳴ったらこの笑顔。携帯電話を開けたり閉めたり、ボタンを押して遊んでいます。

「上手にできたね」

手遊び歌などが上手にできたとき、「すご～い。上手にできたね」とほめながら拍手をしていたら、自分でもパチパチ拍手をするように。

＊隼季くんの発育曲線＊

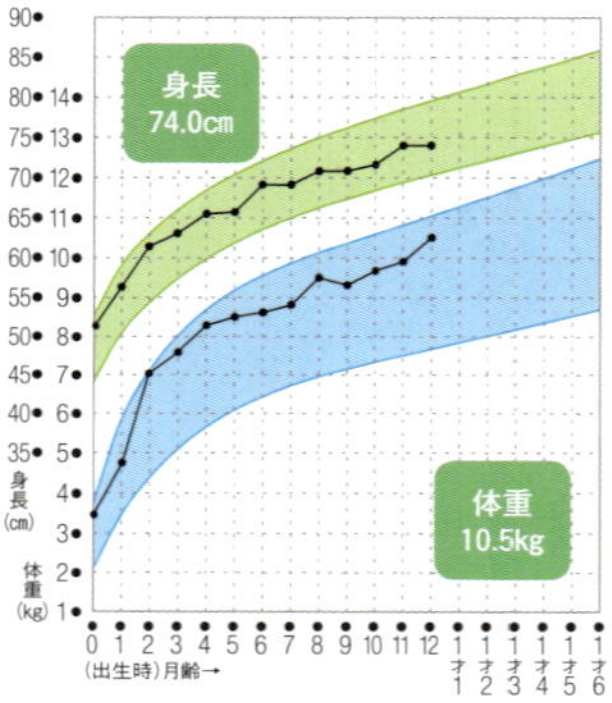

隼季くんの１日の様子

05:00		
06:00	おっぱい（10分）	
07:00		ママ起床、朝食
08:00	起床、おっぱい（５分）	パパ起床、出勤
09:00	ママと保育園へ、公園で遊ぶ	ママ出勤
10:00	離乳食（きなこがゆ、和風ハンバーグ、じゃがいもの炒め煮、野菜スープ）、ミルク（100mℓ）	↓
11:00	ねんね（90分）	
12:00	↓	ママ昼食
13:00	遊ぶ	
14:00	↓	
15:00	離乳食（白身魚のケチャップ煮、みそ汁、果物）、ミルク（100mℓ）	↓
16:00	ママと帰宅	
17:00	ママと遊ぶ、おっぱい（５分）、ねんね（30分）	ママ家事
18:00	ママとおふろ	
19:00	遊ぶ、離乳食（ごはん、小松菜とじゃがいも煮、納豆、ヨーグルト）	パパ帰宅、おふろ、ママ・パパ夕食
20:00	パパと遊ぶ	ママ家事
21:00	おっぱい（10分）、就寝	ママ・パパだんらん
22:00		ママ家事
23:00		ママ・パパ就寝
24:00		
01:00		
02:00		
03:00	おっぱい（５分）	
04:00		

おっぱい 35分 ミルク 200mℓ

うんち １回

昼寝 ２回

※発育曲線の色帯には、各月齢・年齢の94%の子どもの体重・身長が入ります。

※スケジュール内の吹き出しは、おっぱい・ミルク、うんち、昼寝の1日の合計時間・回数を記しています。

「みんなでやる手遊び歌、楽しいな」

以前から手遊び歌が好きでしたが、さらに反応がよくなりました。好きな曲は「ひげじいさん」。

「抱っこホルダーを新調しました」

体重が重くて抱っこがつらくなってきたため、抱っこホルダーを新調しました。

「まだまだあんよ初心者です」

まだよちよち歩きなので、転ぶこともしょっちゅう。顔から豪快に転んで、おでこにたんこぶができることも。今日はおでこが腫《は》れ気味です。

「バンザ〜イができるんだよ」

「バンザ〜イ」と言うと両手を上げるようになりました。これで着替えも楽にできそう。

「引き出しの中をいたずら中…」

引き出しを開けて散らかし放題。知恵がつき、私の顔色をうかがいながらしています。

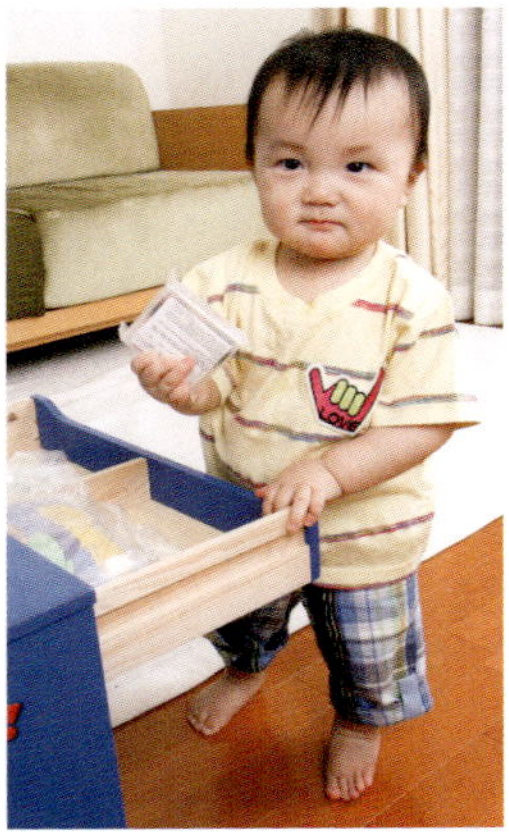

11カ月〜1才0カ月のころのみんなの様子

ママのまねをして積み木をトントン

中島敬太《けいた》くん&葉子ママ

私が積み木を打ちつけて見せると、同じようにするので、「上手にできたね」とほめてあげます。あんよが上手になり、大きなボールを持ち上げて運んだときも絶賛。ほめられるとすごくうれしそうです。

公園のブランコ遊びが楽しくなりました

鈴木沙依子《さえこ》ちゃん&祥恵ママ

公園のブランコの鎖を自分で握れるようになったので、2人でブランコに乗ってゆらゆら遊んでいます。最近、積み木を3つくらい積めるようになりました。集中しているときは見守り、完成したらほめています。

11カ月～1才0カ月

気がかりQ&A

人見知り

Q ひどい人見知りが続いています。おばあちゃんにもなつかないし、私にべったりなので、歯医者さんにも美容院にも行けず困っています。

A 一時的なものなので ママはそばにいてあげて

人見知りは赤ちゃんがママをきちんと認識できているという証拠。一時的なものなので、無理にほかの人に預けたりせずに、ママはなるべく赤ちゃんと一緒にいてあげましょう。

人見知りをしたときは、抱っこして「大丈夫よ」と安心させてあげましょう。美容院や歯医者などは、赤ちゃんを一緒に連れていき、赤ちゃんを抱っこしたままで治療を受けられないか事前に確認してみましょう。

離乳食が飲み込めない

Q 離乳食を食べさせると、いつまでも口の中にいっぱいためて、飲み込もうとしません。もっとやわらかいものに戻したほうがいいの？

A 前歯でかじり取り、よく口を動かしてかむ練習を

これから離乳食を卒業して幼児食の段階に入っていきます。今のうちにしっかりかんで、飲み込む練習をしておくことが大切です。口の中にため込むということは、しっかりかめていないということ。やわらかいものに戻すのではなくて、手に持って前歯でかじり取りながら、よく口を動かして食べる練習をさせましょう。

ママがどんどん口に運んでしまうと、赤ちゃんがかめなくて口の中にため込む癖がついてしまいます。「モグモグしようね」と伝えながら、赤ちゃんが飲み込んだのを確認してから次を運びましょう。

左利き

Q おもちゃを取るときに左手ばかりを使います。左利きなのでしょうか？ 直したほうがいいですか？

A 無理に矯正をせずに自然に任せては？

利き手が決まってくるのは、3才前後だといわれます。ですから、この月齢でよく左手を使うからといって、左利きとはいいきれません。赤ちゃんに無理に右手を使わせようとすると、ストレスになるのでやめましょう。

それに、もし左利きになったとしても、それは赤ちゃんの個性です。現在では左利きだからといって不便なことはさほど多くありません。むしろスポーツなどは左利きのほうが有利ということもあるでしょう。いろいろな考えがあるでしょうが、無理に矯正することは考えず、自然な成長を見守ってあげましょう。

❖おしゃぶりがないと…

Q おしゃぶりをくわえていないと、眠れません。無理にでもやめさせるべきですか？

A 安心して眠れるなら無理に取り上げないで

おしゃぶりをくわえることで安心して眠れるなら、無理にやめさせることはありません。タオルやぬいぐるみ、指しゃぶりなど、ほかの安眠材料も無理に取り上げることはありません。自然に卒業するのを待ってもいいでしょう。

その一方で、絵本を読んであげる、添い寝でトントンしてあげるなど、ほかの寝かしつけも試してみましょう。

❖体重増加が緩やかになってきた

Q 離乳食を始めたころから、体重の増えが緩やかになって、発育曲線の中くらいだったのが、今では下をなぞるようなカーブに。よく食べてはいるのですが、動きすぎですか？

A よく食べて、その子なりに成長していれば大丈夫

赤ちゃんは生後3カ月ごろまでは、どんどん体重が増えますが、離乳食を始めたころから少し体重の増えが緩やかになってスマートになってきます。またおっぱいやミルクを飲む量や離乳食を食べる量、運動量に個人差が出てくる時期なので体形にも差が出てきます。

小さめでも、よく食べて元気でその子なりに増えていれば、まずは心配いりません。よく動くようなので、食べた分が消費されているのでしょう。そのうちまたぐんと成長する時期が来ます。

❖歯が生えない

Q 同じ月齢の子は、何本か上下の歯が生えているのに、うちの子はまだ1本も生えていません。あせります。

A 1才くらいまでは様子を見ていいでしょう

歯の生え始める時期や、生える順番には個人差があります。中には1才ごろになって初めて生え始める赤ちゃんもいますから、1才くらいまでは様子を見ていいでしょう。ただ、先天的に歯が生えない病気もあります。心配な場合は、小児歯科を受診して、X線検査で歯が生える準備ができているか、確認してもらいましょう。

❖髪の毛を洗うのが大嫌い

Q おふろが嫌いで、とくに髪の毛を洗おうとすると、大泣きします。いい方法はありますか？

A 赤ちゃんの気を引いてささっと洗って

おもちゃで遊ばせているうちに洗ってしまう、シャンプーハットを使ってみるなど、いろいろ試してみましょう。ママやパパが首からおもちゃをくりつけたひもを垂らして、赤ちゃんがそのおもちゃで遊んでいるうちに洗ってしまうのも一つの方法です。おもちゃが小さい場合は、取れて赤ちゃんが口の中に入れないようにしっかりくくりつけましょう。

1才0カ月～1才3カ月

よちよち歩きを始める子どもが出てきます

このころの子ども

- 1人で歩けるようになる子どもが増えてきます。
- 前歯が生えそろう子どもが多くなります。
- 意味のある言葉を話せるようになってきます。
- 運動量が増えて、夜ぐっすり眠る子どもが多くなります。
- 離乳食は完了期を迎えます。
- 1才になったらできるだけ早く、MR(麻疹《ましん》・風疹《ふうしん》混合)ワクチンの予防接種を受けましょう。

女の子

身長
68.3～79.9cm
体重
7.16～10.90kg

男の子

身長
70.3～81.7cm
体重
7.68～11.51kg

モデル／吉田希紗妃《きさき》ちゃん、間遠優太朗《ゆうたろう》くん

体

1人で歩き始める子どもが増えてきます

1人で歩けるようになる子どもが増えてきます。初めは両手を上げてバランスをとりながらよちよち歩きますが、慣れてくると手を下ろして歩くようになります。ただし、歩き始めは個人差が大きいものです。まだ歩かなくても立っちや伝い歩きをしていれば、やがて歩けるようになるので見守りましょう。上下の前歯が生えそろう子も多くなります。

音楽などに合わせて楽しそうに体を動かすことができるようになります。

心 言葉を話し始める子どももいます

「ワンワン」など意味のある言葉を話せるようになる子どもが出てきます。言葉が出なくても、「ママは？」と尋ねると指をさすなど、動作で答えてくれる子もいます。自我が少しずつ芽生えてきて、ママが何かをしようとすると「イヤイヤ」することがあります。自己主張がはっきりしてきて扱いにくいと感じるかもしれませんが、心の発達上、大切なことです。

イヤイヤしたときは、できるだけ子どもの気持ちをくみ取りながら、上手にかわしていきましょう。

生活 禁止することはできるだけ少なく

運動量が増えて、夜ぐっすり眠り、昼寝が1日1回にまとまってきます。ただし、睡眠は個人差が大きいので、夜泣きや寝つきが悪い子もいます。あんよができるようになると行動範囲が広がり、事故の危険も増えてきますが、禁止が多すぎると、芽生えた自我や好奇心を奪いかねません。禁止することと自由にさせることのバランスをとりましょう。

散歩や外遊びを習慣にすると、夜ぐっすり眠れるようになり、生活リズムが整ってきます。

飲む・食べる 離乳食とおやつを食べさせましょう

離乳食が完了期に入ります。食べ物は肉だんごのかたさを目安に、よくかんで食べる練習を続けます。栄養のほとんどを離乳食からとるようになりますが、一度にたくさん食べられないので、1日1〜2回おやつをあげましょう。おやつといっても甘いお菓子ではなく、おにぎりやサンドイッチ、いも類、乳製品など食事を補うようなものを用意します。

自分で食べたい意欲が強くなり、手づかみで食べることも多くなります。

コミュニケーション ゆっくりわかりやすく話しかけてあげて

言葉がだいぶ理解でき、言葉を使ったやりとりが楽しめるようになります。わかりやすい言葉でゆっくり話しかけてあげましょう。言葉はコミュニケーションや体験を通じて覚えていくものです。子どもと積極的に遊び、いろいろな体験をさせてあげるのもいいでしょう。テレビやビデオは一方的に音や画像を流すだけで、言葉を覚えるのには役立ちません。

ママとのいろいろな遊びやコミュニケーションを通して、言葉の世界が広がります。

1才0カ月〜1才3カ月の暮らし 見せて!

モデルは

有賀 優《ゆう》ちゃん
（1才2カ月）
&眞希ママ

「寝る前に仕上げ磨きをするようになりました」

「イヤイヤ」が始まり、気に入らないことがあると、手足をバタバタさせて自己主張するようになりました。夜寝る前に仕上げ磨きをするように。嫌がることもありますが、自分で歯ブラシを持たせ、ぬいぐるみのおもちゃに歯ブラシを当てて、磨きっこをしながらやっています。

先日、突然吐き、初めて救急病院を受診しました。しばらく大泣きしていましたが、私が落ち着いたら、普段どおりに。私の気持ちが伝わることを実感しました。

「ちゃんと歯磨きできるかな?」

ぬいぐるみにおもちゃの歯ブラシを当ててゴシゴシ。これで嫌がらずに仕上げ磨きができるように。

「仕上げ磨きもへっちゃらだよ」

ぬいぐるみの歯磨きごっこが終わったら優の番。頑張って仕上げ磨きをしています。

「パパとのサッカーごっこに夢中です」

部屋の中でパパとサッカー。キャッキャと声を上げて、ボールを追いかけていました。

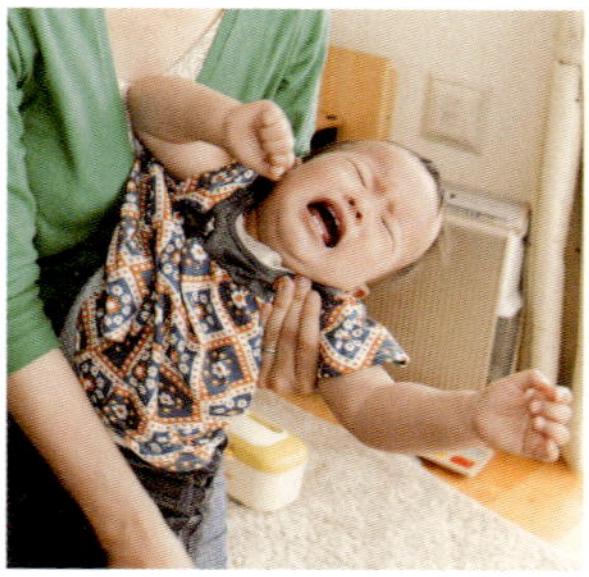

「だって嫌なんだよぉ〜」

嫌なことがあると、抱っこをしても体を反り返らせて「イヤイヤ」をします。

＊優ちゃんの発育曲線＊

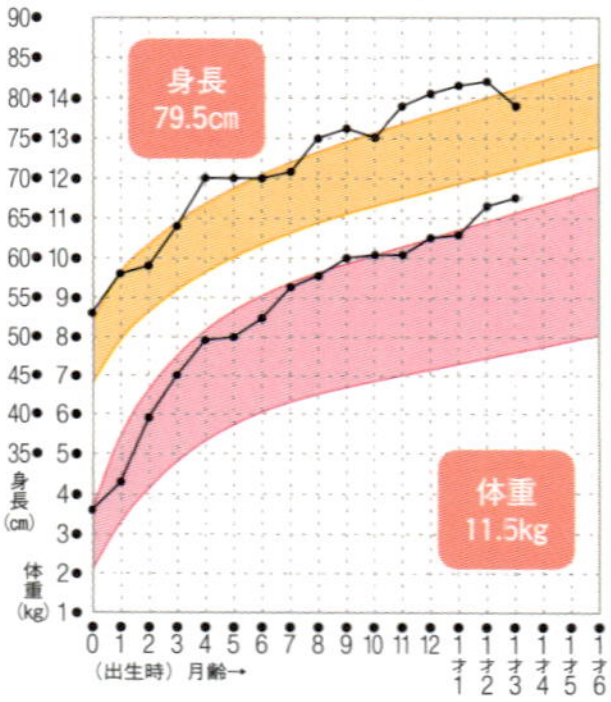

優ちゃんの1日の様子

05:00	グズグズ、おっぱい（5分）	
06:00		
07:00	起床	ママ起床
08:00	みんなで朝食（青のりごはん、鯛の煮つけ、かぼちゃの煮もの、トマト、はっさく）	パパ起床
09:00	パパと遊ぶ	ママ家事
10:00	ママ・パパと散歩	ママ・パパ買い物
11:00	↓	
12:00	みんなで昼食（トースト、たらのチーズ焼き、さつまいも、りんごヨーグルト）、昼寝（120分）	ママ家事
13:00	↓	ママ・パパだんらん
14:00		
15:00	ママ・パパと散歩	
16:00	↓おやつ（バナナ）	
17:00		
18:00	夕食（ほうれん草入り納豆ごはん、肉じゃが、焼き魚、いちご）	
19:00	ママとおふろ、おっぱい（5分）	ママ・パパ夕食
20:00	みんなで遊ぶ、就寝、おっぱい（15分）	
21:00		ママ家事、
22:00	グズグズ、おっぱい（10分）	パパおふろ
23:00		ママ就寝
24:00		パパ就寝
01:00	グズグズ、おっぱい（5分）	
02:00		
03:00		
04:00		

おっぱい 40分

うんち 2回

昼寝 1回

※発育曲線の色帯には、各月齢・年齢の94%の子どもの体重・身長が入ります。
※スケジュール内の吹き出しは、おっぱい・ミルク、うんち、昼寝の1日の合計時間・回数を記しています。

「散歩に行く前に日焼け止めを…」

「あ〜!! 猫さん見い〜つけたっ」

散歩の途中、猫を見つけました。「あ〜」と指をさしながら、あとを追いかけようとします。散歩が大好きで1日1〜2回くらいしています。

「お絵描き遊び、楽しいよ」

お絵描き遊びがお気に入り。このクレヨンは握りやすいみたいで、いろいろな色を使って遊んでいます。

「ラッパも上手に吹けるんだよ♪」

最近、ラッパのおもちゃを吹くようになりました。吹きながら部屋中を歩き回っています。

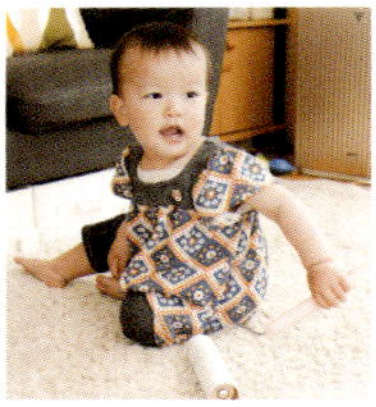

「ママのお手伝いをしてるの」

ころころ粘着シートで部屋の掃除をしてくれます。私のお手伝いをしているつもりで得意顔です。

1才0カ月〜1才3カ月のころのみんなの様子

片づけをしている気分になっています

齊藤勇《ゆう》生くん&真佐代ママ

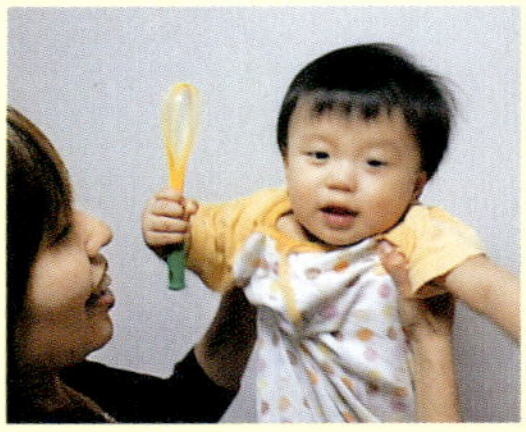

私が片づけをしていると、おもちゃ箱におもちゃを入れたりして、同じことをやりたがります。「上手だね」とほめて子どもを応援しています。お気に入りのおもちゃを持ちながら、私と一緒にダンスをするのも大好きです。

体の名前を理解して一緒にポーズします

橋本綾音《あやね》ちゃん&智誉ママ

体の部位の名前を理解するようになり、「頭」「足」と言うと、その部位をさすようになりました。私と同じポーズをとるのも好きで、一緒に頭に手をのせたりする遊びを楽しんでいます。音楽に合わせて踊るのも得意です。

1才0カ月～1才3カ月

気がかりQ&A

✤初めの一歩はいつ？

Q つかまり立ちや伝い歩きは早かったのに、初めの一歩が出ません。何か働きかけをしたほうがいいですか？

A 両手を引いてあげたり押し車で遊ばせても

子どもが歩くようになるためには、4つの条件があります。1つは、足腰の筋力がついていること、2つ目は体のバランス感覚が備わっていること、3つ目は、転んだときにパッと手が前に出る防衛姿勢がとれることです。そして4つ目は、子ども自身のやる気です。

運動発達が十分なのに、なかなか歩かないのは、まだ一歩を踏み出す勇気がないのでしょう。ママやパパが両手を引いてあげたり、押し車などで遊ばせてみてもいいかもしれません。「あんよ、上手だね」とたくさんほめてあげると、うれしくなって足が前に出るかもしれません。ただ、無理に働きかけなくても、伝い歩きができていれば、そのうち歩きだすので心配いりません。

✤ガーゼをしゃぶる癖

Q 眠くなるとガーゼをくわえたがり、そのまま寝ています。そろそろやめさせたほうがいいですか？

A 2才ごろまでにはやめさせるようにしましょう

ガーゼを持っただけで寝つければいいのですが、くわえるとなると話は別です。くわえる力が強いと、歯並びに影響することもあるからです。少なくともガーゼは子どもが寝ついたところで、そっとはずしてあげましょう。

できれば歯並びに影響するとされる2才くらいまでには、この就眠儀式はやめて、ガーゼを持つだけで眠れるようになるといいですね。または絵本を読み聞かせる、添い寝でトントンする、ぬいぐるみをそばに置くなど、ほかのことで安心して眠れるように、いろいろ試してみましょう。

✤かんしゃくを起こす

Q 気に入らないことがあると、所構わずひっくり返ってキーキー泣き叫びます。どうしたらいいですか？

A 赤ちゃんの気持ちを受け止めてあげて

自我が芽生え、自己主張が強くなってくるころです。「○○したい」という気持ちが強くなるだけに、それを阻止されると猛烈に反発します。時には、床にひっくり返って大泣きするなどママを困らせるような行動に出ることがあります。

頭ごなしにしかると、子どもはますますパニックになって、手がつけられなくなります。まずは冷静になって「○○したかったのに、できなくて悔しいね」などと子どもの気持ちをまず受け止めてあげましょう。それから、ほかのことで気をそらしたり、場所を移動するなどして気分転換させてあげましょう。これを繰り返しながら、成長を待っていると、そのうち聞く耳を持つようになります。

すぐに物を投げる

Q 積み木でも、絵本でも、すぐ物を投げる癖があります。いけないことはどの程度伝えるべきですか？

A 投げてもいいものを渡してあげましょう

まだ投げていいものといけないものの区別がつかないので、手当たりしだいに物を投げて楽しんでいるのでしょう。好きな遊びはさせてあげたいですが、積み木や絵本まで投げるのは危険ですね。

投げてほしくないものは、「ポイはダメよ」と子どもを止めて、「これならいいよ」と投げてもいいボールなどを渡してあげましょう。そのときにママやパパが遊び相手になってあげると、ボール遊びが楽しいとわかって、ボールを好んで投げるようになるかもしれません。

髪の毛の安全なカット方法は？

Q 髪の毛が長くなって目に入りそうなので、カットしたいのですが、動いてしまってカットできません。どうしたら安全にカットできますか？

A パパと協力してカットしましょう

まず髪の毛全体を霧吹きなどでぬらし、くしでとかしてから、くしですくって指で挟み、少しずつ切っていきます。子どもはじっとしていないので、子どもをハイチェアなどに座らせ、パパがしかけ絵本などで遊ばせている間にママがカットするなど、パパと協力してカットするといいでしょう。

言葉が出ない

Q 指さしはしますが、はっきりした言葉が出ません。言葉を引き出す方法はある？

A 絵本を読み聞かせたりたくさん語りかけてあげて

言葉はいろいろな要素が絡み合って出てくるものです。無理に引き出そうとしてもなかなかうまくいかないでしょう。子どもが伝えようとしていることに答えてあげたり、絵本の読み聞かせなどでたくさん語りかけてあげれば十分です。

後追いが激しくて

Q 後追いが激しくて、私の姿が見えないとはいはいで追いかけてきます。トイレにも落ち着いて入れません。

A 子どもから離れるときは必ず声をかけましょう

子どもから離れるときは、「○○に行ってくるね。すぐに戻るよ」と赤ちゃんに伝えてから離れ、戻ったときに「ほら、ママ帰ってきたよ」と抱っこしてあげてください。それを繰り返すうちに、子どもも「ママはいなくなっても戻ってくる」と理解するようになるでしょう。

1才3カ月～1才6カ月

このころの子ども

- ほとんどの子どもが1才6カ月ごろまでに歩けるようになります。
- こだわりや自己主張が強くなってきます。
- まねをしたがるので、大人が手本となり、歯磨きなどの生活習慣を身につけさせていきましょう。
- 上手に食べられるようになり、離乳食を卒業します。
- 外遊びが楽しい時期です。

ほとんどの子どもが歩けるようになり、離乳食を卒業します

女の子

身長
71.1～83.2cm
体重
7.61～11.55kg

男の子

身長
73.0～84.8cm
体重
8.19～12.23kg

モデル／石井柚衣《ゆい》ちゃん、後藤悠希《はるき》くん

体

ほとんどの子どもが歩けるようになります

1才6カ月ごろまでにはほとんどの子どもが歩けるようになります。歩くのが上手になり、自然な歩き方をするように。歩いている途中に物を拾ったり、立ち止まったりと、いろいろな動きができるようになるのもこのころです。積み木を2～3個積んだり、ボールを転がしたり、クレヨンでなぐり書きをしたり、指先のこまかい動きも発達してきます。

歩き慣れてくると、手に何かを持っていてもバランスよく歩けるようになります。

心 自分の思ったとおりにしたがります

こだわりや自己主張が強くなってきます。思いどおりにならないと泣いたり、物を投げたりすることがありますが、自分ではまだ言葉で説明できないので、ママやパパが子どもの気持ちを受け止め、代弁してあげましょう。しだいに言葉の数が増えてきます。言葉が出なくても、大人の言うことを理解し、その言葉に合わせて行動できれば心配ありません。

生活 大人のまねで生活習慣を身につけさせましょう

大人のまねをしたがるようになるので、歯磨きや外から帰ったあとの手洗いなどは、ママがやっているところを見せながら、身につけさせましょう。食事や着替えなどを自分でしたがります。自分で着替えたがったら、まずは1人でやらせてあげましょう。うまくできないときは、わからないように手を貸して達成感を味わわせてあげるといいでしょう。

大人のまねをしたがるので、ママがお手本になって生活習慣を身につけていきましょう。

飲む・食べる 1才6カ月を目安に離乳食を卒業します

食べ物を歯や歯ぐきでしっかりかんで食べられるようになります。1才6カ月を目安に離乳食を卒業しましょう。食べ方も上手になり、スプーンですくえるようになりますが、うまくできないことも多く、1才代は手づかみ食べが中心です。むら食いや遊び食べも盛んですが、食べないようなら無理強いせず、30分程度で食事を切り上げましょう。

ママが手を添えなくても、コップを自分で持ってこぼさず飲めるようになる子もいます。

コミュニケーション 外遊びなど遊びの幅が広がります

靴を履いて歩ける子どもが多くなり、外遊びがますます楽しくなってくるでしょう。ごっこ遊びやまねっこ遊びを好むこともあり、ブロックをごはんに見立てて人形に食べさせたりするようになります。伝えたい気持ちが強くなるので、子どもが指をさしたときは、「大きなワンワンだね」というように言葉で答えていくと、自然と子どもの言葉が増えていくでしょう。

ままごと用のおもちゃを使って、ママの料理のまねをするのも上手になります。

自分でやりたがる時期。できたらほめてあげましょう。次への意欲や自信につながります。

1才3カ月～1才6カ月の暮らし見せて！

モデルは

富田寛臣《ひろおみ》くん（1才4カ月）&寛子ママ

「いたずらっ子だけど、片づけもできるよ」

椅子によじ登ったと思えば、テーブルの上にいたり、元気でわんぱくなのはうれしいけれど、ヒヤヒヤすることもしょっちゅう。いたずらをして、私の顔を見るのを楽しんでいるみたい。少しずつお手伝いができるようになりました。私と2人で「ナイナイ」と言いながら、おもちゃや絵本の片づけをしていると、子どもの成長を実感します。でも最近、好きだった歯磨きを嫌がり、仕上げ磨きの途中で逃げ出してしまうので大変です。

「トイレでおむつはずれの練習中」

おむつはずれの練習を始めました。まずは補助便座に座ることから開始。怖がって座らないこともあるけれど、今日は嫌がらずに座ってくれました。

「自分でナイナイできるんだよ」

私が「ナイナイね」と声をかけると、自分でちゃんとおもちゃを片づけるように。ずいぶんと手がかからなくなりました。

「言葉でのやりとり遊びも楽し～い」

「おでことおでこがごっつんこ～」と言うと、頭を差し出してきました。言葉での遊びも以前より楽しめるように。

＊寛臣くんの発育曲線＊

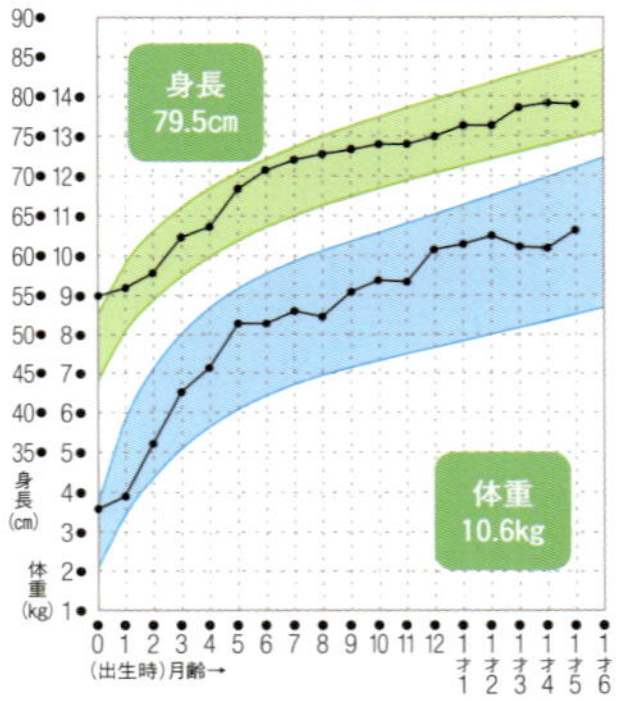

寛臣くんの1日の様子

05:00		
06:00	おっぱい（5分）	
07:00	起床、 みんなで朝食（パン、おにぎり、昆布、みそ汁、みかん）	ママ・パパ起床
08:00	パパと児童館へ	ママ家事
09:00		ママ買い物
10:00	パパと遊ぶ、おやつ（子ども用せんべい、バナナ）	
11:00		
12:00	みんなで昼食（しらすごはん、かぼちゃとさつまいもの煮もの、パエリヤ）	姉家族が遊びに来る
13:00	昼寝（90分）、おっぱい（15分）	
14:00	↓いとこと遊ぶ	
15:00	おやつ（りんごとさつまいものケーキ）	パパ出勤
16:00	ママと遊ぶ	姉家族帰宅
17:00	夕食（ごはん、みそ汁、焼き魚、オクラのサラダ、納豆）	ママ家事
18:00		
19:00	ママとおふろ	パパ帰宅
20:00	就寝、おっぱい（30分）	ママ・パパ夕食
21:00	起きてはおっぱいを4～5回繰り返す	ママ家事、パパおふろ
22:00	↓	
23:00		パパ就寝
24:00		
01:00		ママ就寝
02:00		
03:00		
04:00		

おっぱい 50分

うんち 2回

昼寝 1回

※発育曲線の色帯には、各月齢・年齢の94%の子どもの体重・身長が入ります。
※スケジュール内の吹き出しは、おっぱい・ミルク、うんち、昼寝の1日の合計時間・回数を記しています。

「ドアだって開けられるんだよ」

ただ今、扉を開けるのがマイブーム。まだまだ届かないと思っていたのでビックリしました。

「ブーブーにまたがってひと遊び」

タイヤがついていれば、乗り物と勘違いするのか、どんな大きさのおもちゃでも乗って遊んでしまいます。

「ボール遊びに大はしゃぎ」

バランスボールの予測がつかない動きに大はしゃぎ。キャッキャと声を上げて喜んでいました。

「ママ、ままごと遊び楽しいね」

机を挟んで私とままごと遊び。容器に飲み物を入れたつもりで寛臣に渡すと、おいしそうにごくごく飲んでくれました。

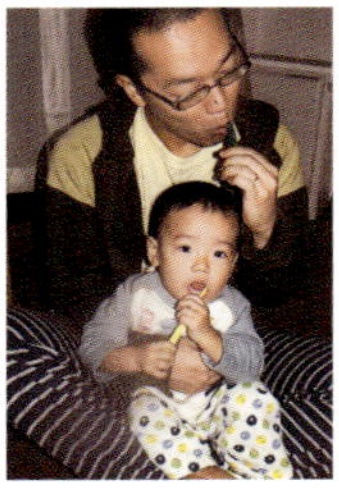

「パパと一緒に僕も歯磨き♪」

パパが磨き始めると、「もう１回する～」と２度目の歯磨き。だれかのまねをするのが楽しいみたい。

1才3カ月～1才6カ月のころの みんなの様子

自分でバンザイして着替えに協力

瀬尾章人《あきと》くん&真理ママ

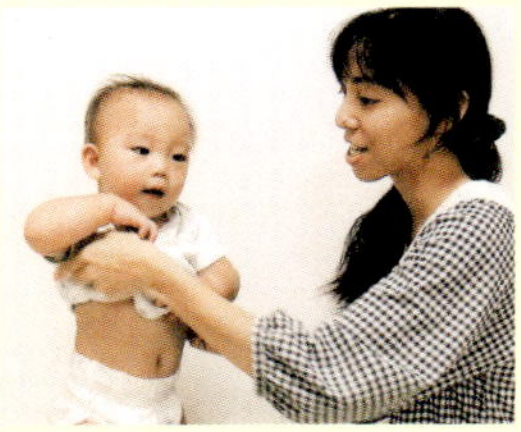

言葉はまだ出ませんが、私の言うことをかなり理解しているようです。「バンザイしてね」と言うと、手を上げて服を脱ぐのに協力してくれるようになりました。私のまねをしてクレヨンでのお絵描きも楽しんでいます。

シールをペタペタはって遊んでいます

加藤愛菜《あいな》ちゃん&貴子ママ

手先が器用になり、シール遊びに夢中です。台紙からはがすのは私がし、はるのは自由にさせて、「上手にはれてすごいね」とほめています。兄がいる影響か、トーマスなど男の子向けのキャラクターを好きみたいです。

1才3カ月～1才6カ月

気がかりQ&A

おやつの与え方

Q おやつはBFやせんべい、クッキーが中心ですが、つい欲しがるだけあげてしまいます。近所のお姉ちゃんと一緒に市販のお菓子も食べていますが、市販のお菓子はいつごろから与えていいのでしょうか？

A 市販のお菓子は1才過ぎてから。時間と量を決めて

おやつは3回の食事でとりきれなかった栄養を補給するために与えます。ですから、おにぎり、サンドイッチ、いも類、果物、牛乳などが適しています。

市販のお菓子は塩分や糖分、脂肪分、香辛料などが含まれ、内臓機能が未熟な子どもには負担になります。1才過ぎれば少量を与えてもいいでしょうが、与える時間と量を決めることが大切です。

昼寝をしない

Q 保育園でほとんど昼寝をせず、夜も大人と同じくらいで、7～8時間しか寝ません。大丈夫でしょうか？

A 睡眠時間が少なめでも元気で食欲があれば大丈夫

子どもの睡眠時間には個人差があります。ですから、昼寝をしない子もいるでしょう。この子は、夜の睡眠時間も大人と同じくらいということですが、それで子どもが日中、食欲もあり、元気に体を動かしているようなら、なんの問題もありません。今の睡眠のリズムや時間が適当だということです。

保育園での昼寝は時間が決められていますから、昼寝をしないといってもおそらく布団の上でゴロゴロしているのでしょう。それで体を休めることができていますから、心配いりません。

寝かしつけないと寝ない

Q 子どもを早めに寝かせたいのですが、親が一緒に布団に入らないと寝ません。寝かしつけに1時間近くかかり、寝たと思って布団を出ると、物音に気がつき起きてしまいます。

A 生活リズムを見直し、寝るまでの段取りを決めて

子どもはママがそばにいて優しくスキンシップしてくれることで、安心して眠れます。寝かしつけに時間がかかるとのことですが、まずは生活リズムを見直しましょう。体がほてっていると眠れませんから、おふろは寝かしつけの1時間前には済ませましょう。日中活発に体を動かして遊ばせることも大切です。

また、寝る前はおふろ→パジャマに着替える→絵本を1冊読む→照明を消す→ママが添い寝でトントンする、など手順を決めて毎日繰り返しましょう。子どもも自然とねんねモードに入れます。

おっぱいをやめたい

Q 離乳食をよく食べますが、寝かしつけのおっぱいがやめられません。どうすれば卒乳できますか?

A まず、子どもに話して聞かせましょう

離乳食をしっかり食べて、外遊びもたくさんしていれば、しだいに「添い寝でおっぱい」が必要でなくなっていきます。やめると決めたら、数週間前から「おっぱい、バイバイしようね」と話して聞かせましょう。絵本の読み聞かせなど、おっぱいに代わる手段を添い乳と平行しながら習慣にしていくといいでしょう。

落ち着いてごはんを食べない

Q ごはんのとき、歩き回り、一口食べるとまた歩き、二口食べてもうおしまいという状態で、あまり食べていません。どれくらいをめどに片づけていいでしょうか?

A 遊び食べで言うことを聞かなければ、片づけてOK

生活時間を決めて、おなかがすくリズムをつくりましょう。おなかがすけば、必要な分は集中して食べるでしょう。

立ち歩くときは、「座って食べようね」と席に戻し、それで聞かなければ、食事を片づけてOK。ほかの時間におなかがすいても、何もあげなければ、食事の時間にきちんと食べるようになるでしょう。

上の子の世話と授乳

Q 2人目を妊娠したら、上の子の授乳はやめたほうがいいでしょうか。また上の子に抱っこをせがまれたら、どう乗りきればいいですか?

A ママの体調によって無理がなければOKです

妊娠中の授乳は、おなかが張りやすくなりますが、医師と相談して回数を減らすなどすれば、無理にやめなくてもいいでしょう。ただし、張りが強くて早産の心配がある場合はやめることもあります。

抱っこは、ママの体調がよければ普通にしてあげてOKです。あとでおなかが張ってくることもあるので、座った状態での抱っこがおすすめです。

熱中症対策は?

Q ビニールプールを買ったので、水遊びをさせたいのですが、夏のプール遊びで熱中症対策はありますか?

A 紫外線の少ない時間帯に日陰で遊ばせましょう

ビニールプールで遊べるようになると、夏の楽しみも増えますね。ただし、熱中症には十分な注意が必要です。

まず炎天下での水遊びはNGです。紫外線の強い10〜14時以外の時間で、日陰で遊ばせましょう。日陰がなければビーチパラソルなどを使います。遊ぶ少し前から水をためて日なた水にすれば体も冷えません。遊ばせるときは、帽子をかぶらせ、時間は20分くらいにしておきましょう。水分補給も小まめにします。

1才6カ月〜2才

二語文を話すようになり、ごっこ遊びが盛んになります

このころの子ども

モデル／レビン美《み》夏《か》ちゃん

- 離乳食を卒業し、幼児食へと移行します。
- 走ったり、手伝ってもらうと階段を立ったまま上がったりできる子どももいます。
- 「ママ　きて」など、二語文を話す子も出てきます。
- 普段の生活で、おしっこやトイレを意識させましょう。おむつをはずす練習を始める子どもも出てきます。
- ままごとやお店やさんごっこなどを好んでするようになります。

女の子	男の子
身長 73.9〜89.4cm	身長 75.6〜90.7cm
体重 8.05〜12.90kg	体重 8.70〜13.69kg

体　階段を立ったまま上れるようになります

足どりがしっかりしてきて、少しずつ走れるようになります。ママやパパに手伝ってもらえば階段に立って上ったり、低い台からなら飛び降りることもできます。起きているときは好奇心や興味のおもむくままに常に動いている感じですが、これはこのころの子どものごく自然な動きです。両目の視機能が発達し、物の立体感がわかるようになります。

足どりがしっかりしてきて、走れるようになります。筋力がつきボール遊びも上手に。

心　二語文を話す子が出てきます

多くの子どもが2才ごろに、「ワンワン　いた」のような言葉を2つつなげた二語文を話すようになります。自分が感じていることや考えていることを相手に伝えるようになります。大人のすることをよく見ていて、同じようにやりたがります。ときには手伝いたがることもありますが、手伝いもまねっこ遊びの一つです。できる範囲でやらせてあげましょう。

ぬいぐるみを子どもに見立て、自分がママのようにお世話をするごっこ遊びも大好きです。

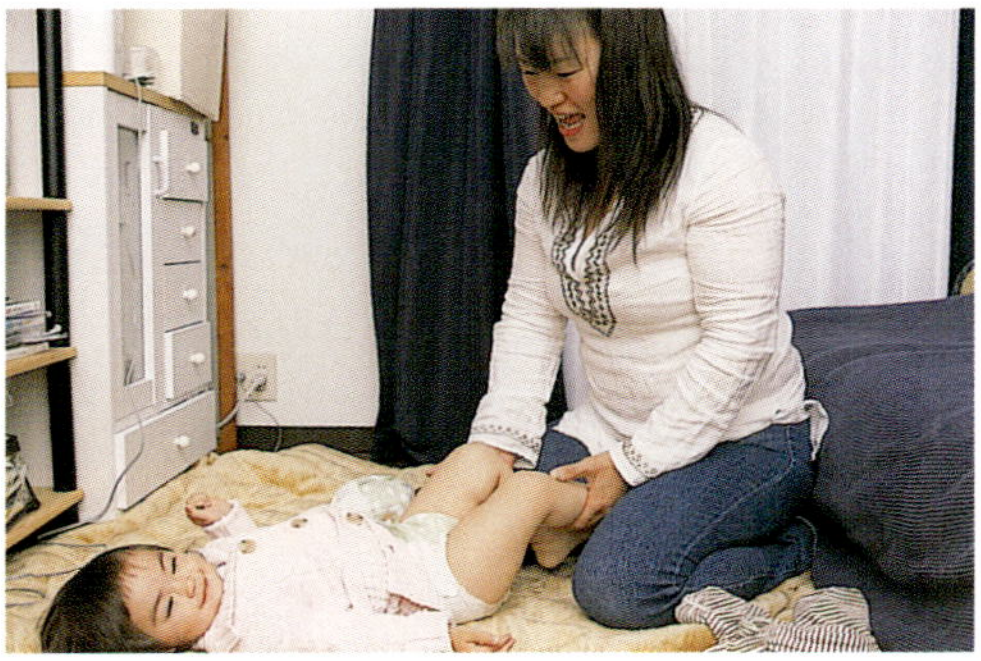

「おしっこ、出たね。おむつ替えようね」と、普段の会話でおしっこを意識させます。

生活　大人の行動を見ながら生活習慣を習得します

子どもは大人の行動を見て、言葉や生活習慣を覚えていきます。掃除や料理、買い物などもママと一緒に経験させてあげましょう。「掃除をしたらきれいになったね」と言えば、掃除という行動の意味や言葉を理解していきます。また、子どもが自分のおしっこやトイレの存在に気づくように、「おしっこはトイレでするもの」というイメージをつかめるような環境をつくっていきましょう。

飲む・食べる　幼児食と1〜2回のおやつを食べさせます

食事は幼児食になります。奥歯が生えてくる子どももいますが、まだかむ力が弱いので、大人より小さくてやわらかいものを食べさせましょう。味つけは味覚を育てるためにも薄味にします。一度にたくさん食べられないので、1日1〜2回のおやつをあげましょう。甘いおやつは虫歯の原因になり、朝昼晩の食事がとれなくなることもあるので控えます。

コミュニケーション　同年代の子どもと遊ばせてあげましょう

ママと買い物に行き、お店でのやりとりを見ると、ママをお客さんに見立てて買い物ごっこをするなど、ごっこ遊びが盛んになります。遊びを通して自然に社会のしくみを学んでいきます。まだ上手に遊べませんが、同年代の子どもと遊ばせてあげましょう。今は自分の要求を通そうとしますが、しだいに遊びの中にルールがあることを学んでいきます。

1才6カ月～2才の暮らし 見せて！

モデルは

小川怜《れ》央《お》くん
（１才10カ月）
＆麻美子ママ

「年上の友だちとの遊びが刺激になっています」

夕方、わが家の前には保育園から帰ってきた子どもたちが集まってきます。怜央も1～2才上の友だちに交じって、遊ぶのが日課になっています。追いかけっこをしたり、三輪車をこぐ気分を味わったり……。ブロックの重ね方も教えてもらい、少しずつできるようになりました。その影響か(?)、最近はお兄ちゃんぶるようになってきて、自分が眠くなると、ぬいぐるみを抱っこして、背中をトントンしながら寝かしつけています。

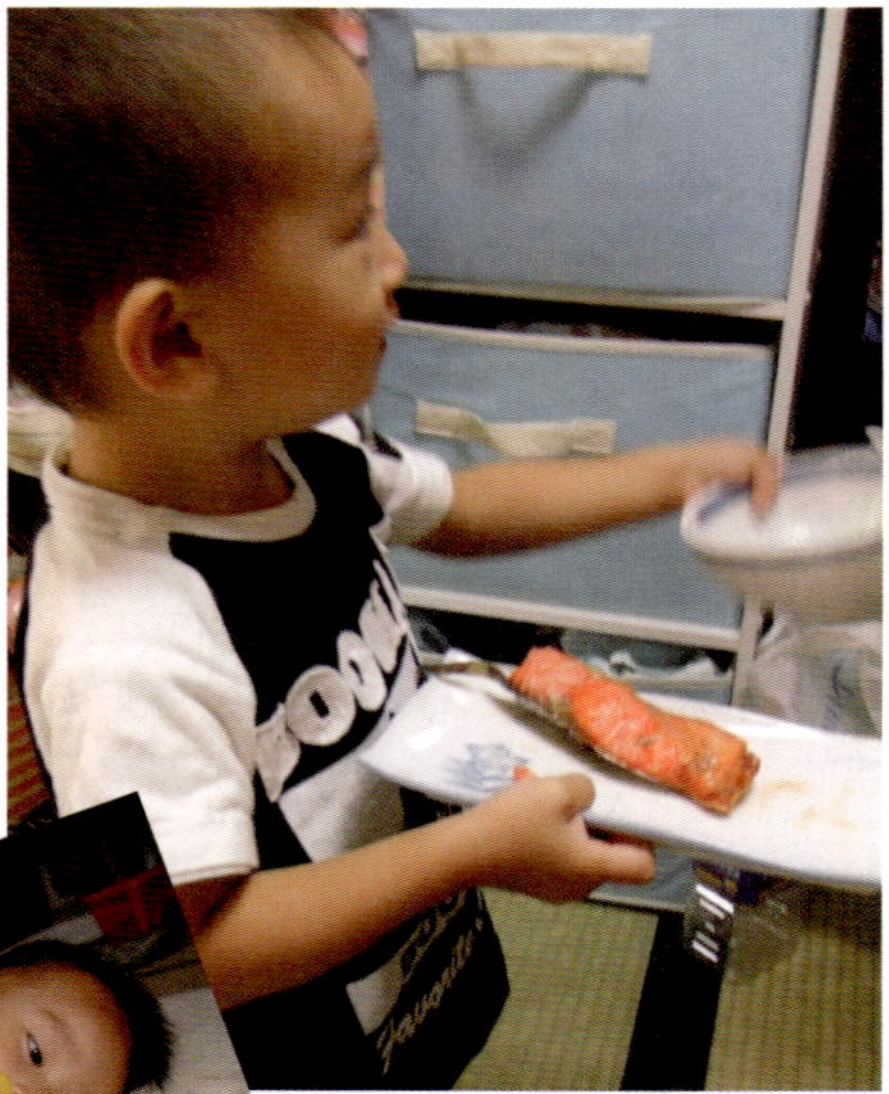

「お手伝いができるように」

運んでいる途中に料理が落ちてしまうこともありますが、自分で食器の後片づけをしてくれるようになりました。

「ぬいぐるみを寝かしつけ」

眠くなるとぬいぐるみを抱き、背中をトントンしています。お兄ちゃんのつもりかな？

「これ、僕が作ったんだよ」

ブロックを高く積み上げられるようになりました。ブロックを横に広げるのはまだ難しいようで、私が手伝っています。

＊怜央くんの成長記録＊

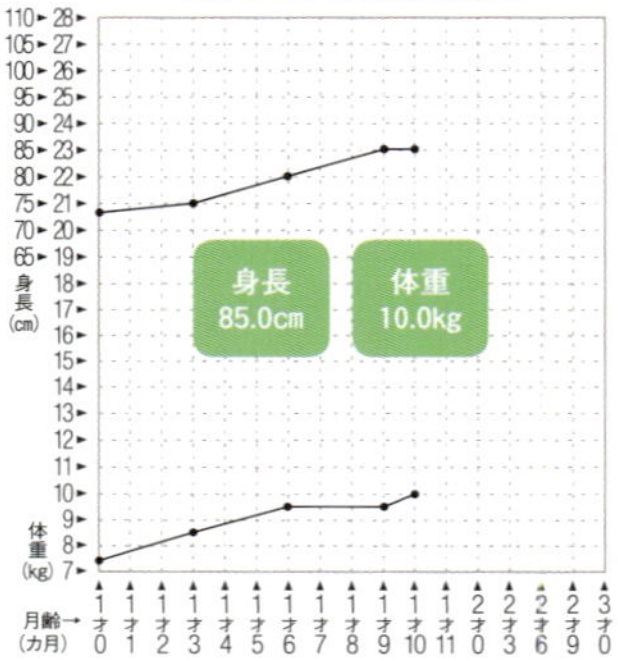

怜央くんの１日の様子

05:00		
05:30	起床	ママ起床
06:30	朝食（ふりかけごはん、卵焼き、白身魚の煮つけ）	ママ朝食 ママ家事
08:00	ママと公園で遊ぶ	
09:00		
10:00	おやつ（せんべい、乳酸飲料）	
11:00		
11:30	帰宅。1人で遊ぶ	ママ家事
12:00	昼食（焼きうどん、ほうれん草と豆腐のあんかけ、お茶）	ママ昼食
13:00	昼寝	ママ家事
14:00		
15:00		ママ家事
16:00	ママと外遊び、散歩	
17:00		ママ家事
18:00	夕食（ごはん、ひじきの煮もの、大根と鶏肉の煮もの）	ママ夕食 ママ家事
19:00	ママとおふろ	
20:00	就寝	
21:00		ママ家事
22:00		
23:00		
24:00		ママ就寝

※発育曲線の色帯には、各月齢・年齢の94％の子どもの体重・身長が入ります。

「僕は電車の運転手だぞ〜」

乗り物が大好きで、絵本を見ては電車や新幹線のまねをしています。ガタンゴトン……。

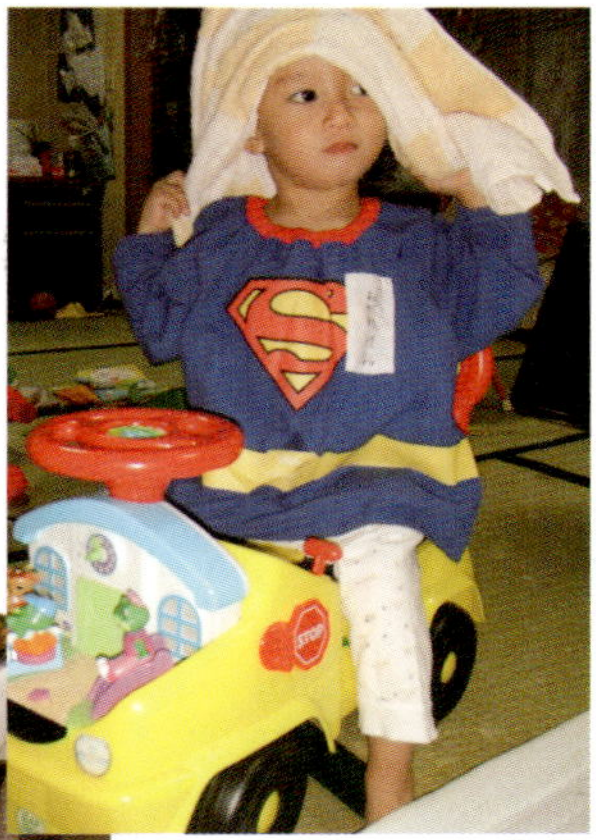

「おじいちゃんのまねっこ」

車に乗りながら頭をタオルで巻いて、おじいちゃんのまねをしています。

「いちばん好きなのは働く車だよ」

乗り物はなんでも好きなのですが、ダンプカーやショベルカーなど働く車のブームが続いています。

「お砂場遊びに夢中です」

友だちの家に行ったとき、おもちゃを貸してもらうと、夢中で砂場遊びをしていました。

「寝相が悪いのが困りもの」

毎晩ゴロゴロ大移動しています。布団からはみ出すので、もう１枚布団を敷いて寝かせています。

1才6カ月〜2才のころのみんなの様子

見ているうちに覚えたお手伝い

常松知生《かずき》くん&直子ママ

大人のやることに興味津々で、進んで手伝ってくれます。教えたわけではないのに、ゴミ出しや落ち葉の片づけ、収穫した野菜の袋詰めなどを上手にやるので驚きました。見ているうちに自然と覚えてしまうみたいです。

ドングリのおかげで歯磨きができるように

藤井千愛《ちより》ちゃん&裕子ママ

ドングリを拾っているとき、虫が出てきて驚いたことがありました。そのおかげで、仕上げ磨きができるようになりました。歯磨きをしないと自分の歯からドングリと同じように虫がにょろにょろ出てくると思っているみたい。

1才6カ月～2才

気がかりQ&A

仕上げ磨きのコツ

Q 自分で歯ブラシをくわえるのは好きですが、仕上げ磨きをさせてくれません。手早く磨くコツはありますか？

A 楽しく、手早く磨くのがポイントです

奥歯が生えてきたら、歯磨きを習慣にしましょう。仕上げ磨きのポイントは、「楽しく、手早く」です。

ぬいぐるみで誘う、鏡を見せながら磨く、「あっ、ばい菌さんがいたよ。やっつけろ〜」など楽しい声かけをしながら磨く、絵本でイメージづくりをするなど、いろいろ工夫してみましょう。前歯の表と裏側、歯と歯ぐきの間、奥歯の溝を中心にささっと手早く磨きましょう。

子どもが嫌がるからといって、やったりやらなかったりではいつまでも習慣になりません。食事の直後、寝る前など歯磨きの時間を決めることも大切です。

友だちと遊ばない

Q 公園に行く機会が増えましたが、ほかの子と遊ぼうとしません。一緒に遊べるようになるのはいつでしょうか？

A 2才過ぎると仲よく遊べることも

友だちとかかわって遊べるようになるのは、2才過ぎてからです。それまでは一緒にいても、相手に関心を持つこともなく、それぞれ別々のことをして遊びます。また1才代は、「人」よりも「物」に興味があるので、おもちゃが欲しいとなったら、それが友だちのものでも力づくで取り上げようとします。でも言い聞かせるのはまだ無理な年代。代わりにほかのおもちゃを渡したり、場所を変えて気分転換をしてあげるなどの対応をしていきましょう。

2才過ぎてもおもちゃの取り合いなど、友だちとのトラブルは続きますが、大人が上手に介入していくことで、友だちとのつき合い方がわかってきて、仲よく遊べることも出てきます。

性器を触る

Q いつもズボンの中に手を入れて、性器を触っています。気持ちがいいのでしょうか？ やめさせたほうがいいですか？

A 外遊びに連れ出すなど注意をほかに向けて

これは単なる癖か、遊びの一つで、性的な意味はありません。もしかしたらおちんちんがかゆいのかもしれないので、一度チェックしてあげましょう。それで問題がなければ、あまり気にしないで。

ただいつもズボンの中に手を入れているようだと、確かに見た目もあまりよくありませんね。子どもがズボンの中に手を入れたら、一緒に遊んであげたり、外

遊びに連れ出したりして注意をほかに向けてみましょう。これを繰り返していくうちに自然とやらなくなるでしょう。

頭を壁に打ちつける

Q かんしゃくを起こすと、キーキー金切り声を上げ、頭をゴンゴン壁に打ちつけます。なぜそんなことをするのか怖くなってしまいます。

A 「○○したい」という自己表現の一つです

思いが伝わらないもどかしさからこのような行為に出るのでしょう。「○○したい」という自己表現の一つですから、そのまま見ていても大丈夫です。

頭をゴンゴンと壁に打ちつけると、はた目には痛そうに見えますが、子どもは本当に自分が痛いことはしませんし、一度痛い思いをしたら、次は手加減するので、さほど心配はいりません。

ママは子どもを抱っこして「イタイイタイよ」と落ち着かせて、「○○したかったのにできなくて悔しいね」など、子どもの気持ちを受け止めて言葉をかけてあげましょう。言葉で伝えられるようになると、徐々に治まっていきます。

O脚は直る？

Q ひょこひょこ歩きます。O脚のように見えますが、大丈夫？ パパがO脚ですが、遺伝でしょうか？

A 通常は6才ごろまでにまっすぐな脚になります

新生児期は脚の骨の外側が内側よりも長いためにO脚です。それが立っちしてさらに歩き始めると骨に力が加わり、徐々に矯正されます。

通常、2〜3才ごろまではO脚で、4〜5才でX脚になり、6才ごろまでにまっすぐになります。パパのO脚が子どもに遺伝しているとは限りません。しばらく様子を見ていいでしょう。

よく鼻血が出る

Q ちょっとしたことで鼻血が出ます。耳鼻科を受診したほうがいい？ 止血法は？

A 鼻は粘膜が薄いために出血しやすくなります

鼻は粘膜が薄く血管が多く集まっているので、ちょっとした刺激で鼻血が出やすいもの。毎回大量に出血するのでなければ受診の必要はありません。鼻血が出たときは、顔をやや下に向け、小鼻を10分ほどつまんで止血しましょう。

テレビの画面を近くで見る

Q 画面に顔を近づけ、触ったりしながら至近距離でテレビを見たがります。視力が落ちたり、脳に影響を及ぼすのではと不安になります。

A 将来は影響することも。1m以上は離れて

子どもは好奇心から画面に近づくことがありますが、視力や脳に影響することはありません。しかし、これから成長とともにテレビを見る機会が増えると視力に影響しますから、1m以上離れて明るい部屋で見るようにしましょう。

2~3才

自分でやってみたいという自立心が強くなってきます

このころの子ども

- 足の機能が発達し、走るのが上手になってきます。
- 「おおきい　ワンワン　きた」など三語文を話す子どもが出てきます。
- 多くの子どもは昼間のおむつがはずれます。
- 自立心が出て、何にでも「イヤ」を連発することがあります。
- 生活習慣の基本を身につけさせる時期です。

女の子

身長
79.8～96.3㎝
体重
9.30～15.23kg

男の子

身長
81.1～97.4㎝
体重
10.06～16.01kg

モデル／間宮大《だい》智《ち》くん

体

走るのがしだいに上手になってきます

足の機能が発達し、しだいに走るのが上手になってきます。個人差はありますが、階段の手すりにつかまって1人で上ったり、その場でジャンプができたりする子どもも出てきます。運動量も増えてくるでしょう。また、指の機能も発達し、線や円を描けるようになります。砂場での砂山遊び、簡単なキャッチボールなど、遊びが広がっていくでしょう。

徐々に、バランスよく歩けるようになります。

子どもの気持ちが乗らないときでも、おおらかな気持ちで接するように心がけましょう。

探究心が芽生え、「これなあに？」「どうして」などの質問攻めが始まる子もいます。

心　自立心が強くなり、イヤイヤが増えます

「着替えよう」と誘っても「イヤ」と答えるように「イヤ」「ダメ」が増えてきます。これは自立心が強くなったための、親離れの第一歩です。親のしてほしいことを押しつけるのではなく、子どもの気持ちを尊重しながら対応していきましょう。

言葉の発達には個人差がありますが、「ママ　おうち　かえる」などの三語文が出てくる子どももいます。

生活　着替えや歯磨きなどを自分でしたがります

なんでも自分でしたがる時期です。着替えや歯磨き、外から帰ったらうがいや手洗いをするなど、完全にはできなくてもできることからさせてみましょう。時間がないときなどには手伝いたくなりますが、ぐっと我慢。できるまで見守ってあげましょう。おしっこの間隔に一定のリズムができてきて、おむつがはずれる子どもも多くなってきます（P.138参照）。

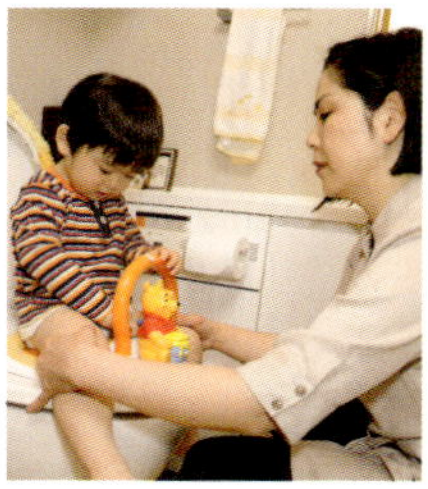

おむつをはずす練習は、ママやパパがサポートしてあげることが大切です。

飲む・食べる　スプーンやフォークが上手に使えるように

手や指の機能が発達し、だんだん使うことに慣れてくることで、フォークやスプーンで上手に食べられるようになります。といっても、2才代は手づかみ食べとスプーン・フォークの両方で食べていい時期です。スプーンやフォークをそばに置き、使いたがったら持たせましょう。コップで飲むのも上手になり、片方の手で持って飲めるようになります。

コミュニケーション　ほかの子どもと一緒に遊べるようになります

だんだんとほかの子どもと一緒に遊べるようになってきます。いつも遊んでいる子どもたちの中に、気の合う仲よしの友だちができることもあるでしょう。しかし、自分の思いどおりにならないとけんかになったり、おもちゃの貸し借りがうまくできなかったりすることも。そんなときは、大人が間に入って子どもの気持ちを代弁するとスムーズに解決するでしょう。

自分がされた経験をもとにぬいぐるみをかわいがるなど、思いやりも芽生えてきます。

2〜3才の暮らし 見せて!

モデルは

松永 空《そら》ちゃん
（2才9カ月）
&真由美ママ

「着替えや洗顔が自分でできるように」

「イヤイヤ」がずいぶん減ってきました。顔も自分で洗うし、服を置いておくとちゃんと1人で着替えられるようになりました。ぐずって30分以上かかっていた歯磨きも逃げずにやらせてくれています。料理のお手伝いブームは去りましたが、今は洗濯物たたみを手伝ってくれます。おしっこを教えてくれるようになってきて、だんだんトイレでできるように。でも、うんちはトイレでするのが嫌みたいで、まだ全然教えてくれません。

「ペットのヤギに乗ったよ」

パパの実家に帰省しました。義妹のうちで飼っているペットのヤギに乗ったり、おばあちゃんに抱っこされたりして、終始ご機嫌です。

「パパ、次は何して遊ぶ?」

「ひよこさんかわいいねぇ」

近くの動物園に行ったとき、初めてひよこを触りました。最初はびっくりしてたけど、なでなで。

＊空ちゃんの成長記録＊

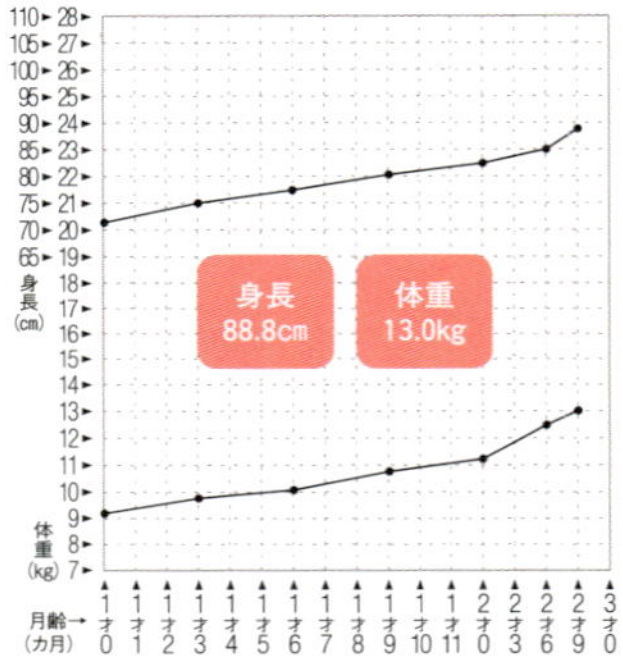

空ちゃんの1日の様子

時刻	空ちゃん	ママ
05:00		
06:00		
07:00	起床	ママ起床
	登園準備	ママ出勤準備
08:00	朝食（ごはん、みそ汁、納豆、野菜の炒めもの）	ママ朝食
08:30	保育園へ登園	ママ出勤
09:00		
10:00	おやつ（牛乳）	
11:00		
11:30	昼食（ごはん、みそ汁、焼き肉、にんじんのごまあえ）	
12:00	昼寝	ママ昼食
13:00		
14:00		
15:00	おやつ（パン）	
	プール遊び	
16:00		
17:00		
18:00		
19:00	ママと帰宅	保育園へお迎え
		ママ家事
20:00	夕食（ごはん、みそ汁、野菜のカレー炒め、ヨーグルト）	ママ夕食
20:30	ママとおふろ	
21:00		
22:00	就寝	ママ就寝
23:00		

※発育曲線の色帯には、各月齢・年齢の94%の子どもの体重・身長が入ります。

「甘くて
おいしいよ〜」

「桃狩りで夏の味覚を満喫」

桃狩りに行ってきました。果物が好きな空はパパに抱っこされながら桃を収穫。早速かぶりついて、「甘〜い」と大喜びでした。

「ねえ、ワタシキレイ?」

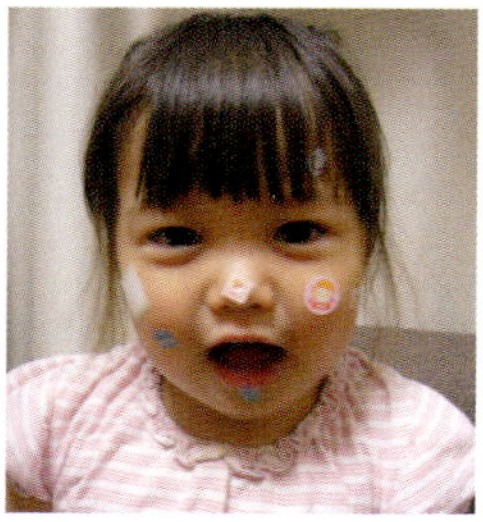

「かわいい？」と顔にシールをペタペタ……。このあと私の顔にもはられちゃいました。

「洗濯物たたみが私の担当」

取り込んだ洗濯物をたたむお手伝いが大好き。上手にたためていないことも多いのは、ご愛嬌《あいきょう》です。

「パパの腕枕ですやすや」

少しもじっとしていないでゴロゴロ動き回っているのですが、最近はパパの腕枕や腹枕（?）で寝ていることも。

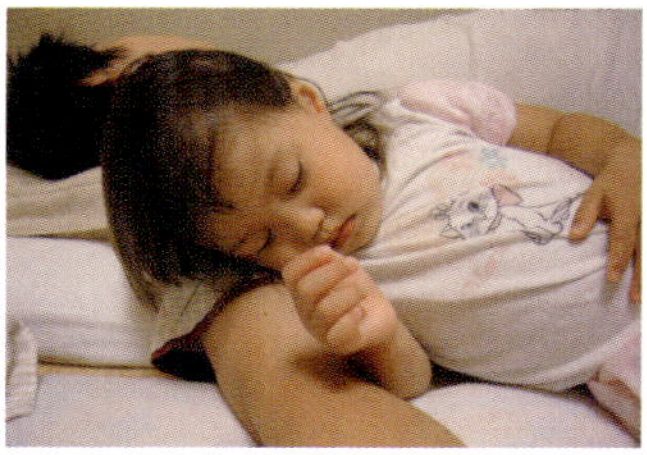

2〜3才のころのみんなの様子

自己主張が激しくなってきました

山崎立人《りゅうと》くん&智恵子ママ

2才になって、急になんでも自分でしたがるようになりました。私が手を出すと「違うの！」と言うんです。先日ごはんのあと、突然歯磨き。今までは私任せだったし、食べたら歯を磨くことを教えていなかったのでびっくり。

花や友だちのお世話が大好き

戸田采那《あやな》ちゃん&奈緒美ママ

お世話をするのが大好きです。最近はベランダの花に水をあげたり、話しかけたりするのが午前中の日課になっています。友だちと出かけたときも、転んだときに助けてあげたりして、世話好きぶりを発揮しています。

2~3才 気がかりQ&A

おむつはずれの進め方は?

Q おしっこの間隔が空き、そろそろおむつがはずれるといいなと思います。親としてどんな働きかけをすればいい?

A 生活の節目ごとにトイレに誘ってみましょう

まずはおむつのままで、朝起きたとき、食後、外遊びの前など、生活の節目ごとにトイレに誘うことから始めましょう。

トイレ嫌いにならないためにも、無理強いしたり、小まめに誘いすぎないようにしましょう。できなくてもしからないことも大切です。もちろん、できたらたくさんほめてあげましょう。

そうしながら、少しずつ成功することが増えていくといいですね。ただし、おむつはずれは行きつ戻りつ。あせらず子どものペースで進めましょう。

テレビを見せる時間

Q アニメが大好きで、テレビやDVDを見たがります。1日どれくらいの時間を目安にすればいい?

A 1回20分、1日1時間を限度にしましょう

テレビやDVDは、一方的に情報を流すだけのものです。長時間見せっぱなしにすると、人とのかかわりを経験したり、体を動かす機会が減り、発達に影響を及ぼすこともあります。

1回に見る時間は、子どもの集中力からいっても20分程度が適切です。1日合計1時間を限度としましょう。見るときは、大人も一緒に楽しみ、コミュニケーションをとりながら見ると、受け身になりません。とはいえ、毎回一緒に見ることは難しいですね。普段一緒に見るようにしていれば、たまに子ども1人で見る時間があってもいいでしょう。

指しゃぶり

Q 昼寝前や、ぼーっとしているときに指をしゃぶる癖が直りません。ほうっておいていいでしょうか?

A 手を使う遊びや外遊びに誘ってみて

一日中指しゃぶりをしているわけではなく、ぼーっとしているときや眠いときにするくらいの指しゃぶりはほうっておいていいでしょう。ほとんどの子が3才くらいにはやめます。無意識にする癖なので、しかっても効果はありません。

ぼーっとしているときは、もしかしたら遊びが見つからずに手持ちぶさたのときかもしれません。ママが積み木やおままごと、パズルなど手を使う遊びに誘ってみるといいでしょう。または散歩や外遊びに誘ってもいいですね。そうやって指しゃぶりを意識から遠ざけるようにしているうちに、しなくなるでしょう。

もしかしたら多動症?

Q ほかの子に比べて、動き回りすぎる気がします。公園でもじっとしていられなくて、走り回っていて、道路に飛び出さないかといつもヒヤヒヤ。多動症なのでしょうか?

A 気になる場合は保健センターなどに相談を

多動症は、動き回ったり走り回ったりするほか、座っていてもそわそわして落ち着かない、静かにすべき場所でもしゃべってしまうなどの症状が見られます。

3才過ぎに同年代の子どもと比べて目まぐるしい動きがあるなどで気づきます。もし子どもの様子を見て、気になるようなら、地域の保健センターや子育て相談窓口などで相談してみましょう。

かみ癖

Q 友だちをかむ癖があり、相手がびっくりして泣くと、おもしろがってさらにかみます。どうやってやめさせる?

A ママがそばで見ていていけないことを伝えて

まだかまれた子の気持ちに気づいていないのでしょう。かみ癖がある子のママはそばで子どもをよく見ている必要があります。かもうとしたところで、手を押さえて、「アグッはダメよ」「イタイよ」「お口で言ってね」など真剣に伝えます。

言葉でのやりとりがスムーズになるとかみ癖も減ってきますが、それまではママがきちんと対応することが大切です。

歯ぎしり

Q 保育園に入ってから、ギシギシと音を立てて歯ぎしりをするようになりました。本人は無意識のようですが、ストレスがたまっているの?

A ストレスが原因とも言いきれません

歯ぎしりのメカニズムは不明ですが、子どもが歯ぎしりをするのは、ストレスが原因ともいいきれません。

歯ぎしりをすると、歯が磨り減ったり、あごの発達や歯並びへの影響を心配するママもいますね。でも、まだこの時期は乳歯なので、すり減っても問題ありませんし、かみ締める力も弱いので、歯並びやあごへの影響もありません。歯ぎしりは癖ですから、そのうち治まるでしょう。

パンツがぬれても平気

Q おむつはずれの練習を始め、パンツにしましたが、ぬれても全然平気。紙おむつに戻したほうがいいでしょうか?

A ママが負担ならおむつに戻して

パンツがぬれて気持ち悪がる子もいますが、まったく平気な子もいます。子どもはパンツがぬれて気持ち悪いからトイレに行くのではなくて、「おしっこはトイレでするもの」と理解できて、初めてトイレに行きます。

もし、ママが負担ならおむつに戻してOKです。ただし、定期的にトイレに誘うことはそのまま続けましょう。

column

「おむつはずれ」サポートのしかた

子どもの様子を見て トイレに誘いましょう

子どもが歩き始めるくらいの年齢になると膀胱が発達してきて、おしっこをある程度ためられるようになります。ためられる量が増えてくると、おしっこがたまったことを自覚しやすくなります。そこで、子どもが、①1人で歩ける②日中のおしっこの間隔が2〜3時間空く③大人の言うことを理解している、の3つの条件をクリアしているのなら、おむつをはずす練習「おむつはずれ」が始められます。朝起きたあとや食事・おふろ前、おしっこが出そうなころ合いを見計らって、トイレやおまるに座るよう誘ってみましょう。

おむつはいつかはずれます。あせらず気長に構えて

おむつをはずすことは、失敗や時には後戻りをしながら、徐々にできるようになるものです。もし子どもが失敗したとしても、しかったりしないようにしましょう。それが原因で子どもがトイレでするのを嫌がったり、知らせてくれなくなることもあるからです。また、小さな子どもはまだ膀胱の発達が未熟で、おしっこをしたいと思ったときは、トイレまで我慢できず出てしまったりすることはよくあることです。

おしっこの間隔に一定のリズムがついてきて、子どもの自立心が育ち、体が発達してくる3才ごろになると、スムーズにおむつがはずれるようになります。それまでママは気負わず、子どもの発達を見ながらサポートしていきましょう。おむつはいつか必ずはずれますから、あせらずのんびり構えることが大切です。

1 おしっこをする場所を教えます

ママがトイレに入るときに一緒に連れていったりしながら、おしっこはおまるやトイレですることを教えていきましょう。

2 おまるや補助便座に座らせます

おしっこの間隔が2〜3時間空いてきたら、タイミングを見計らって、おまるや補助便座に座るように誘ってみましょう。

3 自分でトイレに行けるように

ママが誘わなくても「トイレに行きたい」と自分から知らせるようになったら、「おむつはずれ」はほぼ完了です。※

4 ふき方や手順を教えましょう

3才ごろになると1人でトイレに行く子もいます。おしりのふき方やトイレの水を流して手を洗うといった手順も教えていきましょう。

※ここでは昼間の「おむつはずれ」を紹介しています。夜の「おむつはずれ」は別です。

Part ★ 3

離乳食の与え方・進め方

赤ちゃんは、生後５，６カ月ごろから、
大人と同じような食材を
食べるための練習を始めます。
赤ちゃんの成長に合わせて、始める時期や
食べ物の形状に段階があります。
発達に応じて、適したものを与えましょう。
食事は楽しいもの。
あせらずその子なりのペースで進めることが大切です。

読者モデル 米山翔太《しょうた》くん（５カ月）＆粧子ママ、西脇士騎《とき》くん（７カ月）＆加央里ママ、太田翔真《しょうま》くん（10カ月）、佐藤玲奈《れいな》ちゃん（１才１カ月）＆美恵ママ　齊藤 周《あまね》くん（１才６カ月）

赤ちゃんのペースに合わせてステップアップ

母乳やミルクだけでは栄養がたりなくなります

離乳食は、母乳やミルクから栄養をとっていた赤ちゃんが、いずれは大人と同じものを食べられるように練習するための食事です。

赤ちゃんにとって母乳やミルクは理想的な栄養源ですが、赤ちゃんが大きくなるにつれ、それだけでは栄養がたりなくなっていきます。そのため、徐々に離乳食で栄養を補っていく必要があります。また、母乳やミルク以外の食べ物（固形物）を経験することで、赤ちゃんの咀嚼《そしゃく》、胃や腸の消化吸収する力も育ちます。

最終的には、幼児食を経て大人と同じものを食べられるようになりますが、「飲むこと」から「食べること」へスムーズに移行していくためには、離乳食がとても大切な役割を果たします。

離乳食は、発育に合わせて4つに分かれます

離乳食では赤ちゃんの咀嚼する力や、消化器官の発達に合わせて、食べ物のかたさや形状を少しずつ大人のものに近づけていきます。離乳食を進めるときの目安は、赤ちゃんの発育に合わせて大きく4つの時期に分けられます。離乳食は5・6カ月ごろからスタートし、18カ月ごろに卒業するのが一般的です。ただし、食べられるもののかたさや量など、離乳食の進み方は個人差があるので、赤ちゃんのペースで進めていきましょう。

赤ちゃんの食欲に合わせ、のんびり楽しく進めます

ママやパパは赤ちゃんになんとか食べてもらいたいと一生懸命です。たくさん食べてくれればうれしいし、食べてくれないと落ち込んでしまうこともあるかもしれません。

「うちの子、食べないんです」とママが訴える場合のほとんどが、体重は少なめでも発育には問題のない赤ちゃんです。大人でも食欲には個人差がありますね。季節や気分によって食べる量が変わった

り、おなかがいっぱいで好きなものが食べられないことがあります。赤ちゃんも同じです。無理強いすると、離乳食が嫌になるだけでなく、ストレスになることもあります。赤ちゃんの個性や、食べたいと思う意欲にまかせて見守りましょう。ただし、どうしても心配な場合は1人で悩まず、かかりつけの医師、または栄養士に相談してみてください。

食べる楽しさも離乳食で教えましょう

離乳食を始めたころは、1日1回だった回数も、慣れるに従って1～2カ月後には2回に、9～11カ月ごろの離乳食になると1日3回になり、タイミングも大人の食事時間に近づいていきます。パパが休みの日などは、家族で食卓を囲んで、家族だんらんの楽しさを体験させてあげましょう。また、ママと2人の離乳食タイムも、頑張りすぎず、楽しく食べられる雰囲気づくりをしましょう。「おいしいね」「たくさん食べたね」などと赤ちゃんに話しかけながら、赤ちゃんのペースに合わせてゆっくり進めます。

離乳食 3つの役割

1 栄養を補給する

赤ちゃんは成長のために栄養を体内にとり込んでいかなくてはいけません。5・6カ月くらいまでは、母乳やミルクが理想的な栄養源ですが、それ以降は消化・吸収能力が高まってくるので、母乳やミルクではたりなくなってきます。そこで、離乳食が必要になってくるのです。

2 食べ方を学ぶ

最初はママが赤ちゃんを抱っこして、小さなスプーンを使って食べさせます。おすわりがしっかりしてきたころには、赤ちゃんを1人でベビーラックなどに座らせて食べさせます。そのうち、赤ちゃん自身がまずは手づかみで食べ始め、徐々にスプーンやフォークを使って食べたがるように。そして、だんだん手指が器用に動かせるようになり、「自分で食べる」ことを覚えていきます。

3 生活リズムを整える

5・6カ月ごろの離乳食は、1日1回、小児科の診療時間内に食べさせましょう。7・8カ月ごろには1日2回、9～11カ月ごろには1日3回、そして1才～1才6カ月ごろには1日3回の食事＋おやつに。1才ごろには時間は大人とほぼ同じ時間に食べさせましょう。食べる時間が整うと、生活リズムも定まります。

離乳食の進め方がひと目でわかる早見表です。厚生労働省の「授乳・離乳の支援ガイド」の「進め方の目安表」に、赤ちゃんの食べ方や舌の動き、歯の生え方をプラス。迷ったときの参考にしてみてください。

9～11カ月ごろ	1才～1才6カ月ごろ
歯ぐきでつぶす時期 ● 舌を左右に動かして、食べ物を奥の歯ぐきのほうへ移動させる ● 舌でつぶせないかたさのものは、奥の歯ぐきでつぶして食べる ● 唇をよじったり、片頬をふくらませてモグモグ食べる ● 手づかみ食べが始まる ● 前歯が生える赤ちゃんが多くなる 	**歯ぐきでかむ練習の時期** ● 舌と口を自由に動かして食べる ● 食べ物を前歯でかじり取ることができる ● 頬をふくらませて、口の中の食べ物を左右に動かし奥の歯ぐきでかんで食べる ● 前歯が上下4本以上生える ● 奥歯（第一乳臼歯）が生えてくる子も ● スプーン、フォークを使おうとする 
離乳食3回	**離乳食3回**
バナナのかたさ（歯ぐきでつぶせるかたさ）	**煮込みハンバーグのかたさ（歯ぐきでかめるかたさ）**
全がゆ（5倍がゆ）90g  子ども用茶碗1杯弱 ～ **軟飯 80g**  子ども用茶碗1杯弱	**軟飯 90g**  子ども用茶碗1杯 ～ **ごはん 80g**  子ども用茶碗1杯
野菜・果物 30～40g	**野菜・果物 40～50g**
量は1回1食品を使用した場合の値  豆腐 45g 全卵 1/2個 肉 15g 乳製品 80g 魚 15g	**量は1回1食品を使用した場合の値**  豆腐 50～55g 全卵1/2個 ～ 全卵2/3個 肉 15～20g 乳製品 100g 魚 15～20g

※「授乳・離乳の支援ガイド」（厚生労働省）を基に作成。食べる量の目安の各食材の量は、あくまでも目安であり、子どもの食欲や成長・発達の状況に応じて、食事の量を調節してください。

離乳食の進め方 早見表

月齢	5，6カ月ごろ	7，8カ月ごろ
口の動きや食べ方、歯の発育	**唇を閉じて飲み込む時期** ● 上唇は動かさずに下唇が内側に入る ● 唇を閉じて、食べ物をゴックンと飲む込むことができる ● 舌は前後にだけ動き、あごと連動して動くようになる ● 歯はまだ生えていない赤ちゃんが多い 	**舌と上あごでつぶす時期** ● スプーンにのった食べ物をひと口で取り込む ● 舌を上下に動かして、上あごに離乳食を押し当ててつぶせる ● 口をモグモグと左右に動かして食べる ● 食べ物をつぶすときは、唇が左右に伸び縮みする ● 前歯が生え始める赤ちゃんも 
離乳食の回数（1日）	離乳食1回→2回	離乳食2回
食べ物の形態	とろとろのポタージュ状 （滑らかなペースト状）	絹ごし豆腐のかたさ （舌でつぶせるかたさ）
1回当たりの目安量 Ⅰ	つぶしがゆから始める。すりつぶした野菜なども試してみる。 慣れてきたら、つぶした豆腐、白身魚などを試してみる。	全がゆ （7倍がゆ） 50～80g 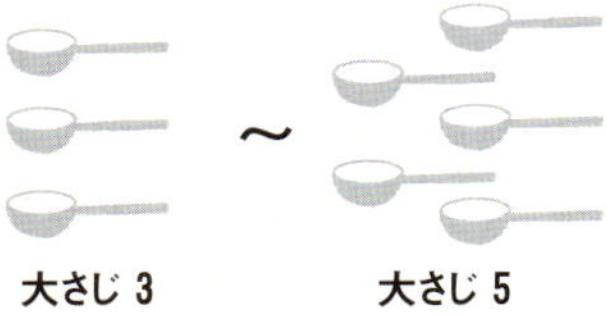
1回当たりの目安量 Ⅱ		野菜・果物 20～30g
1回当たりの目安量 Ⅲ		量は1回1食品を使用した場合の値 

離乳食を始めるときの注意点

食物アレルギーの心配があるので、初めての食材を食べさせるときは、右の4点に注意しましょう（P.164「食物アレルギーの基礎知識」も参照ください）。

- できるだけ小児科の診療時間内に食べさせる
- 初めての食材はひとさじから
- 食べたあとの様子を観察する
- 離乳食の内容と赤ちゃんの様子を記録する

離乳食期に食べていいもの悪いもの 早見表

赤ちゃんの消化機能や口の動かし方の発達に合わせ、与える食材を選びましょう。早見表を参考に、上手に食べられる食材を増やして。

表の見方：5，6→5・6カ月ごろ、7，8→7・8カ月ごろ、9～11→9～11カ月ごろ、1～1．6→1才～1才6カ月ごろを表します。また、月齢ごとに〇→食べていいもの、△→食べさせていけなくはないが注意が必要なもの、×→食べてはいけないものを表示しています。

＊マークは食物アレルギーに注意して与えたい食品です。

穀類・いも類など

米やパン、うどん、でんぷんを豊富に含むいも類は主に熱や力のもとになり、主食として食べられる。

食材	5,6	7,8	9~11	1~1.6	
米	○	○	○	○	離乳食のいちばん初めから大活躍の食材。
食パン＊	○	○	○	○	みみは苦みがあるため、中の白い部分から与える。
うどん（乾・ゆで）＊	○	○	○	○	乾めんはゆでたあと、よく水で洗い、塩分を落として。
そうめん＊	○	○	○	○	塩分を含むので、ゆでたあとはしっかり水で洗って。
じゃがいも	○	○	○	○	初期から使用可能。加熱後もビタミンを失いにくい。
さつまいも	○	○	○	○	甘みがあり、赤ちゃんでも食べやすいので初期から○。
里いも	×	○	○	○	かゆみのもととなる成分を含むので7・8カ月ごろから。
マカロニ＊	×	△	○	○	スパゲティより弾力が少ないので7・8カ月ごろから。
スパゲティ＊	×	△	○	○	うどんなどめんに慣れたら。表示の時間より長くゆでて。
山いも	×	△	○	○	よく加熱すれば7・8カ月ごろから与えられる。
春雨	×	×	△	○	弾力が強く、かむのが上手になる1才前後からOK。
蒸しパン＊	×	×	×	○	糖分が多く含まれるので、1才以降少しずつ与える。
中国風めん＊	×	×	△	○	弾力がある。添加物の多い焼きそばは幼児食以降。
玄米	×	×	×	△	やわらかくなりにくく、離乳食期には不向き。
雑穀米	×	×	×	×	つぶしにくく、消化が悪いので1才7カ月以降に。
ロールパン＊	△	△	○	○	脂質が食パンより多め。9カ月以前は中の白い部分を。
そば＊	×	×	△	△	食物アレルギーに注意し、9カ月以降にごく少量ずつ。
もち	×	×	×	×	窒息の恐れが。3才を過ぎるころまで待って。

野菜・果物類など

主に体の調子を整えるビタミン類や食物繊維を含む。主食、主菜と組み合わせれば、好バランス。

食材	5,6	7,8	9~11	1~1.6	
キャベツ・白菜	○	○	○	○	芯やすじ以外の葉の部分はつぶしやすく、離乳食向き。
トマト	○	○	○	○	プチトマトでも、皮や種は1才過ぎるまで除いて。
ほうれん草・小松菜	○	○	○	○	8カ月ごろまでは茎を除いた葉先部分のみ調理。
玉ねぎ	○	○	○	○	よくつぶせば5,6カ月からOK。加熱すると甘くなる。
かぼちゃ	○	○	○	○	よく煮てすりつぶすとしっとり。甘さも受け付けやすい。
にんじん・大根・かぶ	○	○	○	○	くせがなく、ゆでるとやわらか。年中店頭にあり、便利。
ブロッコリー・カリフラワー	○	○	○	○	穂先（つぼみ）を使用。1才以降、皮を除けば軸もOK。
れんこん	×	×	△	○	繊維質で、歯ごたえ強め。9カ月ごろまでは与えない。
ねぎ・にら	×	△	○	○	独特の風味があるので、8カ月ごろまでは控えて。
グリーンピース・枝豆	○	○	○	○	薄皮をむきます。5,6カ月ごろはよくすりつぶして。
なす・きゅうり	△	○	○	○	ともに皮はむく。なすの苦みが苦手な子も。無理せずに。
生しいたけ・えのきだけ・しめじ	×	×	△	○	食物繊維が多めなので10カ月ごろまでは×。
もやし	×	×	○	○	ゆでても歯ごたえが。大豆より緑豆のものがベター。
パプリカ・ピーマン	×	△	○	○	パプリカは青ピーマンより甘くてやわらかで離乳食向き。
レタス	△	○	○	○	すりつぶしても繊維質が残りがち。1才以降もゆでて。
りんご・バナナ＊	○	○	○	○	酸味が少なく、すりおろせば5・6カ月でも生食可能。
いちご・みかん	○	○	○	○	生でもOK。みかんは、加熱すると甘みが増します。
トロピカルフルーツ	×	×	×	×	繊維質だったり独特の風味のものも。2才以降が無難。
ドライフルーツ（プルーン・レーズン）	×	△	○	○	繊維が多く、かたいので5・6カ月ごろは与えないで。
しょうが・にんにく	×	×	△	△	独特の風味があるので、9カ月以前は与えないで。

大豆・卵・乳製品など

高栄養価で、積極的にとりたい食材ですが、いずれもアレルギーを起こす心配があるため初めは少量ずつ。

食材	5,6	7,8	9~11	1~1.6	
豆腐	○	○	○	○	より口当たりのいい絹ごし豆腐がおすすめ。
プレーンヨーグルト＊	△	○	○	○	無糖で鮮度のいいものを選んで、早めに食べきって。
カッテージチーズ＊	×	○	○	○	タンパク質が多く低脂肪で使いやすい。
粉チーズ＊	×	△	○	○	7・8カ月ごろから量に注意して与えましょう。

食品	5,6	7,8	9~11	1~1.6	
無脂肪乳*・豆乳	×	△	△	○	飲むのは１才以降。それまでは加熱調理して離乳食に。
スライスチーズ*	×	×	○	○	塩分が多めなので与えすぎは注意。
卵*・うずら卵*	△△（黄身 白身）	○△（黄身 白身）	○	○	初めはかたゆでにしたゆで卵の黄身を少量ずつから。
納豆	×	○	○	○	刻む手間がなくて済む、ひき割り納豆がおすすめ。
麩《ふ》（乾燥）*	○	○	○	○	煮ると、とろとろになり、始めたばかりでも食べやすい。
クリームチーズ*	×	×	○	○	脂質が多く、９カ月ごろから。脂質少なめのものを。
鮭	×	○	○	○	たら・鯛などに慣れたら。無塩で脂の少ないものを。
鶏ささ身肉	×	○	○	○	低脂肪で消化もいい。白身魚に慣れてから。
鮭缶・ツナ缶	×	△	○	○	やや脂肪が多めの魚が原料。オイル漬けでなく水煮を。
たら・鯛	○	○	○	○	淡白な味で脂質も少なく食べやすい食材。
しらす干し・ちりめんじゃこ	○	○	○	○	少量で購入でき、使いやすい。塩抜きは必須。
魚介類・肉類など					主に血や肉となり体をつくるタンパク質を含む。ただし、刺し身は鮮度や保存方法が不確かなので不可。
えび*・かに*	×	×	△	○	まれにアレルギー症状が出るので少量ずつ。
牛肉（赤身）	×	×	△	○	脂肪の少ない肩、もも肉、ロースなどが離乳食向き。
豚（もも肉・ロース肉）	×	×	△	○	脂肪が少なめなもも肉から先に始めて。
さば・あじ	×	×	○	○	脂肪が多め。かつおやまぐろなど赤身魚に慣れてから。
レバー（鶏・豚・牛）	×	△	○	○	鉄分・ビタミン類が豊富。9～11カ月ごろから。
かつお・まぐろ・ぶり	×	△	○	○	加熱するとかたくなり、脂も多め。白身魚に慣れてから。
いか*・たこ	×	×	×	×	すり身にすれば１才７カ月以降に少しずつ。
ちくわ・かまぼこ	×	×	×	△	1才以降も熱湯を回しかけ、塩分を抜き、小さく切る。
ハム・ウインナ	×	×	×	○	塩分が多く、添加物も心配。１才以降に。
かき	×	×	○	○	食あたりになりやすいので、よく加熱して与える。
あさり・帆立て貝	×	×	×	○	加熱後かたくなるので、1才以降。だしは９カ月でも○。
はんぺん	×	×	×	○	卵白を含む。アレルギーがなければ、１才以降から。
ゼラチン	○	○	○	○	動物性タンパク質が原料。５・６カ月ごろからOK。
焼きのり	×	△	○	○	そのままではかみ切れないので、ちぎったり煮るなどして。
ごま*	×	△	○	○	初めはよくすりつぶし、９カ月以降はそのままでも。
わかめ	×	△	○	○	かみ切りにくいので、９カ月近くなったらとろとろ状から。
青のり	×	○	○	○	軽くふるくらいなら７カ月ごろから。最初に使える海藻類。
海藻・保存食など					海藻はミネラルやビタミン類、食物繊維が豊富。とろとろの状態や、こまかく刻んだ状態で与えて。
寒天	×	×	○	○	口の中で溶けず、のどに詰まる可能性があります。
ひじき・めかぶ	×	×	○	○	芽ひじきはやわらかいのでおすすめ。
サラダ油	×	△	○	○	消化吸収能力が未熟な８カ月未満は使いません。
砂糖	×	△	○	○	濃い味にならないよう、できるだけ控えめに。
バター・マーガリン	×	△	○	○	風味づけ程度なら、７・８カ月ごろから。
調味料など					９カ月以降は使えるものが増えますが、離乳食期は食材そのものの味を覚えさせる目的で、薄味を心がけて。
トマト加工品（トマトケチャップ）	×	×	×	○	うまみを加える程度にとどめ、多量の使用は控える。
しょうゆ・みそ	×	×	○	○	アレルギーに注意。風味づけ程度なら９カ月以降に。
塩	×	×	○	○	薄味が基本なので、使うなら９カ月以降から少量可。
酢	×	×	△	△	風味づけにいいけれど、あえて使う必要はないもの。
料理酒・みりん	×	×	△	△	９カ月以降、取り分けた離乳食に少量入るくらいに。
マヨネーズ*	×	×	△	○	アレルギーに注意。10カ月以降で全卵を食べられたら。
はちみつ	×	×	×	○	まれにボツリヌス菌が混入することが。１才未満はNG。
市販のだし・固形コンソメ	×	×	×	△	大人用は化学調味料・塩分が多いことが。BFか無添加品を。
カレー粉	×	×	×	△	刺激が強いので、ほんの少量を食欲増進に役立てて。

おやつ

おやつを与えるのは補食として。1才ごろからが目安

あくまでおやつは第４の食事なのでおにぎりや蒸しパン、果物などを与えます。楽しみとしてのおやつは３才以降に。市販のものは、糖分・油脂を多く含むものもあり、添加物などにも注意が必要です。

飲み物

糖分やカフェイン、添加物を多く含まないものを選びます

たとえば、大人用イオン飲料・ベビーフード以外の市販のジュース、コーヒー・紅茶・緑茶などはNG。水や薄めにした麦茶・ほうじ茶・番茶・果物のしぼり汁などはOK。赤ちゃんは抵抗力が弱いため、水については少し注意が必要で水道水をそのままでなく一度沸騰させた湯冷ましか、軟水のミネラルウオーターがベスト。カルシウムやマグネシウムの含有量の多い硬水は下痢しやすくなるため避けます。

5,6カ月ごろ

1日の授乳時間のうち1回を離乳食にしましょう

いつから？

よだれが増えるなどの様子が見られたら

左のようなサインが見られたらスタート。5・6カ月ごろが目安ですが、これより早いと赤ちゃんの体（消化器官）に負担をかけてしまい、遅いと咀嚼の発達の遅れや鉄分不足になることも。

- **よだれの量が増えてくる**
- **スプーンを口に当てても嫌がらない**
- **大人が食べている様子に興味を示す**
- **授乳のリズムが整ってきた**
- **首がすわり、長時間でなくても支えればおすわりの体勢でいられる**

回数は？

授乳時間の1回を離乳食タイムに

1日数回の授乳時間のうち1回を離乳食タイムにあてましょう。1カ月くらいたち、ゴックンと飲み込むのに慣れてきたら、1回目と2～3時間空けるようにして、1日2回に増やします。

初めて食べる食材には食物アレルギー（P.164・243）を引き起こす心配があります。与える時間は変化があった場合に小児科を受診できる午前中が安心。そして、できるだけ毎日同じ時間に与えましょう。

離乳食をスタートしたころの例

6:00	授乳
7:00	起床
9:00	昼寝
10:00	離乳食＋授乳
14:00	授乳
15:00	昼寝
18:00	授乳
20:00	就寝
22:00	授乳

栄養バランスは？

おっぱい・ミルクが栄養の中心です

授乳回数は食後の授乳を含めて1日5回くらい。おっぱいの場合は、1～2回増えることもあります。ミルクの1日のトータルは1000～1400mℓが目安。離乳食からとる栄養は離乳食を始めたころは全体の10％くらい、スタートして1カ月くらいたつと20％くらいになります。

食べさせ方は？

赤ちゃんの下唇の上にスプーンを置きます

おすわりができるようになるまでは横向きに抱っこ。赤ちゃんの正面からスプーンを持っていき、目で食べ物をとらえさせます。下唇の上にスプーンを置き、赤ちゃんが上下の唇で食べ物を挟み込んで口の中に取り込むようにスプーンを引き抜きます。

食材は？ 米などの炭水化物を小さじ1から始めます

最初は米などの炭水化物を小さじ1から与え、慣れてきたらアクや苦みが少ない、にんじん、かぼちゃ、ほうれん草、かぶなどの野菜類を与えましょう。さらに慣れたら豆腐や白身魚などのタンパク質を与えます（P.144～145参照）。

献立・量は？ 栄養バランスと食べる量は気にしないで

この時期はゴックンと飲み込むことが大切なので、栄養バランスと食べる量が少なくても気にしないで大丈夫です。献立は1品から始め、1カ月ほどして1日2回に増えたら、2品くらいに増やしましょう。

●1回の目安量（P.143参照）

炭水化物 つぶしがゆ、パンがゆ、うどんなどを30～40g

ビタミン類 にんじん、かぼちゃ、ほうれん草、トマト、かぶなどを15～20g

タンパク質（食品単品の目安量） 卵黄$\frac{2}{3}$個以下、豆腐25g、乳製品55g、魚5～10g

かたさ・大きさ

ゴックンと飲み込めるペースト状のものを

ポタージュスープのようなとろとろのペースト状から始めます。慣れてきたら、加える湯の量を調節しながら、少し粒が残るくらいのベタベタの状態にします。

5，6カ月ごろの初め＝かたさの目安は「ポタージュスープ」

白身魚
ゆでて骨と皮を取り除き、ていねいにすりつぶして湯でのばします。

ほうれん草
葉先をゆでて水にさらしてアクを抜き、裏ごしして湯で滑らかにのばします。

にんじん
皮をむいてやわらかくゆで、ていねいにすりつぶし、湯でのばします。

おかゆ
米1に対して水10の割合で炊いた10倍がゆをすり鉢ですりつぶします。

ペースト状に慣れてきたら

白身魚
ゆでて骨と皮を取り除き、すりつぶして少なめの湯でのばします。

ほうれん草
葉先をゆでて水にさらし、すり鉢ですりつぶします。適宜、湯でのばしても。

にんじん
皮をむいてやわらかくゆでてすりつぶし、とろっとする程度に湯でのばします。

おかゆ
10倍がゆを、中に粒が少し残るくらいにすり鉢ですりつぶします。

離乳食レシピ

繊維質が残らないようによくすりつぶして

ほうれん草の和風ペースト

材料

ほうれん草(葉先)…1枚　だし汁…大さじ1

作り方

1 ほうれん草は600Wの電子レンジで約10秒加熱し、水にとってアク抜き。
2 **1**をこまかく刻んですり鉢ですりつぶす。
3 **2**にだし汁を加えて滑らかにのばす。

しらすの塩分はしっかり抜いて

白菜としらすのとろとろ煮

材料

白菜(葉先)…½枚　しらす干し…小さじ1
だし汁…大さじ2

作り方

1 白菜はやわらかくゆで、すり鉢ですりつぶす。
2 しらす干しは茶こしに入れて熱湯を回しかけて塩抜きをし、すり鉢ですりつぶす。
3 小鍋にだし汁、**1**、**2**を入れ、弱火でとろとろになるまで煮込む。

※しらすを加えるのは、離乳食を始めて3週間たって慣れてからにします。

離乳食のお約束

- レシピは1食分が基本です。材料は厚生労働省策定の「授乳・離乳の支援ガイド」を目安に、作りやすい分量にしています。赤ちゃんの食べる量、食べられるかたさなどは個人差がありますから、子どものペースに合わせて進めましょう。
- 計量は1カップ＝200㎖、大さじ1＝15㎖、小さじ1＝5㎖が基本です。だし汁、野菜スープなどは手作りかBF（ベビーフード）を使ってください。水溶き片栗粉は片栗粉1に対し、水3の割合で溶いたものです。
- 使っている鶏卵はMサイズ、じゃがいも、トマトなどの野菜は中玉が基本です。また、食材は皮をむく、すじを取り除く、種やわた・芯・骨を取り除くなどの下ごしらえが済んだものを使用しています。
- 電子レンジは600Wが基準です。電子レンジが600W以外のワット数の場合、加熱時間はメーカーにお問い合わせください。電子レンジは機種によって加熱時間が違いますから、初めはレシピより短い時間で加熱し、様子を見ながら加熱時間を調整しましょう。
- 電子レンジで液体を加熱するとき、沸点に達しても沸騰しない場合がごくまれにあります。この状態の液体がちょっとした刺激で急激に沸騰を起こし、液体が激しく飛び散ることがあります（＝突沸現象）。やけどの原因になりますのでご注意ください。また、電子レンジを使う際は、耐熱容器に入れて水分を加えてふんわりラップをかけることを前提としています。

5,6カ月ごろの

自然の甘みで食べやすく

にんじんのフルーツがゆ

材料

にんじん…5㎜厚さの輪切り1枚　10倍がゆ…大さじ1
ＢＦのフルーツミックスジュース…大さじ1

作り方

1 にんじんは600Wの電子レンジで約30秒加熱し、すり鉢ですりつぶす。
2 ボウルに10倍がゆと**1**を入れて混ぜ合わせる。
3 **2**にＢＦのフルーツミックスジュースを入れてのばす。
※10倍がゆを加えるのは、離乳食を始めて3週間たって慣れてからにします。

豆腐は粒が残らないように滑らかに

大根と豆腐のすり流し

材料

大根…5㎜厚さの輪切り1枚
豆腐(絹ごし)…2㎝角1個

作り方

1 大根は600Wの電子レンジで約30秒加熱し、すり鉢ですりつぶす。
2 豆腐は電子レンジで約30秒加熱し、滑らかに裏ごしする。
3 ボウルに**1**と**2**を入れて混ぜ合わせる。
※豆腐を加えるのは、離乳食を始めて3週間たって慣れてからにします。

よく混ぜ合わせてもったりさせて

かぶのにゅうめん

材料

かぶ…$\frac{1}{8}$個　そうめん…10本　だし汁…大さじ1

作り方

1 かぶはやわらかくゆで、すり鉢ですりつぶす。
2 そうめんはやわらかくゆで、すり鉢で滑らかにすりつぶす。
3 小鍋にだし汁、**1**、**2**を入れてひと煮立ちさせる。
※そうめんを加えるのは、離乳食を始めて3週間たって慣れてからにします。

7,8 カ月ごろ

離乳食は1日2回が基本に。やわらかい粒状のものが食べられるように

いつから?
上手に飲み込めるようになったら

離乳食を始めて2カ月ほどたち、とろとろのものをゴックンと飲み込めるようになったら、次の段階に。いつまでも飲み込めない、口から出してしまうなどの場合はもう少しゴックンの練習を続けて。

- **スプーンから食べ物を取り込み、飲み込める**
- **口を左右に動かし、モグモグできる**
- **おすわりが安定して、両手が使える**
- **食べる意欲がある**

回数は?
1日2回、授乳時間を離乳食にあてます

離乳食は1日2回。授乳時間のうちの2回を離乳食にあて、2回目は1回目の次か、一度授乳を挟んだ時間にし、1回目と2回目は2～3時間空けましょう。基本は午前と午後1回ずつ。ただし、2回目は赤ちゃんの生活リズムを乱さないために、19時以降にならないように気をつけましょう。

そして、初めて食べる食材は午前中に与えましょう。食べて変化があった場合に小児科を受診できるので安心です。

2回食に慣れたころの例

6:00	授乳
7:00	起床
9:00	昼寝
10:00	離乳食＋授乳
14:00	離乳食＋授乳
15:00	昼寝
18:00	授乳
21:00	就寝
22:00	授乳

栄養バランスは?
栄養の30～50%は離乳食からとります

食後の授乳を含め、授乳回数は1日5回が目安です。離乳食後の授乳は赤ちゃんが欲しがるだけ与えましょう。ミルクの量は1日トータルで1000～1200㎖くらいを目安にしましょう。離乳食からとる栄養は最初は30%、離乳食が進むうちに、50%くらいまでになります。

食べさせ方は?
赤ちゃん用の椅子に座らせ、姿勢を安定させて

おすわりがしっかりしてくれれば赤ちゃんを1人でベビーラックなどに座らせて食べさせられます。リクライニングの背もたれを少し立てて、赤ちゃんが前にずり落ちないように調節しましょう。ママは笑顔で話しかけながら、食べさせましょう。

食材は? 鶏肉や赤身魚も食べられるように

脂肪分が少ない鶏ささ身肉や鶏胸肉、鶏もも肉、かつおやまぐろなどの赤身魚、納豆、ツナ缶がOKになります。（P.144～145参照）。

献立・量は? 栄養バランスがいい献立にしましょう

離乳食からとる栄養の割合を増やしたいので、炭水化物、タンパク質、ビタミン類を含む食材をバランスよく使いましょう。主食・主菜・副菜の献立が基本です。個人差はありますが、全体量を合わせて子ども用茶碗5分目弱から7分目強が目安です。

●1回の目安量（P.143参照）

炭水化物 7倍がゆ50～80g（大さじ3～5）

ビタミン類 野菜・果物20～30g（にんじんだけなら2cm長さ1個）

タンパク質（食品単品の目安量）魚10～15g、肉10～15g、豆腐30～40g、卵黄1個分～全卵1/3個分、乳製品50～70g（白身魚の切り身だけなら1/8切れ強）

かたさ・大きさ

舌と上あごで簡単につぶせるかたさ

かたさは絹ごし豆腐やプリンが目安。舌や指で簡単につぶせるかたさにします。十分にやわらかければ、粗くつぶしたり、みじん切りなど小さな粒状でも。

7，8カ月ごろの初め＝かたさの目安は「絹ごし豆腐」

白身魚

ゆでて骨と皮を取り除き、フォークの背などでできるだけこまかくほぐします。

ほうれん草

葉先をやわらかくゆでて水にさらし、刻んで湯を加え水溶き片栗粉でとろみを。

にんじん

皮をむき、やわらかくゆでてみじん切りから2～3㎜の角切りにします。

おかゆ

米1に対して水7の割合で炊いた7倍がゆ。初めは水分を多めにして。

モグモグに慣れてきたら

白身魚

ゆでて骨と皮を取り除き、フォークの背などで、7・8カ月の初めより粗くほぐす。

ほうれん草

葉先をゆで水にさらし、2～3㎜四方に刻んで湯を加え水溶き片栗粉でとろみを。

にんじん

皮をむき、やわらかくゆでて2～3㎜の角切りよりやや大きめに。

おかゆ

米1に対して水6の割合で炊いたおかゆに。食べにくいなら水を増やして。

離乳食レシピ

うどんはしっかり刻んで

キャベツとうどんのスープ煮

材料

キャベツ(葉)…⅙枚　ゆでうどん…1本
野菜スープ…大さじ1

作り方

1 キャベツとゆでうどんはやわらかくゆでる。
2 **1** をそれぞれみじん切りにする。
3 小鍋に野菜スープと **2** を入れ、弱火でひと煮立ちさせる。

かたゆでの黄身に慣れたらトライ

ブロッコリー入りオムレツ

材料

ブロッコリー(小房)…1個　卵の黄身…1個分
野菜スープ…大さじ1

作り方

1 ブロッコリーはやわらかくゆで、穂先のみをみじん切りにする。
2 **1**、卵の黄身、野菜スープを耐熱容器に入れ、600Wの電子レンジで約30秒加熱し、軽く混ぜ合わせる。

トマトがとろみづけの役割も

鶏ささ身肉のトマト煮込み

材料

鶏ささ身肉…¼本　トマト…⅛個
野菜スープ…大さじ2

作り方

1 鶏ささ身肉はゆでてすりつぶす。
2 トマトもみじん切りにする。
3 小鍋に **1**、**2**、野菜スープを入れて煮る。

※電子レンジは600Wで、耐熱容器に入れて水分を加え、ふんわりラップをかけることを前提としています。
電子レンジが600W以外のワット数の場合、加熱時間はメーカーにお問い合わせください。

7,8カ月ごろの

うどんをそうめんにしてもいいでしょう

鮭うどん

材料

鮭…⅛切れ　ゆでうどん…5本　だし汁…大さじ2

作り方

1 鮭はゆでてこまかくほぐす。
2 ゆでうどんはやわらかくゆでて、みじん切りにする。
3 小鍋にだし汁、**1**、**2** を入れてひと煮立ちさせる。

自然の甘みで酸味を和らげます

かぼちゃのヨーグルトサラダ

材料

かぼちゃ…2㎝角1個
プレーンヨーグルト…大さじ1

作り方

1 かぼちゃは600Wの電子レンジで約1分加熱する。
2 **1** の皮をスプーンの背などで取り除き、すり鉢ですりつぶす。
3 **2** にプレーンヨーグルトを入れて滑らかに混ぜ合わせる。

しっかりゆでて玉ねぎの甘みを出して

トマトと玉ねぎのスープ煮

材料

トマト…⅛個　玉ねぎ…1㎝のくし形切り1個
野菜スープ…大さじ2

作り方

1 トマトはみじん切りにする。
2 玉ねぎはやわらかくゆでで、2～3㎜サイズの粗いみじん切りにする。
3 小鍋に野菜スープ、**1**、**2** を入れ、混ぜながらひと煮立ちさせる。

※電子レンジで液体を加熱するとき、沸点に達しても沸騰しない場合がごくまれにあります。この状態の液体がちょっとした刺激で急激に沸騰を起こし、液体が激しく飛び散ることがあります（＝突沸現象）。やけどの原因になりますのでご注意ください。

9~11カ月ごろ

離乳食は1日3回に。手づかみメニューで食べる意欲を促しましょう

いつから?
口をモグモグと動かしているなら

9カ月ごろになり、豆腐くらいのかたさのものをモグモグと口をよく動かして食べられるようになったら9~11カ月ごろの離乳食にステップアップしましょう。

- **すぐに飲み込まず、口が左右に動く**
- **食べ物に手を伸ばすなど、食べる意欲がある**
- **ある程度かたさのあるものを歯ぐきでかめる**
- **おすわりが安定してきている**

回数は?
離乳食は1日3回。なるべく大人と一緒に

離乳食と離乳食の間は3~4時間以上空けます。10カ月ごろからは大人と一緒に食べるようにすると楽です。3回の離乳食の時間帯に大人が少しずつ合わせて食べるようにしていきましょう。赤ちゃんは大人の食べる様子を見ることで、食べ方を学んでいくので、一緒に食べることが大切なのです。

パパの帰りが遅いため、大人の夕食が遅くなる場合、19時までを目安に赤ちゃんには先に食べさせましょう。

3回食に慣れたころの例

6:00	授乳
7:00	起床
7:30	離乳食+授乳
10:00	昼寝
12:00	離乳食+授乳
15:00	昼寝
18:00	離乳食+授乳
20:00	就寝
22:00	授乳

栄養バランスは?
栄養の50~70%は離乳食からとります

栄養の50~70%くらいは離乳食からとるようになります。1日の授乳の回数は、食後も含め5回くらい。ミルクの量は1日トータルで400~1000mℓくらいが目安です。哺乳びんで飲ませていたミルクをそろそろコップに切り替えて。少しずつ飲む訓練を始めるといいでしょう。

食べさせ方は?
大人の生活リズムも赤ちゃんに合わせて

赤ちゃんにとって無理のない食事時間を決めて、なるべく家族一緒に食べましょう。毎日が無理なら、せめて休みの日だけでも一緒に食べて。できればテレビを消して、赤ちゃんにたくさん語りかけて、家族が笑顔で楽しくコミュニケーションをとりながら食べましょう。

●スプーンは？

赤ちゃんが上唇に力を入れて食べ物を上手に取り込めるようになるので、7・8カ月ごろよりもスプーンのボウル部分を大きくしてもいいでしょう。幅は赤ちゃんの口の3分の2くらいが適当。

●姿勢は？

ベビーラックでも、豆椅子に座らせて座卓を使うのでも構いません。手を自由に動かして手づかみしやすいように、体とテーブルの距離を調節しましょう。

食材は？ 肉や魚など、食べられる食材が増えます

刺激のあるものやかみ切れないもの、生もの以外は、豚肉、牛肉、青魚なども食べられるように。調味料も少量なら使えますが、離乳食の味つけは薄味が基本。調味料は風味づけ程度に少量を心がけて（P.144～145参照）。大人用から取り分けるときは、味つけ前に。

献立・量は？ 手づかみ食べできるメニューも取り入れて

炭水化物、タンパク質、ビタミン類の3つの栄養素から1つずつ食材を選んで、3～4品を基本に考えます。手づかみ食べができるメニューも取り入れましょう。

1回の目安量は、最初は子ども用茶碗1杯弱くらい。少しずつ量を増やしていきましょう。

●1回の目安量（P.142参照）

炭水化物 5倍がゆ90g（子ども用茶碗1杯弱）～軟飯80g（子ども用茶碗1杯弱）

ビタミン類 野菜・果物30～40g（にんじんなら3cm長さ1個）

タンパク質（食品単品の目安量）魚15g、肉15g、豆腐45g、全卵1/2個分、乳製品80g（白身魚の切り身だけなら1/5切れ）

このころから与えられる食材

● 炭水化物
ロールパン、スパゲティなど

● ビタミン類
ピーマン、パプリカ、青梗菜《チンゲンサイ》、もやし、れんこん、ねぎ、春菊、レーズン、プルーンなど

● タンパク質
さんま、さば、あじ、鶏もも肉、豚ロース肉など

● そのほか
ひじき、めかぶ、わかめなど

● 調味料
塩、しょうゆ、みそ、バターなど

かたさ・大きさ

歯ぐきでつぶせるかたさが目安

9～11カ月ごろの初め
＝
かたさの目安は「バナナ」

おかゆ
米1に対して水5の割合で炊いた5倍がゆ。水分は徐々に減らします。

ほうれん草
葉先をやわらかくゆでて水にさらして、3～4mm四方くらいに刻みます。

にんじん
皮をむき、やわらかくゆでて4～5mmの角切りにします。ゆで加減の調節も。

白身魚
ゆでて骨と皮を取り除き、ほぐします。歯ぐきでかむと崩れるかたさに。

離乳食レシピ

しっとりやわらかいので食べやすい

豚肉チャーハン

材料

豚もも薄切り肉…½枚　長ねぎ…2㎝長さ
レタス(葉先)…¼枚　5倍がゆ…子ども用茶碗1杯
サラダ油・しょうゆ…各少々

作り方

1 豚もも薄切り肉は細切りにする。
2 長ねぎはみじん切りに、レタスはせん切りにする。
3 フライパンにサラダ油を熱し、**1** を入れて火が通るまで弱火で炒め、**2** を加えてさらに炒め、5倍がゆを加えて混ぜ、しょうゆを加える。

葉ものはあまり大きすぎないように

小松菜とツナのごまあえ

材料

小松菜(葉先)…3枚　ツナ(水煮缶)…大さじ1
すりごま(白)…小さじ1

作り方

1 小松菜は600Wの電子レンジで約20秒加熱後、粗いみじん切りにする。
2 ツナは茶こしに入れて湯を回しかけて塩抜きをし、こまかくほぐす。
3 ボウルに **1**、**2**、すりごまを入れて混ぜ合わせる。

チーズの風味で食欲アップ

オニオングラタン風

材料

玉ねぎ…1㎝幅のくし形切り1個
粉チーズ…小さじ½　野菜スープ…¼カップ

作り方

1 玉ねぎは2～3㎜サイズのみじん切りにし、600Wの電子レンジで約1分30秒加熱する。
2 **1** に野菜スープを入れて混ぜ、粉チーズをかける。
3 **2** を再度600Wの電子レンジで約30秒加熱する。

※電子レンジは600Wで、耐熱容器に入れて水分を加え、ふんわりラップをかけることを前提としています。
電子レンジが600W以外のワット数の場合、加熱時間はメーカーにお問い合わせください。

9～11カ月ごろの

手づかみ食べにもおすすめ

玉ねぎのパンキッシュ

材料

玉ねぎ…1㎝幅のくし形切り1個　ほうれん草(葉先)…3枚
食パン(サンドイッチ用)…¼枚
溶き卵…⅓個分　牛乳…大さじ1

作り方

1 玉ねぎはみじん切りにして600Wの電子レンジで約1分加熱する。ほうれん草は600Wの電子レンジで約15秒加熱し、水にさらしてからみじん切りにする。
2 ボウルに溶き卵と牛乳を入れて混ぜ、**1**を加えて混ぜ合わせる。
3 食パンは1㎝角に切って耐熱皿に敷き詰め、**2**を流し入れる。600Wの電子レンジで約30秒加熱し、冷めたら食べやすい大きさに切り、器に盛る。

脂の少ない鮭を選んで

鮭のハンバーグ

材料

鮭…⅓切れ　玉ねぎ…1㎝幅のくし形切り1個
ブロッコリー(小房)…1個　片栗粉…小さじ½
サラダ油…適宜

作り方

1 鮭はゆでてこまかくほぐし、玉ねぎはゆでてみじん切りにする。ボウルに片栗粉とともに入れてよく混ぜる。
2 ブロッコリーはゆでて半分に切る。
3 フライパンにサラダ油を熱し、丸くまとめた**1**を入れて両面を中まで火が通るように焼き、器に盛る。**2**を添える。

手づかみ食べもできる大きさに

かぼちゃ&チーズボール

材料

かぼちゃ…5㎝角1個
プロセスチーズ…5㎜厚さのスライス1枚

作り方

1 かぼちゃは600Wの電子レンジで約1分加熱する。皮をスプーンの背などで取り除き、つぶす。
2 プロセスチーズは5㎜角に切り、**1**に混ぜ合わせる。
3 **2**を2等分にして、俵形にまとめる。

●電子レンジで液体を加熱するとき、沸点に達しても沸騰しない場合がごくまれにあります。この状態の液体がちょっとした刺激で急激に沸騰を起こし、液体が激しく飛び散ることがあります(=突沸現象)。やけどの原因になりますのでご注意ください。

1才～1才6カ月ごろ

1日3回になり、栄養の100%を離乳食からとるようになります

いつから?
奥の歯ぐきでかんで食べるようになったら

バナナやスティック状に切った食パンくらいのかたさのものを前歯でかじり取って、奥の歯ぐきでかんで食べられるようになったら進めましょう。

- **前歯（歯ぐき）でかじり取ることができる**
- **唇を前後左右上下に動かして食べられていること**
- **スプーンやフォークを使おうとする**
- **立っちが上手になり、歩き始めようとする**

回数は?
3回の離乳食のほかに1～2回のおやつを

生活リズムを整えて、大人とほぼ同じ時間に朝・昼・晩の3食を食べるようにしましょう。夜遅い食事は、遅寝や寝つきの悪さにつながるので、19時までに終わらせましょう。

子どもの胃は小さいので、一度にたくさんの量は食べられません。食事でたりない栄養を補うために、食事の一環として、果物やふかしいも、乳製品などのおやつを1日1～2回、時間と量を決めて与えましょう。

3回食＋授乳の場合の例

7:00	起床
7:30	離乳食＋授乳
10:00	おやつ（補食）
12:00	離乳食＋授乳
13:00	昼寝
15:00	おやつ（補食）
18:00	離乳食＋授乳
20:00	就寝

生活リズムは?
体を使った遊びや外遊びを充実させて

早寝早起きを心がけましょう。そして、1日1～2回、それぞれ20分～1時間くらいは外や児童館、支援センターなどでたくさん体を動かして遊ばせましょう。寝つきがよくなり、朝はすっきり目覚めて生活リズムが整いやすくなります。

栄養バランスは?
栄養的に授乳は必要なくなります

卒乳していない場合は、1才ごろは栄養の75%は離乳食からとり、1才6カ月近くになると90%くらいになります。卒乳している子は、栄養の100%を離乳食からとることになります。栄養的にはおっぱいやミルクは必要なくなり、牛乳などに切り替えていく時期です。

食べさせ方は？ 大人と一緒の食卓で食べましょう

大人と同じ食卓で大人と一緒に食べさせてもいいでしょう。スプーン・フォークを使って自分で食べようとするようになるので、手を伸ばして食べやすく、また姿勢が崩れないように椅子の高さや、テーブルと体との距離を調節してあげましょう。コップ飲みもできるようになるので、子ども用のコップを用意してあげるといいでしょう。

食材は？ 刺激物やかたいもの、生野菜は除いて

刺激物やかたすぎるもの、繊維が多い肉や生野菜などを除けば、食べられるものが増えます。1才を過ぎると加熱をしない牛乳をそのまま飲ませても大丈夫になります。生の刺し身などはまだ無理です（P.144～145参照）。

献立・量は？ 主食＋主菜＋副菜＋汁ものでバランスよく

主食＋主菜＋副菜＋汁ものを献立の基本に。栄養バランスを考えたメニューにしましょう。いろいろな味、食感、香りを体験させ、食の幅を広げていきます。食べる量は個人差が出てきます。あまり食べられなかった場合は無理強いせずに、不足している栄養はおやつ（補食）で補います。

●1回の目安量（P.142参照）

炭水化物 軟飯90g（子ども用茶碗1杯）～ごはん80g（子ども用茶碗1杯）

ビタミン類 野菜・果物40～50g（にんじんだけなら4cmの長さ1個）

タンパク質（食品単品の目安量）魚15～20g、肉15～20g、豆腐50～55g、全卵½～⅔個分、乳製品100g（白身魚の切り身だけなら¼切れ）

このころから与えられる食材

- **炭水化物** 中国風めん、春雨、蒸しパンなど
- **タンパク質** ハム、ウインナ、えび、かに、あさり、帆立て貝など
- **ビタミン類** 生しいたけ、えのきだけ、しめじ、れんこんなど
- **調味料** はちみつ、トマトケチャップなど

かたさ・大きさ

歯ぐきでかめるかたさが目安になります

1才～1才6カ月ごろの初め ＝ かたさの目安は「煮込みハンバーグ」

おかゆ
米1に対して水2の割合で炊いた軟飯。大人用に水を加えて加熱しても。

ほうれん草
葉先をやわらかくゆでて水にさらして、5～6㎜四方くらいに切ります。

にんじん
皮をむき、スプーンで切れるくらいやわらかくゆで、7㎜～1㎝くらいの角切りに。

白身魚
ゆでて骨と皮を取り除き、ほぐします。前歯が生えるまでは少し小さめに。

の離乳食レシピ

めんはやわらかくゆでましょう

納豆あんかけ中国風そば

材料

中国風めん…⅙玉　納豆（ひき割り）…大さじ１
豚もも薄切り肉…½枚　赤パプリカ…１cm幅のくし形切り１個
青梗菜（葉先）…１枚　野菜スープ…¼カップ
水溶き片栗粉…小さじ１

作り方

1 中国風めんはやわらかくゆでて３cm長さに切り、器に盛りつける。
2 納豆は茶こしに入れて熱湯を回しかけ、粘りを取る。豚もも薄切り肉と赤パプリカは１cm長さのせん切りにする。青梗菜はこまかく刻む。
3 フライパンを熱し、**2**と野菜スープを入れて肉に火が通るまで煮て、水溶き片栗粉を加えてとろみをつけ、**1**にかける。

やわらかいのでスプーンで丸めても

洋風焼きがんも

材料

にんじん…５mm厚さの輪切り１枚　ピーマン…⅛個
豆腐（絹ごし）…⅙丁　小麦粉…大さじ１
トマトケチャップ…小さじ１　サラダ油…適宜

作り方

1 にんじんは７mmくらいの角切りに、ピーマンはみじん切りにする。
2 ボウルに**1**、豆腐、小麦粉を入れて混ぜ合わせ、２等分にして平たく丸める。
3 フライパンにサラダ油を熱し、**2**を入れて両面に焼き色がつき、火が通るまで焼き、器に盛り、トマトケチャップを添える。

青魚に替えてもおいしいよ

たらのつみれ汁

材料

大根・にんじん…各２mm厚さの輪切り１枚　長ねぎ…２cm長さ
たら…¼切れ　溶き卵…大さじ１　だし汁…½カップ

作り方

1 大根とにんじんはいちょう切りにする。長ねぎはみじん切りにする。
2 たらは包丁でたたきながら刻み、**1**の長ねぎを加えてさらにたたき、ボウルに入れ溶き卵を加えて混ぜ合わせる。
3 小鍋にだし汁を煮立て、**1**の大根とにんじんを入れて煮る。３等分して一口大の球形にまとめた**2**を加えて中まで火が通るまで煮る。

※電子レンジは600Wで、耐熱容器に入れて水分を加え、ふんわりラップをかけることを前提としています。
電子レンジが600W以外のワット数の場合、加熱時間はメーカーにお問い合わせください。

1才～1才6カ月ごろ

手づかみする部分は具をのせないで

鮭のパンピザ風オーブン焼き

材料

鮭…¼切れ　トマト…¼個　ピーマン…⅒個
食パン（サンドイッチ用）…⅓枚
トマトケチャップ…小さじ½　溶けるチーズ…小さじ½

作り方

1 鮭は600Wの電子レンジで約２分加熱し、粗くほぐす。トマトは粗く刻み、ピーマンはせん切りにする。
2 食パンは半分に切り、⅓を残してトマトケチャップを塗る。
3 **2**に**1**と溶けるチーズをのせて、オーブントースターで軽く焦げ目がつくまで焼く。

野菜も食べやすい大きさに切って

牛肉と彩り野菜のマヨネーズ炒め

材料

牛もも薄切り肉…½枚　玉ねぎ…１cm幅のくし形切り１個
パプリカ・ピーマン…各⅛個　サラダ油…適宜
Ａ（野菜スープ…¼カップ　マヨネーズ・しょうゆ…各少々）

作り方

1 牛もも薄切り肉、野菜はすべて１cm四方に切る。
2 ボウルにＡを入れて混ぜ合わせる。
3 フライパンにサラダ油を熱し**1**を入れて炒め、火が通ったら、**2**を加えてからめる。

おやつにもおすすめのメニュー

さつまいもとりんごのスープ

材料

さつまいも…１cm厚さの輪切り１個　りんご…⅛個
バター…小さじ¼　野菜スープ・牛乳…各¼カップ
きな粉…小さじ½

作り方

1 さつまいもは１cm角に切り水にさらす。りんごも１cm角に切る。
2 フライパンにバターを熱し、**1**を入れて炒め、野菜スープを加えてやわらかくなるまで煮る。
3 **2**に牛乳ときな粉を加え、沸騰しないように弱火で温める。

●電子レンジで液体を加熱するとき、沸点に達しても沸騰しない場合がごくまれにあります。この状態の液体がちょっとした刺激で急激に沸騰を起こし、液体が激しく飛び散ることがあります（＝突沸現象）。やけどの原因になりますのでご注意ください。

1才7カ月〜2才ごろ（幼児食期）

楽しく食べる体験を重ねながら、大人の食事に近づけていきましょう

いつから? よくかんで食べるようになったら

肉だんごくらいのかたさのものをモグモグと食べられるようになったらOK。まだ十分にかめていない場合は、もう少し1才〜1才6ヵ月ごろの食事を続け、少しずつ自分でよくかんで食べられるように慣らしていきましょう。

- **しっかり手に持って前歯でかじり取れる**
- **スプーンやフォークを使おうとする**
- **口をモグモグ動かして、よくかんで食べる**

回数とスケジュールは? 早寝・早起きの生活リズムを整えて

大人と同じように1日3回食べるようになります。そのため、食事時間を軸に、生活リズムを見直すことが大切です。おっぱい・ミルクが必要なくなり、歩けるようになると1日の過ごし方も活動的になります。早起きして朝ごはんからしっかり食べて、午前中から外遊びに出かけましょう。

おやつが1回の場合

7:00	起床
7:30	朝食
10:00	
12:00	昼食
13:00	昼寝
15:00	おやつ（補食）
18:00	夕食
21:00	就寝

おやつが2回の場合

7:00	起床
7:30	朝食
10:00	おやつ（補食）
12:00	昼食
13:00	昼寝
15:00	おやつ（補食）
18:00	夕食
21:00	就寝

栄養バランスは? 成長に必要な栄養を3回の食事からとるように

ほとんどの子が卒乳して、食事からのみ栄養をとるようになります。卒乳していない子も、寝る前にほんの少し飲む程度で、食事からほぼ100%の栄養をとります。体も心も大きく成長する幼児食期は、必要な栄養素を食事からしっかりとることが大切です。

食べさせ方は? 子どものペースで自由に食べさせましょう

このころは「食べさせてもらう」のではなくて、「自分で食べる」にしたいころ。「おいしいね」などの言葉かけをして食事に集中させながら、子どものペースで自由に食べさせてあげましょう。ハイチェアのテーブルをはずしたり、豆椅子にして大人と同じ食卓で食べてもいいでしょう。

食材は?

いろいろな食材を体験させましょう

食べられる食材の数が増えて、味覚が発達する大切な時期です。注意しながらいろいろな食材を体験させましょう。

●調理方法は?

煮もの、揚げもの、炒めもの、いろんな料理方法でバリエーションをつけてあげましょう。ポイントは、大人用よりも少しやわらかく加熱してあげること。

●味つけは?

薄味が基本。調味料を使うとしても大人の半分くらいを目安にしましょう。親子分一緒に作るときは、大人が子どもに合わせてあげて。味がたりないときは、子ども分を取り分けてから、大人分にだけ調味料や香辛料をたしましょう。

量は?

1回の食事量は大人の約1/3〜1/2

1〜2才代で1日に必要なエネルギー量は、約1000kcal（ちなみにママは約2000kcal必要）。1回の食事量は大人の約1/3〜1/2を目安にしましょう。

かたさ・大きさ

歯の生え方に合わせて調理方法を変えましょう

少しずつ大人用の食事に近づくために、かむ練習をします。前歯でかじり取って食べる1才代と、奥歯でかみ砕けるようになる2才代とでは食材のかたさや大きさを変えていきましょう。

2才代

〈根菜〉

3cmくらいの乱切りに。1才代のときよりも少しかたさを出し、慣れたら少し大きく切ります。


〈葉野菜〉

やわらかくゆで、葉を2cmくらいのサイズに切ります。葉が大きいなら適宜切り込みを入れます。


〈肉類〉

薄切り肉の繊維を断ち切るような向きに2cmくらいの長さの細切りにしましょう。

1才代

〈根菜〉

約1cm幅で3〜5cmの長さに。ママが指でつぶせるくらいまでのやわらかさに加熱します。


〈葉野菜〉

指でこすると崩れるほどやわらかくゆでて、葉の部分だけを5〜6mmくらいのサイズに。


〈肉類〉

鶏肉のささ身をゆでて食べやすいサイズにほぐして。かんで食べるにはひき肉もおすすめ。

column

食物アレルギーの基礎知識

乳幼児期の3大食物アレルゲンは卵、乳製品、小麦

食べたものが原因で、じんましん、嘔吐、下痢などの症状が現れるのが食物アレルギー。食物アレルギーを起こす原因の食物を、食物アレルゲンといいます。乳幼児期の食物アレルゲンは卵が多く、次いで乳製品、そして小麦といわれています。消費者庁が表示を義務づけている7品目（卵、乳、小麦、えび、かに、落花生、そば）、消費者庁が表示を推奨している20品目（あわび、いか、イクラ、オレンジ、キウイ、牛肉、くるみ、鮭、さば、大豆、鶏肉、バナナ、豚肉、まつたけ、桃、山いも、りんご、ゼラチン、ごま、カシューナッツ）を含む食物には注意しましょう。

ただ、最近、心配するあまり自己判断でアレルゲンとなり得る食品を与えないママも。それは栄養バランスを悪くし、発育・発達に影響することもあるのでNGです。安心できる食材から少量ずつ与え、いろいろな食品を味わう体験を増やしてあげましょう。

乳製品

- ヨーグルト
- チーズ
- バター
- プリンなどの菓子類
- ソース類
- 一般育児用ミルク

卵

- プリン・ビスケットなどの菓子類
- かまぼこ・ちくわなどの練り製品
- バターロール
- マヨネーズ

小麦

- パン
- うどん
- 天ぷら
- ケーキ・クッキーなどの菓子類
- 揚げもの（コロッケなど）

離乳食を始める前に確認しておきたいこと

- 両親やきょうだいの中にアレルギー体質の人がいる
- アトピー性皮膚炎（P.242参照）とすでに診断されている
- おっぱいやミルクを飲んだあと、アレルギー症状が出たことがある
- 湿疹が長引いている。または下痢が続いている

1つ以上当てはまったら、離乳食を始める前に小児科を受診し、医師に相談しましょう。離乳食は赤ちゃんの成長に大切な栄養源。アレルゲンとして心配される食材を自己判断で不必要に除去したり、離乳食の開始を遅くするのは避けましょう。

初めての食材は1種類・1さじずつから

アレルギー反応が出た食材を確認したり、同じものを与えすぎることでまれに起こるアレルギー反応を防ぐため、初めての食材は1種類ずつ・1さじずつ与えます。左の注意点を守りましょう。

初めての食材を与えるときの注意点

- できるだけ小児科の診療時間内に食べさせる
- 初めは1さじから（高リスクの食品は耳かき1杯から）
- 食べたあとの様子を観察する
- 離乳食の内容と赤ちゃんの様子を記録する

Part ★ 4

乳幼児健診と予防接種

乳幼児健診は赤ちゃん・子どもの成長の節目に設定されています。
自治体で行う健診は基本的に無料で受けられます。
健診は赤ちゃんの成長を医師とともに確かめるいい機会です。
気がかりがあれば、この機会に医師や栄養士に相談しましょう。
予防接種は、赤ちゃんを病気から守るための最大の手段です。
予防接種の意義を理解した上で、積極的に受けましょう。

読者モデル 大木 新《あらた》くん（1カ月）、大野圭翔《けいと》くん（1才6カ月）、澤田葵都《あおと》くん（6カ月）＆真紀子ママ、中西亮太《りょうた》くん（10カ月）、星 蓮央《れお》くん（3才）

乳幼児健診

健診は赤ちゃんの健康について助言を得るチャンスです

健診は日ごろの疑問や不安を解消する場です

乳幼児健診は、成長の節目ごとに赤ちゃんが身体面・精神面・運動面に健全な発育をしているかをチェックし、なんらかの異常があったときは、早期に必要な指導や治療をすることを目的にしています。赤ちゃんの発育・発達の様子を診てもらうだけではなく、普段気になっていることを医師や保健師に相談できるよい機会です。事前に気がかりを母子健康手帳に書き出しておき、なんでも遠慮なく相談しましょう。

乳幼児健診のお知らせは、市区町村から来る所もありますが、通知が来ない所もあります。通知が来ない所は、行きそびれないように広報紙などで確認するようにしましょう。

集団健診と個別健診があります

受けることが法律で定められているのは、3～4カ月と1才6カ月、3才健診です。それ以外は自由ですが、赤ちゃんの身長や体重などの成長の状態や、体の機能の発達を確認するために、1カ月、3～4カ月、6～7カ月、9～10カ月、1才、1才6カ月、3才の各健診を受けることをおすすめします。

健診には、公共の施設で集団で受ける集団健診と、小児科などで受ける個別健診があります。一般には1カ月健診は産院で、3～4カ月は集団健診、それ以降は個別健診で受けることが多いようです。

自治体によっては公費（無料）で受けられる健診もありますが、それ以外は有料（5000円前後が目安）になります。

健診の30分前までに授乳は済ませて

健診には、母子健康手帳、健康保険証、診察券、替えのおむつ、お気に入りのおもちゃなどを持参しましょう。母子健康手帳には必要事項を記入しておきます。

直前に授乳すると、おなかの触診や口の中の状態が正確に見られないことも。赤ちゃんが吐くこともあるので、授乳は健診の30分前には済ませましょう。

健診当日は、着脱のしやすい前開きのベビーウエアがおすすめです。

1カ月健診

全体的な体の成長をチェックします

1カ月健診では、赤ちゃんの全体的な体の成長を診ます。とくに体重の増え方は大切なポイントです。このほか、心臓の音を聞き、先天性の心臓疾患がないか、水頭症《すいとうしょう》などの病気がないか、股関節の開き具合はどうかなどを確認します。

先天性心疾患は3カ月ごろまでに見つかることがほとんどですが、1カ月健診で心雑音があっても、必ずしも心疾患があるとは限りません。次の健診で問題なしとされることもあるので、あまり心配しないようにしましょう。

健診のポイント

身体測定をします

赤ちゃんの身長と体重、頭囲、胸囲を測ります。ポイントとなるのは体重です。体重の増え方から栄養面のチェックを行います。頭囲の測定から、水頭症・小頭《しょうとう》症《しょう》などが発見されることもあります。

おなかの触診をします

肝臓や脾臓《ひぞう》、腎臓などの内臓に腫《は》れやしこりがないかを確かめたり、便がたまっていないか、おなかが適度にやわらかいかを診ます。また、黄疸《おうだん》の有無、あせもや湿疹、あざがあるかなど皮膚の状態、肛門や外陰部、陰嚢《いんのう》、おへその状態を診ます。

首にしこりがないか調べます

寝ている姿勢や手足の動きを診たり、首にしこりがないかを診ます。首のしこりが原因で、顔が一方向にしか向かなくなる筋性斜頸《きんせいしゃけい》（P.239参照）のチェックも行います。また、股関節の開きを見て、股関節脱臼《こかんせつだっきゅう》（P.239参照）の有無を確認します。

引き起こして筋肉の緊張の状態を観察します

赤ちゃんの両手を持って引き起こしたときの筋肉の状態をチェックします。体がこわばらないで、全身の力が適度に抜けていれば、健康な状態であると判断します。モロー反射などの原始反射の様子も診ます。

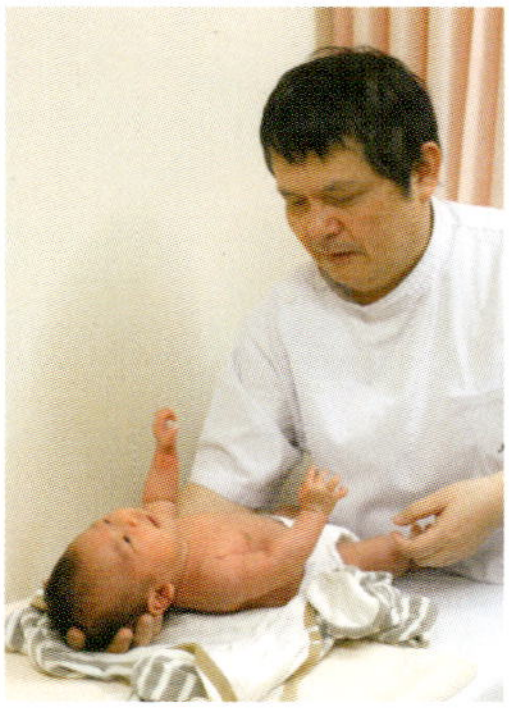

赤ちゃんの上体を少し起こしたあと、頭を落とすように動かすと、両腕を広げ、抱きつくような動作をします（モロー反射）。

問診をします

おっぱいやミルクの回数、飲み具合、うんちの色や回数、ねんねのリズムなど、赤ちゃんの毎日の生活について聞かれます。体重の増えが少ない場合は、授乳に関する指導があります。

3~4カ月健診

首すわりや股関節、目の発達を調べます

3～4カ月健診は、体の発育の重要な節目の時期なので、無料健診を実施している自治体(市区町村)が多いようです。

いちばん重要なチェックポイントは、首すわりの状態です。赤ちゃんをあお向けに寝かせて、両手を持って引き起こしたときやうつぶせにしたとき、上半身を垂直にしたときの状態で、首がすわっているかを判断します。ただ、半分くらいの赤ちゃんが3カ月半くらいで首がすわるので、健診時にまだ完全に首がすわっていなくても、心配ありません。

ほかにも股関節の開き方や目の発達が順調かなども詳しくチェックします。

健診のポイント

胸と背中の聴診をします

聴診器で心臓や肺に雑音がないかをチェックします。0～3カ月ごろの赤ちゃんは、病気でなくても生理的な雑音が聞こえることがあります。多くの場合、次の健診時には雑音がなくなっています。

股関節脱臼がないか調べます

股関節脱臼は1カ月よりも3～4カ月健診のほうがはっきりと診断できます。両脚を外側に開いて、股の開きがかたくないか、左右差がないか、開いたときに気になる音がないかを確認します。

性器に異常がないか確認します

男の子は陰嚢《いんのう》を触り、腫れや精巣の有無を確認し、陰嚢水腫《いんのうすいしゅ》（P.240参照）や停《てい》留精巣《りゅうせいそう》（P.240参照）などがないかを確認します。女の子は陰唇癒合《いんしんゆごう》など、外陰部《がいいんぶ》にトラブルがないかをチェックします。

うつぶせにしたときの様子を診ます

赤ちゃんをうつぶせにして、どの程度頭を持ち上げられるかを観察し、首すわりの状態をチェックします。中にはうつぶせが嫌いな赤ちゃんもいて、泣いたり頭を持ち上げなかったりします。とくに医師から注意がなければ、大丈夫です。

動くものを目で追うか調べます

おもちゃなどを赤ちゃんの顔の近くでゆっくり動かし、目で追うかを調べます。赤ちゃんが眠かったりすると、健診のときに目で追う動作をしないことも。その場合、家でできていればOKです。

問診をします

家での赤ちゃんの様子を中心に、首すわりの状態や目の動き、音への反応や、まわりの様子に関心を示すか、あやすと笑うかなどを医師に聞かれます。心配なことがあれば、ママやパパのほうからも質問しましょう。

6~7カ月健診

寝返り、おすわりなどの運動発達を診ます

寝返りやおすわりなどの体の発達のほか、布を使った手の機能のチェック、人見知りやおもちゃへの興味など、精神面の発達も診ます。首すわりの次に重要なチェックポイントがおすわりです。ただ発達には個人差があります。しっかりとおすわりできなくても、手をついておすわりができていれば大丈夫です。それ以外でも赤ちゃんの機嫌によっては、健診でできないこともあるので、その場合は家での様子を伝えるようにしましょう。

斜視《しゃし》（P.237参照）がないかを診察するのもポイントです。0~3カ月ごろは両眼視ができないために斜視に見えることが多いのですが、この時期になると正確な判断ができるようになります。

健診のポイント

大泉門《だいせんもん》の状態を調べます

赤ちゃんの頭頂部にある大泉門は、生後6カ月くらいから徐々に閉じ始めるため、大泉門がどれくらい閉じているかを触診で調べます。大泉門が閉じる時期には個人差があり、遅い子は1才9カ月ごろまで閉じていない子もいます。

顔にかかった布を取ろうとするか診ます

赤ちゃんの顔に布をかけたとき、自分で取ろうとするかを診て、精神面と運動面の発達が正常に進んでいるかを確認します。ただ赤ちゃんは気分が乗らないときはしないこともあるので、たとえしなくてもあまり心配せずに、家での様子を伝えましょう。

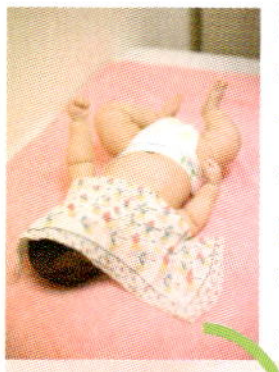

顔にハンカチなどの布をかけて、自分で取ろうとするかを診ます。気が乗らないとしないことも。

おすわりの状態を診ます

おすわりの様子をチェックします。おすわりがしっかりできるようになるまでにはまだ時間がかかります。この時期は、前のめりになったり、手をついたりして、おすわりができていれば問題ありません。

寝返りの状態を診ます

あお向けに寝かせた状態から、腰をどれくらいひねることができるかをチェックします。個人差が大きいので完全にできなくても心配いりません。うつぶせが嫌いな赤ちゃんなどは、まだこの時期に寝返りをしない場合もあります。

問診をします

声を出して喜ぶか、人見知りをするか、おもちゃに興味を示すかなど、心の発達を知るための質問や、離乳食の進み具合や授乳回数なども聞かれます。いろいろな感染症にかかりやすくなる時期なので、感染症に対する指導も行います。

9~10カ月健診

はいはいやつかまり立ちの様子をチェックします

個人差がありますが、8~9カ月ごろから歯が生え始める赤ちゃんもいます。この健診では、歯の生え具合や、歯ぐきの状態もチェックします。

また、はいはいやつかまり立ちなどの体の発達と「バイバイ」や「パチパチ」など簡単な大人のまねができるかなど、精神面での発達をチェックします。また、親指とほかの指を使って、小さなものをつかむ様子なども診ます。

運動面の発達は個人差が大きく出る時期なので、はいはいやつかまり立ちをまだしなくても心配いりません。中には人見知りがピークの時期を迎えて、チェックが難しいことも。もし家でできているようなら、そのことを伝えましょう。

健診のポイント

パラシュート反射を診ます

赤ちゃんの両わきを支えて抱き上げ、体を急に前に傾けたとき、両腕を開いてバランスをとろうとするかをチェックします。一人歩きのために必要な神経の発達を診るためですが、危険なので家では試さないようにしましょう。

歯の生え具合を診ます

歯の生え具合や歯ぐきをチェックします。歯が生えているときは、歯の磨き方などケアのしかたについて指導されます。歯の生え方や順番については個人差があります。1才までに1本でも生えてくれば心配いりません。

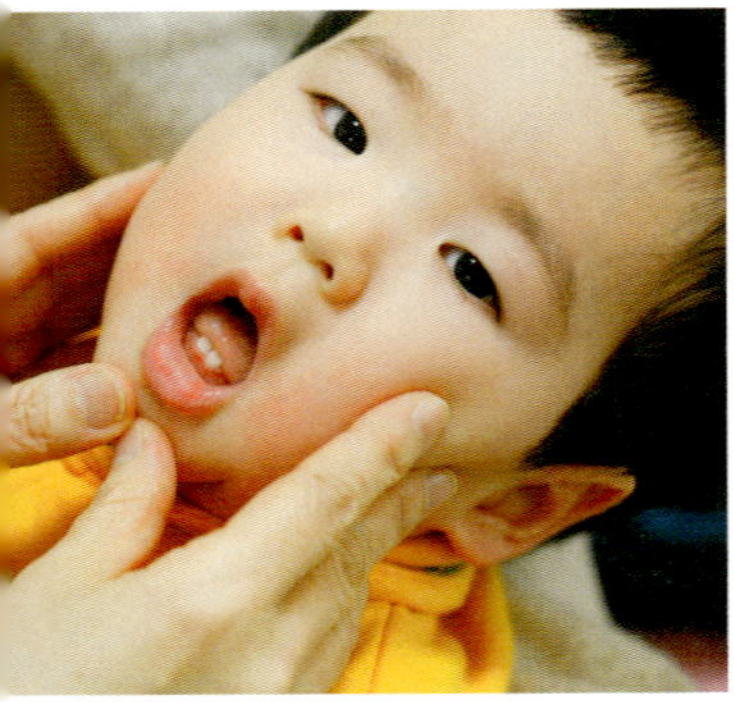

歯が生えているときは、磨き方やケア方法が指導されます。生える時期は個人差があります。

はいはいの様子を診ます

運動機能の発達の目安としてチェックします。おなかが床についたり、後ろにはいはいしていても、足の動かし方に異常がなければ問題ありません。中にはこの時期にまだはいはいをしなかったり、いきなりつかまり立ちをする赤ちゃんもいますが、発達上の問題はありません。

つかまり立ちの様子を診ます

壁や医師の手につかまり、自分で立っていられるかを診ます。つかまり立ちは上体のバランスをとる、足の筋肉をコントロールするなど、複雑な機能の発達がそろうことでできるもの。個人差があるので、まだしなくても大丈夫です。

問診をします

離乳食の進み具合や、おっぱいやミルクの量や回数などについて聞かれます。健診のときに赤ちゃんが泣いてしまったなどで、よくチェックできなかった場合は、一人遊びをどの程度するかなど、家での様子を伝えるようにしましょう。

1才健診

つかまり立ちや伝い歩きの様子を観察します

1才健診は実施していない自治体（市区町村）も多く、受診率もほかの月齢の健診と比べると低くなる傾向にあります。でも、1才ごろは目や耳、神経のトラブルなどが発見されやすい時期でもあります。なるべく受けるようにしましょう。

健診では、主につかまり立ちや伝い歩きなどの運動機能の発達と、言葉の出方や理解度の確認が行われます。言葉の発達には個人差があります。たとえ医師に言われたとおりのことが上手にできなくても、ほかの様子に問題がなければ心配はありません。また、このころには小さなものをつまむなどの動作ができるようになっています。おもちゃで遊ぶ様子から手指の動かし方の様子を診ます。

健診のポイント

身体測定をします

立っちが安定しているようなら、立って身長、体重、頭囲、胸囲を測ります。体重は出生時の約3倍、身長は約1.5倍が目安。個人差が大きいので、母子健康手帳の幼児発育曲線の範囲内なら心配はいりません。赤ちゃんはじっとしていないので、測定値には多少誤差が出ます。

手や指の動きを診ます

指先が器用になってきて、小さなものもつまめるようになっています。おもちゃなどを赤ちゃんに渡して、親指と人さし指を使ってしっかりつまめるか、おもちゃを持っていられるかをチェックします。また、欲しいものや興味のあるものを指でさすことで、自分の意思を表現できるようになっているかを確認します。

立っちの様子を診ます

床やベッドに赤ちゃんを1人で立たせて、全身のバランスのとり方を観察します。機嫌によっては、家ではできていても、健診の場ではやらない子もいます。また1人で立つ時期には個人差があります。健診では発達状況を確認するだけなので、上手に立っちできなくても心配いりません。

伝い歩きの様子を診ます

伝い歩きをするときの足の運び方や、足の裏のつけ方、手の使い方、全身のバランスなどを診ます。まだ1人で立っちするのが精いっぱいで伝い歩きができない赤ちゃんもいるでしょう。その場合は、無理にさせたりはしませんから大丈夫です。個人差が大きいので、発達の目安の一つとしてチェックします。

問診をします

体の発達の様子のほか、「バイバイ」などのまねをするか、音楽に合わせて体を動かすか、大人の言う簡単な言葉がわかるか、遊んであげると喜ぶかどうかなど日常生活の様子について聞かれます。言葉の発達には個人差があるので、言葉が出なくてもママやパパの言うことを理解している様子があれば大丈夫です。

1才 6カ月 健診

あんよの様子と言葉の発達、歯もチェック

1才6カ月健診は受けるように法律で決められています。そのためほとんどの自治体（市区町村）で、無料で行われます。赤ちゃん時代を卒業する節目でもあるので、必ず受けるようにしましょう。

このころにはほとんどの赤ちゃんが歩けるようになっているので、どんな様子で歩いているのかを診ます。言葉によるコミュニケーションがとれるようになり、意味のある言葉が2つか3つ出る時期なので、確認します。赤ちゃんの機嫌や性格によって、家では盛んにしていることも健診ではしないこともあります。その場合は家での様子を伝えましょう。歯科医師による虫歯の検査や歯磨き指導なども行われます。

健診のポイント

大泉門の閉じ具合を診ます

ほとんどの赤ちゃんが、1才2カ月から1才6カ月の間で大泉門が閉じます。中には1才9カ月ごろまで閉じない子もいます。まだ閉じていない場合は、触診で大きさをチェックし、頭囲を測定して異常の有無を確認します。

積み木で遊ぶ様子を診ます

積み木を積み重ねる様子から、手や指の発達やバランス感覚の発達をチェックします。積み木は、環境が変わると緊張してやらなくなることもあります。その場合は家での様子を伝えましょう。

あんよの様子を診ます

この時期までにはほとんどの赤ちゃんが一人歩きを始めるので、あんよの様子を観察します。あんよを始めた時期によっては、まだ上手に足が運べない子もいます。それでも、足が前に出て何歩か歩くことができれば心配いりません。

足を交互に前に出し、バランスをとって歩くことができるかどうかを診ます。

「どうぞ」と物を手渡しするか診ます

「ちょうだい」という問いかけを、赤ちゃんが理解しているかを確認します。その日の気分によってできないこともありますが、心配はいりません。

指さしの様子を診ます

「ママはどこかな？」と聞いたり、絵本を見せて「ワンワンは？」などと聞いて、指さしを確認します。これによって大人の言葉を理解しているかがわかります。

問診をします

意味のある言葉が2、3語出るか、相手の言うことを理解しているかなどを聞かれます。人とコミュニケーションをとろうとしているかをチェックします。

3才健診

3才までに発見しておきたい病気をチェック

3才健診は法律で定められている最後の健診で、一般に3才〜3才6カ月に行われます。主な内容は、身体測定、視覚・聴覚検査、尿検査、内科健診、歯科健診、歯磨きや栄養指導などです。視力・聴力については、事前に自宅に検査キットが送られてきて、自宅で検査をしてきます。尿検査は、当日の朝に自宅で採尿して、容器を持参することで行います。

3才児健診では、発達障害を含め、この時期までに発見しておきたい病気がないかを調べます。また食事や歯磨きなど、生活習慣全般の指導があるので、言葉の発達や集団生活での様子、激しいイヤイヤなど、普段ママが気になっていることは、この機会に相談しましょう。

健診のポイント

発達の様子を診ます

お絵描きをさせて、手指の発達を確認します。また、歩き方が自然かどうか、その場でジャンプをさせたり、片足で立てるかどうかなどを確認します。名前や年齢を言わせて、言葉の理解度も診ます。

身体測定を行います

医師の診察の前に身体測定を行います。体重、身長、胸囲、頭囲を測ります。体重と身長のバランスがポイント。3才になると、看護師や保健師の言葉に従って、スムーズに測定できます。パンツははいたまま測定します。

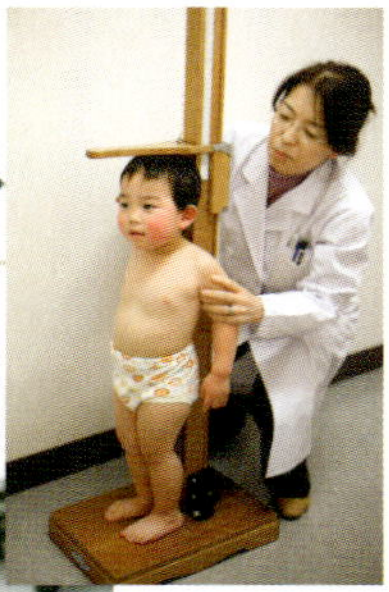

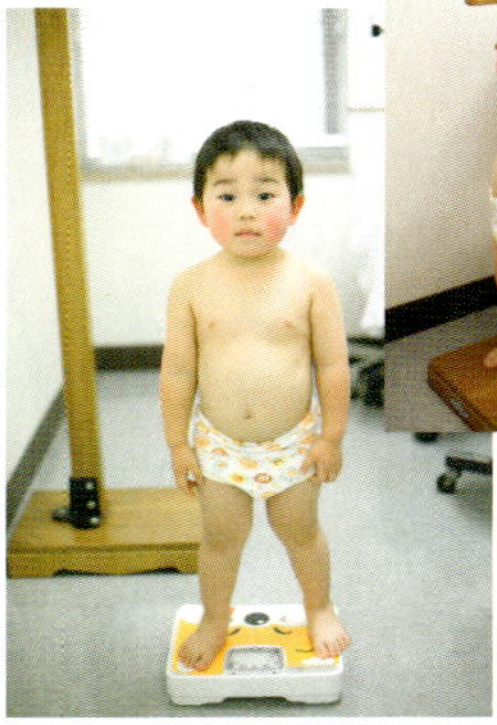

3才になると、言葉がわかり、スムーズに測定ができるようになります。

医師の診察を受けます

自宅で採取した尿の検査を行い、腎臓の病気がないかを調べます。自治体によっては、腹部のエコー検査をする場合も。心音や肺の音、呼吸音を聴いたり、口の中や性器・股関節、おなかの状態を診ます。また目の状態を診て、斜視（P.237参照）や弱視、結膜炎（P.236参照）などがないかを調べていきます。

小児科医の問診を受けます

自分でパンツがはけるか、トイレを教えられるかなど生活習慣を聞かれます。極端な人見知りや怖がりなど、集団生活を送るための情緒行動に問題がないか、友だちと遊べるかなどの社会性も診ます。

歯科健診を受けます

3才になると20本の乳歯が生えそろい、歯並びの様子がはっきりしてきます。歯科健診では、虫歯や歯並びの診察のほかに、フッ素の塗布などの処置を受けられます。また歯磨きの方法や食生活についても指導があります。

予防接種

予防接種の意味や内容を理解し、赤ちゃんの体を守りましょう

体に免疫をつくり、病気を予防します

赤ちゃんがママからもらう免疫は、時間の経過とともに失われます。それ以降は赤ちゃんが自分で免疫をつくって病気を予防しなければなりません。その助けとなるのが予防接種です。予防接種の対象となる病気には、赤ちゃんがかかると重症になったり、重い後遺症が残ったり、死に至ることがある怖い病気もあります。

でも、予防接種で免疫をつくれば、病気になる確率を減らすことができ、もしかかったとしても比較的軽症で済みます。また、一人一人が確実に予防接種を受けることで、ほかの子に病気をうつしたり、病気を流行させることもなくなります。予防接種は、その意味やしくみをよく理解し、積極的に受けることが大切です。

定期接種

国が受けるように強くすすめる予防接種

ヒブ、小児用肺炎球菌、四種混合、BCG、MR（麻疹・風疹混合）、水痘（水ぼうそう）など、国や自治体が「受けるように努めなければならない」と強くすすめている予防接種のことです。決められた年齢の期間内なら公費の補助で無料か一部負担で受けられます。所定の期間を過ぎてしまうと、自費になるので気をつけましょう。

任意接種

希望する人が費用を自己負担して受けます

おたふくかぜ、インフルエンザ、B型肝炎、ロタウイルスなど、接種を希望する人が、自己負担で受ける予防接種です（B型肝炎は平成28年10月から定期接種になる見込みです）。「任意」とは、受けても受けなくてもいい、というわけではありません。感染すると重症化する病気もあるため、積極的に受けましょう。

集団接種

予防接種に適した年齢になったら、市区町村ごとに決められた日時・場所に集まって受ける予防接種です。広報紙などに掲載される自治体もあります。

個別接種

小児科などで、都合のよいときに個人で受ける予防接種のこと。赤ちゃんの体調によって日程が決められるメリットがあります。病院によっては予約が必要な場合もあるので、事前に確認しましょう。

接種後の副反応について知っておこう

予防接種は、病気のウイルスや細菌の毒素を弱めて作ったワクチンを注射などで体内に取り込みます。いわば軽い病気にかかった状態にして、免疫をつくるため、体が反応して熱が出たり、接種した部分の皮膚が腫《は》れるなどの症状が出ることがあります。これが予防接種の「副反応」と呼ばれるものです。

生ワクチンの場合は接種後1～3週間で発熱や発疹《ほっしん》などが出る場合があり、不活化ワクチンの場合は、接種後1～2日のうちに発熱や接種部位の腫れが起こります。ほとんどが軽い症状で、数日で自然に回復します。高熱や局所のひどい腫れ、けいれんなど心配な副反応が出た場合は、接種を担当した医師を受診しましょう。

発熱や発疹

発熱や
接種部位の腫れ

ワクチンの種類

●生ワクチン

生きた病原体の病原性を弱めたワクチンです。十分な免疫をつくるまでには数週間かかります。途中で別のワクチンを受けると、ワクチンが干渉し合って免疫をつくることを阻害することがあるため、中27日はほかの予防接種が受けられません。

●不活化ワクチン

病原体を殺し、免疫をつくるのに必要な成分だけを取り出して病原性をなくしたワクチン。免疫をつくるのに複数回の接種が必要です。接種してから年数が経過すると、免疫力が低下するため、一定の間隔で追加接種をする必要があります。ほかの予防接種まで中6日以上空けます。

接種する部位

一部スタンプ式や経口式もありますが、多くはワクチンを左右の上腕や大腿（太もも）に皮下注射します。

予防接種に関する用語

●抗体

免疫の働きを助ける物質で、血液中などにつくられる。抗体ができると、同じ病原体が体に入ってきたときに、すぐに抗体が働き、病気になるのを防いだり、軽症で済ますことができる。

●免疫

体に入った病原体などの異物を追い出そうとする、生体に備わった働き。

●副反応

ワクチン接種に伴って発生する、免疫の付与以外の反応のこと。通常の医薬品でいう「副作用」と同じような意味です。発熱や、接種部位の腫れ・しこりなど、ワクチンの種類によって副反応は異なりますが、そのほとんどは2～3日で自然に消えます。

●アナフィラキシー

予防接種を受けてから、30分以内に起こる強いアレルギー反応。呼吸困難や血圧の低下を起こすことも。予防接種を受けた後、30分ほど会場に待機することで、症状が出ても対応が可能に。

★時期と回数を把握し、効率よく受けましょう

0カ月　1カ月　2カ月　3カ月　4カ月　5カ月　6カ月　7カ月　8カ月　9カ月　10カ月　11カ月　1才　1才1カ月　1才2カ月　1才3カ月　1才4カ月　1才5カ月　1才6カ月　1才7カ月　1才8カ月　1才9カ月　1才10カ月　1才11カ月　2才

接種開始月齢が2～6カ月の場合は4～8週間の間隔で3回接種し、7～13カ月後、2才までに追加接種1回。
接種開始が7～11カ月の場合は2回接種し、7～13カ月後に追加接種1回。接種開始が1～5才未満の場合は1回接種。

接種開始月齢が2～6カ月の場合は4～8週間の間隔で3回接種し、60日以上空けて1才～1才3カ月で追加接種1回。接種開始が7～11カ月の場合は2回接種し、60日以上空けて1才～1才3カ月に1回接種。接種開始が1才～1才11カ月の場合は2回接種。

Ⅰ期は3カ月～7才6カ月未満に4回接種。3カ月～1才に3～8週間の間隔で3回、3回目から1年～1年半後に1回追加接種
6カ月後から接種可能。Ⅱ期はＤＴ（二種混合）を11～12才ごろに1回接種。

1回接種。定期接種は0カ月～1才未満で可能ですが、標準的には5～8カ月未満に接種。

定期接種は6カ月～7才6カ月未満。Ⅰ期は3才に2回、4才に1回追加接種が標準。
Ⅱ期は9～12才に1回接種。

Ⅰ期は1～2才未満に1回接種。Ⅱ期は5～7才未満で小学校就学前の1年間に1回接種。

標準的には、1回目は1才～1才3カ月までに接種。2回目は1回目の接種から3カ月以上経過してから行いますが、標準的には1回目から6カ月～1年経過した時期に接種。

生後すぐから接種可能。標準的には2カ月以降に3回。2カ月以降、4週間の間隔で2回、1回目から20～24週間後に1回の計3回接種。
※ママがキャリアーの場合、生後すぐに1回目を接種します。

6～24週未満に4週間以上の間隔で2回接種。
※1回目の接種が15週を過ぎると腸重積症のリスクが高まるので、1回目の接種は14週6日までに受けるようにしましょう。

6～32週未満に4週間以上の間隔で3回接種。
※1回目の接種が15週を過ぎると腸重積症のリスクが高まるので、1回目の接種は14週6日までに受けるようにしましょう。

6カ月以降、毎年10～12月中に2～4週間の間隔で2回接種。※13才以上は通常1回接種。

1才以降に1回接種（2回すれば確実）。※2回目の接種時期は就学前がおすすめですが、地域の流行状況にもよるため、かかりつけ医に相談を。

予防接種スケジュール早見表

接種の種類	ワクチン名	ワクチンの種類	接種間隔	予防する病気
定期接種	ヒブ（Hib）（インフルエンザ菌b型）	不活化ワクチン	別の予防接種まで中6日以上空ける	細菌性髄膜炎など
	小児用肺炎球菌（PCV13）	不活化ワクチン	別の予防接種まで中6日以上空ける	細菌性髄膜炎など
	四種混合（DPT-IPV）	不活化ワクチン	別の予防接種まで中6日以上空ける	ジフテリア、百日ぜき、破傷風、急性灰白髄炎（小児まひ）
	BCG	生ワクチン	別の予防接種まで中27日以上空ける	結核
	日本脳炎	不活化ワクチン	別の予防接種まで中6日以上空ける	日本脳炎
	MR（麻疹・風疹混合）	生ワクチン	別の予防接種まで中27日以上空ける	麻疹（はしか）、風疹（三日ばしか）
	水痘（水ぼうそう）	生ワクチン	別の予防接種まで中27日以上空ける	水痘（水ぼうそう）
任意接種	B型肝炎※注	不活化ワクチン	別の予防接種まで中6日以上空ける	B型肝炎
	ロタウイルス（2回接種タイプ）	生ワクチン	別の予防接種まで中27日以上空ける	ロタウイルス胃腸炎
	ロタウイルス（3回接種タイプ）	生ワクチン	別の予防接種まで中27日以上空ける	ロタウイルス胃腸炎
	インフルエンザ	不活化ワクチン	別の予防接種まで中6日以上空ける	インフルエンザ
	おたふくかぜ（流行性耳下腺炎）	生ワクチン	別の予防接種まで中27日以上空ける	おたふくかぜ（流行性耳下腺炎）

●グラフは、接種可能な時期をあらわしています。接種時期などは、日本小児科学会が推奨する予防接種スケジュールを基に、川上先生にアドバイスしていただきました。
●ここに掲載している予防接種の内容は、2016年2月現在の情報です。変更の可能性があるので、最新情報を確認し、かかりつけ医と相談しながら、最良のスケジュールを立てるようにしてください。　※注 B型肝炎は2016年10月より定期接種になる見込みです。

定期接種

ヒブ
(Hib)

重症化しやすい細菌性髄膜炎などを予防します。

防ぐ病気

0～4才に多い細菌性髄膜炎などを予防

ヒブ(H・i b)が原因菌となっている細《さい》菌性髄膜炎《きんせいずいまくえん》などを予防します。細菌性髄膜炎は、発症頻度がウイルス性髄膜炎よりも低いものの、重症化しやすく、発熱や激しい頭痛が起こり、吐きけや嘔吐が見られます。けいれんや意識障害が起こることもあります。0～4才でかかる細菌性髄膜炎のうち約半数はヒブが原因です。

ヒブは、ほかに急性喉頭炎《きゅうせいこうとうえん》(クループ)、中耳炎、肺炎、骨髄炎《こつずいえん》、関節炎を起こすこともあります。5才以上では重症の感染症を起こすことはまれですが、0～4才は注意が必要です。全世界では、これまで300万人以上の子どもがヒブによる重症の感染症にかかり、そのうち30万～40万人が死亡しています。

接種時期・回数

開始する月齢で接種回数が変わります

2カ月～5才未満に接種。四種混合と同じタイミングで接種する場合は医師に相談を。2カ月～6カ月ごろまでに4～8週間(医師の判断により3～8週間)の間隔を空けて3回接種し、3回目の接種後、7カ月以上空けて、1才を過ぎたら1回接種します。

ただし、7カ月～1才未満に開始した場合は、4～8週間の間隔で2回、2回目の接種後およそ1年の間隔を空けて1回接種することになり、合計3回の接種となります。さらに1才～5才未満は1回のみの接種となり、受ける月齢によって接種スケジュールが異なってきます。

接種のしかた

四種混合と同時接種なら反対側の上腕に接種

ヒブとは、「ヘモフィルス・インフルエンザ菌b型」のことです。インフルエンザ菌b型とは、B型インフルエンザウイルスとまったく異なるもので、細菌の一種。ヒブワクチンは、インフルエンザ菌b型をタンパク質と結合させた不活化ワクチンで、皮下注射で接種します。

5才を過ぎれば、ヒブによる重症の感染症を起こすことはあまりありませんが、0～1才はとくに注意が必要。接種は2才ごろまでに済ませましょう。四種混合と同時接種する場合は、四種混合とは反対の上腕や大腿などに皮下注射します。

接種後の注意点

接種部位が赤くなったり腫れたりすることも

接種後12～24時間で、接種した部位が赤くなったり、腫れたりすることがありますが、ほとんどが自然に治ります。また、接種の回数が増えても副反応の頻度が増加するということはありません。

副反応と受診の目安

接種後12～24時間で、接種部位が赤くなったり、腫れたりすることがありますが、3日以内に自然に治ります。これらの副反応が出る頻度は四種混合より少し多いですが、腫れなどの程度はほぼ同じです。まれに発熱や不機嫌、食欲不振、下痢などの症状が見られることも。症状が重い場合は、受診しましょう。

●予防接種の受け方●<前日までにしておくこと１>予診票とともに渡される「予防接種と子どもの健康」というガイドブックをよく読んでおきます。集団接種の日時や場所がわからない場合は、自治体の担当者か保健所に確認。個別接種はかかりつけ医などに相談を。

定期接種

小児用肺炎球菌

肺炎球菌による細菌性髄膜炎などを予防します。

防ぐ病気

重症化が怖い細菌性髄膜炎などを予防

小児用肺炎球菌ワクチンは、肺炎球菌による細菌性髄膜炎などの重症感染症を予防します。肺炎球菌は、肺炎の原因になる細菌で、赤ちゃんの場合は肺炎だけでなく髄膜炎・敗血症などの重症の細菌感染症の原因になります。細菌性髄膜炎を発症すると、重症化しやすく、けいれんや意識障害が起こることもあります。また、早期診断が難しい病気です。

世界保健機関（WHO）では2007年より、小児用の肺炎球菌ワクチンを定期接種とすることを推奨しており、米国や英国など定期接種化している国では細菌性髄膜炎など重い感染症の発症率が大幅に低下しています。日本では2010年から任意接種が本格的にスタート、2013年から定期接種になりました。

接種時期・回数

同時接種については医師と相談しましょう

2カ月~5才未満に接種。2カ月から開始して4週（中27日）以上の間隔で3回接種し、1才~1才3カ月に1回追加接種するのが標準。初回の接種月齢によって、接種回数や接種間隔が異なるので、注意しましょう。保育園や幼稚園などでの集団生活が始まる前のできるだけ早い時期に、ほかの予防接種とともに済ませておくことが大切です。

接種時期や回数がヒブや四種混合などと重なるため、スケジュールの立て方に工夫が必要ですが、同時接種をすると受診回数も減り、効率的です。ヒブや四種混合などとの同時接種を希望する場合は、かかりつけの小児科医に相談しましょう。

接種のしかた

ヒブとの同時接種が効率的

不活化ワクチンを皮下注射で接種します。可能であれば、2カ月でヒブと同時接種で開始し、3カ月からはヒブ、四種混合との同時接種で6カ月までに最初の3回接種を終えると、複雑なワクチンの順序を考える必要がなく、接種に行く回数や期間も大幅に減らすことができるので、スケジュールの組み立てが楽になります。

接種後の注意点

接種部位が赤くなったり発熱することも

接種後、接種部位が腫れる、赤くなる、37・5度以上の発熱などの症状が出ることがありますが、ほとんどの場合、自然に治ります。

副反応と受診の目安

注射した部位の発赤《ほっせき》（皮膚の一部が赤くなる）や腫れ、37.5度以上の発熱などが報告されています。時に発疹や風邪に似た症状、嘔吐・下痢・食欲減退などが見られることもあります。大部分は自然に治りますが、症状が重いときは受診しましょう。

●予防接種の受け方●＜前日までにしておくこと2＞予診票、母子健康手帳、健康保険証、診察券など予防接種を受ける際に必要なものは前日のうちに用意しておきます。

定期接種

四種混合

(DPT-IPV)

合計４回と接種回数が多く、接種期間も長いので、受けもれがないよう注意しましょう。

防ぐ病気

ジフテリア、百日ぜき、破傷風、ポリオを予防します

ジフテリアは、38度以上の熱、犬の遠ぼえのようなせきが特徴です。重症になると心筋障害や窒息を起こし、その場合の致死率は5～10%です。

百日ぜき（P.223参照）は、長くせきが続き、赤ちゃんがかかると肺炎や脳症などの重い合併症を引き起こすことも。6カ月未満で発症すると致死率が高くなり、重症になることが多くなります。

破傷風は、傷口から感染し、筋肉の硬直や呼吸まひを起こします。症状が現われてから急速に進行した場合は、50%以上の致死率に。

ポリオウイルスの感染で発症するポリオ（急性灰白髄炎・小児まひ）は、ごく軽症なら発熱などで済みますが、重症化すると手足にまひが残ることがあります。

日本では１９８０年を最後にポリオの発症はありませんが、東南アジアの一部やアフリカなどでは最近でもまだ発症しているため、日本での発症の可能性はゼロではありません。

接種時期・回数

接種回数が多いので忘れずに受けましょう

Ⅰ期は3カ月～7才6カ月未満までに4回接種します。3カ月～1才までに間隔を3～8週間空けて3回接種するのが理想的。百日ぜきは感染すると重症化するため、3カ月になったら優先して受けます。2回以上受ければ免疫ができますが、効果を高めるために、3回目の接種から1年～1年半後に追加接種を受けます。

接種のしかた

接種するたびに接種部位を替えます

不活化ワクチンを皮下注射します。37・5度以上の発熱があると受けられません。1カ月以内に麻疹にかかっていたり、生ワクチンを27日以内に接種している場合も受けられません。1回目の接種が左腕なら、2回目は右腕や大腿など、部位を替えて接種します。

接種後の注意点

回数を重ねるごとに腫れが多く現れます

接種の回数を重ねるごとに接種部位が腫れる反応が多く現れるようになり、3回目の接種では約半数にこのような反応が見られます。たとえ局所が腫れたとしても、ひじの先まで腫れることがなければとくに心配はいりません。ただ、とくに過敏な子の場合は腕全体がパンパンに腫れることもあります。また、接種後24時間以内に発熱することも。ともに重症になることは少ないのですが、このような症状が出たときは受診しましょう。

副反応と受診の目安

通常は接種部位に腫れやしこりが見られ、回を重ねるごとにひどくなり、数カ月続くこともあります。接種後24時間以内に37.5度程度の熱が出ることがありますが、高熱は出ません。ひじの先まで腫れたとき、腫れた部分を痛がるとき、38度以上の熱が出たとき、機嫌がひどく悪いときには受診しましょう。

●予防接種の受け方●＜前日までにしておくこと３＞食欲や機嫌など全身を観察して予診票に必要事項を記入します。体温は接種直前に、保護者サインは当日接種が決まってから記入します。

定期接種

BCG

赤ちゃんが重症になりやすい結核を予防します。

防ぐ病気

生後すぐにもかかる結核を予防します

結核を予防します。結核はママからの免疫がもらえないため、生後すぐの赤ちゃんでもかかります。赤ちゃんがかかると、粟粒結核《ぞくりゅうけっかく》や結核性髄膜炎《けっかくせいずいまくえん》など重症になりやすく、すぐに入院して薬物療法などを行う必要があります。

結核性髄膜炎を発症した場合、致死率が高く、死に至らなくても、難聴や脳神《のうしん》経《けい》の障害、水頭症《すいとうしょう》などの後遺症を残す確率が高くなります。

接種時期・回数

集団接種の場合も。体調管理に気をつけて

12カ月未満に1回接種。標準的には5～8カ月未満に接種します。定期接種の期間は限られており、集団接種を行っている自治体もあるので注意しましょう。もし、受けもれた場合は保健所やかかりつけの小児科医に相談を。

接種のしかた

生ワクチンをスタンプ式で接種します

ウシ型結核菌を弱毒化した生ワクチンをスタンプ式で接種します。上腕部分にワクチンを垂らして、のばし、スタンプを2回腕に押しつけます。アレルギー反応が起きたときのため、接種後30分間は、接種会場内で待機しましょう。

接種後30分間は会場内で待機します。

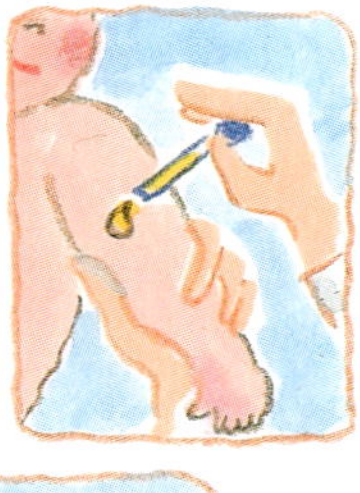
ワクチンを上腕部に垂らします。

スタンプを2回腕に押しつけます。

接種後の注意点

ワクチン液が乾くまで触らないようにします

接種部位が乾く前に触れると、ワクチン液がほかの部位につくことがあります。接種部位が乾くまでは触らないようにします。通常は2～3週間後にスタンプで押したあとがポツポツと腫れてきます。その部分が膿《うみ》を持っても1～2カ月後には自然にかさぶたになって治ります。

接種後10日以内に赤く腫れて膿んだら、ワクチンの接種前から結核菌に感染していた可能性があります（コッホ現象）。家族から感染した可能性があるため、家族も一緒にすぐに受診しましょう。

副反応と受診の目安

2～3週間後、接種部位に赤いポツポツができ、膿を持つことがありますが、1～2カ月で治ります。ごくまれにわきのしたのリンパ節が小指の先ほどに腫れることも。接種あとが化膿していつまでも治らない、膿がひどい、首のわきやわきのしたが大きく腫れて痛がるときや、コッホ現象が疑われるときは受診して。

●予防接種の受け方●＜接種当日にすること１＞個別接種①予約：病院に問い合わせ、都合のいい時間を予約する。②検温：接種前に体温を測る。③問診・診察：予診票を基に問診し、接種が可能かどうか診察する。

定期接種

日本脳炎

新しい
ワクチンでの
接種が再開されました。

防ぐ病気

重症化や致死率が高い日本脳炎を予防します

日本脳炎は、日本脳炎ウイルスに感染しているブタを刺したコガタアカイエカが人を刺すことで感染します。東～南アジアにかけて分布する病気です。

7～10日間の潜伏期間を経て、高熱、頭痛、嘔吐、けいれん、意識障害などの症状が出る急性脳炎になることが、100～1000人に1人程度あります。致死率が約20～40%と高く、治ってもまひなどの重い後遺症が残ることが。とくに乳幼児や高齢者の致死率が高くなります。

接種時期・回数

9～12才の追加接種を忘れずに受けましょう

Ⅰ期は6カ月～7才6カ月未満までに2回接種して、1年後に1回追加接種をします。1～4週間空けて接種しますが、3～4週間空けるのがベスト。接種後中6日以上空ければ、ほかの予防接種を受けられます。初回の2回を3才、追加を4才に接種するのが理想です。Ⅱ期は9～12才の間に1回接種します。

接種のしかた

新ワクチンでの接種が再開し、積極的勧奨に

不活化ワクチンを皮下注射で接種。日本脳炎ワクチン接種後に重症の急性散在《きゅうせいさんざい》性脳脊髄炎症《せいのうせきずいえんしょう》（ADEM）の発症例が出たため、2005年5月より国の積極的な接種勧奨は控えられていましたが、2009年から安全性の高い新ワクチンで接種が再開し、2010年4月からは積極的勧奨に。地球温暖化の影響などで蚊の生息地域が広がってきていることもあり、接種の必要性が高まります。

通年で接種が受けられます。皮下注射による接種をします。

接種後の注意点

接種部位の腫れや発熱が見られることも

接種後2日以内に接種部位が腫れる、赤くなる、37・5度以上の熱が出るなどの症状が8～9%の人に現れます。また、1～2%くらいの人には、接種後2日以内に発熱が見られます。通常はとくに処置せずに自然に治まるので、全身状態に変わりがなければ自宅で経過を見ましょう。

副反応と受診の目安

接種後2日以内に接種部位が腫れる、赤くなる、37.5度以上の熱が出ることもあります。また、非常にまれに見られる副反応として、アレルギー症状を起こしたり、急性散在性脳脊髄炎症が発症することがあります。高熱、呼吸困難、けいれんなどの症状が見られたら、すぐに受診しましょう。

●予防接種の受け方●＜接種当日にすること 2 ＞個別接種④医師と保護者がサイン：接種可能なら、医師と保護者が予診票にサインする。⑤接種：接種する腕を決めて接種する。⑥ 30 分間待機：赤ちゃんの様子を見ながら、病院内で待機する。

定期接種

MR
（麻疹・風疹混合）

麻疹と風疹は、重症化や合併症が怖い病気。1才になったらなるべく早く受けましょう。

防ぐ病気

重症化や合併症の危険のある麻疹と風疹を予防

麻疹（はしか）（P.212参照）は感染力が強く、赤ちゃんがかかると重症になりやすい病気です。発熱や風邪に似た症状から始まり、いったん下がった熱が再び上がるときに赤い発疹が全身に広がり、高熱が1週間以上続きます。重症になると肺炎や気管支炎、中耳炎、脳炎を合併することもあります。

風疹（三日ばしか）（P.218参照）は、発熱と同時にはしかよりもまばらで小さい発疹が出て、通常は3日間ほどで治ります。軽く済むこともありますが、合併症として血小板減少性《けっしょうばんげんしょうせい》紫斑病《しはんびょう》になったり、5000人に1人は、脳炎になることもあります。妊娠初期に風疹にかかると、胎児の心臓や視覚、聴覚に先天的な障害（先天性風疹症候群）を起こすことも。

接種時期・回数

1才になったらなるべく早く接種して

Ⅰ期は1～2才未満に1回接種します。麻疹・風疹ウイルスを弱毒化して作った生ワクチンを皮下注射で接種します。麻疹も風疹も非常に感染力が強いので、外に出る機会が増える1才になったらなるべく早く受けましょう。

Ⅱ期は5～7才未満で小学校就学直前の1年間（4月1日～3月31日）に1回接種します。

接種のしかた

麻疹や風疹にかかった場合も受けられます

2006年からⅡ期の接種が始まり、2008年からはすでに麻疹か風疹のどちらかの病気にかかったことがある場合でも、MRワクチンは受けることができるようになりました。

接種後の注意点

まれに麻疹や風疹に似た症状が出ることも

過敏な赤ちゃんだと、接種直後から数日中に発熱、発疹、かゆみなどが起こることがありますが、1～3日で治ります。また、約10～20％の赤ちゃんに、接種から7～10日前後に麻疹や風疹に似た発熱や発疹などの症状が見られます。通常は1～2日で治まるので、自宅で様子を見ていて大丈夫です。きちんと2回接種すれば、約99％の赤ちゃんに免疫がつきます。

副反応と受診の目安

ごくまれにリンパ節の腫れや熱性けいれんが見られることがあります。100万～150万人に1人以下ですが、脳炎など麻疹と同じ合併症が起こることがあります。指で押さえても消えない発疹、38度以上の高熱が2～3日続く、ひどいせきや嘔吐、けいれん、呼吸が荒いなどの症状があれば、すぐに受診しましょう。

●予防接種の受け方●＜接種当日にすること 3 ＞集団接種①受け付け：決められた日時・場所で受け付けを済ませる。②検温：番号を呼ばれるまでの間に検温。熱が37.5度以上の場合は、次回の接種に。③問診・診察：保健師による問診と育児相談。医師の診察を受ける。

定期接種

水痘

（水ぼうそう）

感染力が強く、毎年流行する病気。集団生活の予定がある場合は、なるべく早く受けて。

防ぐ病気

感染力の強い水痘を予防します

水痘・帯状疱疹《たいじょうほうしん》ウイルスの接触感染や飛沫《ひまつ》感染、空気感染でかかる水痘（P.217参照）を予防します。感染力の強い病気で、免疫がないとほぼ100％の人が発症します。かゆみのある赤い発疹が出て、水疱からかさぶたへと変化し、完治までに1〜2週間かかります。発熱したり、たくさん水疱ができる子もいて、赤ちゃんには負担が大きい病気です。まれに肺炎や脳炎を併発したり、後年、体内に潜んでいたウイルスが帯状疱疹の原因になることも。

接種期間・回数

2回接種の定期接種です

1才以降に1回接種が基本ですが、2回接種するとより効果が高くなります。平成26年10月より定期接種となり、1才〜3才までの間に3カ月以上の間隔をあけて2回接種します。標準的には、1回目は1才〜1才3カ月までに行い、その後6カ月〜1年経過した時期に2回目を接種します。1回の接種でも重症の水痘は予防できますが、2回接種することで軽症の水痘を含め、発症を予防できるとされています。

接種後の注意点

ほとんど副反応は見られません

水痘に感染すると重症になりやすい白血病などの子どものためにつくられたワクチンということから、副反応はほとんどありませんが、接種後1〜3週間ごろに、軽い発熱・発疹がみられることがあります。ただ、免疫不全の人や免疫力が低下した人は、まれに水疱に似た発疹が出ることがあります。

接種のしかた

おたふくかぜよりも優先して受けて

生ワクチンを皮下注射で接種します。水痘は集団生活で感染しやすく、水疱がすべてかさぶたになるまで最低1週間かかります。その間は保育園や幼稚園をお休みしなければならなくなるので、なるべく早く受けるようにしましょう。

●予防接種の受け方●＜接種当日にすること 4 ＞集団接種④医師と保護者がサイン：接種可能になったら、接種医師と保護者がサイン。⑤接種：診察する医師と接種する医師が別々のことも。⑥30分間待機：万が一の急激なアレルギー反応に備え、会場内で30分間待機。

任意接種

B型肝炎

水平感染もありえるのでママがキャリアーでない場合も接種で予防を。

防ぐ病気

重症化すると恐ろしいB型肝炎を予防します

B型肝炎は、感染すると急性肝炎または慢性肝炎になり、さらに重症化して肝硬変、肝臓がんを発症することがあります。B型肝炎ウイルスを含む血液を介して感染しますが、唾液などによる感染もあります。ママから赤ちゃんにうつる母子感染が主ですが、父子感染や集団生活での水平感染も考えられます。このためWHOではすべての赤ちゃんを対象にB型肝炎ワクチン接種を推奨しています。

赤ちゃんのころに感染すると、キャリアー（体内にウイルスを持っている状態）になる危険が。キャリアーになってもすぐ発症しないこともありますが、ウイルスを排除することは困難です。

接種時期・回数

合計3回の接種が必要です

生後すぐから接種可能ですが、標準的には生後1～2カ月から。4週間の間隔で2回、3回目は1回目から20～24週間後に1回、計3回接種します。

ただし、ママがキャリアーの場合は、受け方が異なる（後述参照）ため、かかりつけ医に相談してください。

接種のしかた

ママがキャリアーの場合、製剤とワクチン接種を

不活化のB型肝炎ワクチンを皮下注射します。ただし、ママがB型肝炎のキャリアーの場合は、生後すぐ、赤ちゃんにHBIG（抗HBヒト免疫グロブリン）という製剤で感染予防処置が行われ、同時にB型肝炎ワクチンを接種し、その後、1カ月・6カ月で追加のワクチン注射をします。これらは母子感染の防止策として健康保険が適用されます。なお、平成28年10月から定期接種になる見込みです。

接種後の注意点

高熱など、気になる症状があれば受診を

とくに重い副反応の報告はありませんが、発熱が続くなど、気になる症状がある場合は受診しましょう。

また、ママは妊娠中にB型肝炎ウイルスの有無を調べますが、パパは検査の機会が少ないもの。父子感染のケースもあるので、検査を受けてみてください。

医療機関での個別接種で通年受けられます。同時接種で効率よく受けましょう。

副反応と受診の目安

海外での報告によると、主な副反応は注射した部位の発赤（皮膚の一部が赤くなる）や腫れ、37.5度以上の発熱などと言われています。非常にまれな例として、一過性の関節痛、機嫌が悪い、じんましんなどを起こすケースも報告されています。大部分は治りますが、症状が重いときは受診しましょう。

●予防接種の受け方●＜接種後の過ごし方 1 ＞赤ちゃんが発熱するなど何らかの症状が出ると、それが副反応による症状か、単に疲れからきたものかが判断できなくなります。接種後は赤ちゃんに負担をかけないよう、途中で寄り道せずにまっすぐ帰宅しましょう。

任意接種

ロタウイルス

感染力が強く、激しい下痢症状から脱水を起こしやすいロタウイルス胃腸炎を予防します。

防ぐ病気

合併症を起こしやすい胃腸炎を予防します

ロタウイルスによる感染性胃腸炎を予防します。重度の下痢や嘔吐、発熱を引き起こす胃腸炎で、便の色が白くなることもある特徴から、白色便性下痢症とも呼ばれます。重症になると、脱水症状やけいれん、肝機能障害、脳症などの合併症を引き起こす恐れもあります。冬から春にかけて流行する病気で、感染力が強く、石けんでの手洗いやアルコール消毒だけでは、完全に感染を防ぐことはできません。初回感染する子の4分の3が0〜2才。ママからもらう免疫がなくなってくる3カ月以降に初感染すると、重症化しやすくなります。

接種時期・回数

接種時期に制限が。早めの接種を心がけて

ロタウイルスのワクチンには、1価（ロタリックス）と5価（ロタテック）の2種類があり、1価ワクチンは2回接種、5価ワクチンは3回接種となります。いずれも6週以降から接種可能ですが、一般的には、初回は8週から15週未満に接種します。4週以上あけて2回目を接種しますが、接種終了が遅くなると、副反応として腸重積症を起こす頻度が上がるというデータがあるため、1価ワクチンでは24週未満に2回の接種が終了するように、5価ワクチンでは、32週未満に3回の接種が終了するようにします。

接種のしかた

ワクチンをスポイトで赤ちゃんに飲ませます

ロタウイルス胃腸炎の主な原因となるウイルスの病原性を弱毒化処理して加えた液体を、スポイトで飲ませます。1価ワクチンと5価ワクチンでは、接種回数や接種時期に違いはありますが、同等の効果が期待できます。

接種後の注意点

接種後1カ月はうんちの始末に注意して

ロタウイルスワクチンを飲んですぐに吐かないよう、接種後30分以内の飲食は控えましょう。赤ちゃんがおもちゃをなめたり口に物を入れると、それにワクチンが付着することもあるので、気をつけて。

接種後1カ月程度はワクチンウイルスがうんちの中に混ざって排泄されます。接種後1カ月くらいはうんちの始末に気をつけて、手をよく洗うようにしましょう。

副反応と受診の目安

接種後の症状はほとんどありませんが、まれにせき、鼻水、発熱、下痢、嘔吐、不機嫌の症状が出るなどの報告があります。ただ、いずれも程度が軽いと言われています。

●予防接種の受け方●＜接種後の過ごし方2＞接種当日は安静に過ごして、赤ちゃんの様子を観察しましょう。体を激しく動かす遊びは避けて、おうちでゆっくり過ごしましょう。

任意接種

インフルエンザ

感染力が強く、時には肺炎や脳症など重い合併症を引き起こす恐れも。家族全員で接種を。

防ぐ病気

重症化や合併症が怖いインフルエンザを予防

インフルエンザにかかると、急に38〜40度の高熱が出て、せき・のどの痛みなどの呼吸器症状や鼻水などが出ます。赤ちゃんの場合、嘔吐や下痢といった胃腸症状を伴うことも。体力がなく、抵抗力も弱い赤ちゃんの場合、気管支炎《きかんしえん》や肺《はい》炎《えん》、インフルエンザ脳症《のうしょう》などの合併症を引き起こす可能性があります。とくに乳幼児が発症しやすいインフルエンザ脳症は脳へのダメージが大きく、重い後遺症が出たり、命にかかわったりすることもあります。インフルエンザは流行するウイルスの型や時期が毎年異なるため、毎年の接種が必要です。流行時は人込みへの外出をなるべく避け、流行情報にも注意しましょう。

接種時期・回数

赤ちゃんは必ず2回接種します

6カ月から接種可能で、2〜4週間の間隔で2回接種が必要です。その有効性が確認されていないために1才からの接種をすすめる小児科医もいます。毎年10〜11月ごろに3〜4週間空けて2回接種するのがベスト。遅くとも12月中旬までに接種しましょう。ほかの予防接種とのスケジュールも考え、何を優先すべきかは、かかりつけの小児科医に相談しましょう。

接種のしかた

卵アレルギーがある場合は注意が必要です

不活化ワクチンを皮下注射します。鼻水程度の軽い風邪症状なら接種が可能ですが、37・5度以上の発熱や、ぐったりしていて元気がないときは受けられません。接種前の診察のときに医師に相談しましょう。また、ワクチンに鶏卵の成分が含まれているため、卵アレルギーの赤ちゃんは医師に相談を。

予防接種を受けてもインフルエンザにかかることがありますが、症状を軽くすることができます。家族内感染も多く見られるため、できれば家族全員で接種しましょう。

接種後の注意点

まれにアレルギー反応が出ることもあります

接種部位が腫れたり、発疹や熱が出ることもありますが、重症にはなりません。ただ、ワクチンに鶏卵の成分が含まれているため、卵アレルギーがある場合は、ごくまれにショック症状やじんましん、呼吸困難などが起こることが。接種後は少なくとも30分はその場に待機し、帰宅後このような症状が出た場合はすぐに受診を。

副反応と受診の目安

ほかのワクチンに比べて、副反応は少ないものの、接種部位が赤く腫れる、痛みがある、発熱、頭痛、悪寒、倦怠感などが起こることがあります。たいていの場合、1〜2日で自然回復するので、赤ちゃんが元気で食欲があれば、自宅で様子を見ましょう。高熱など心配な症状が出た場合は受診しましょう。

●予防接種の受け方●＜接種後の過ごし方3＞接種直後に飲食して吐いた場合、副反応によるものかどうかが判断できなくなります。とくにロタウイルスは、吐いてしまうとワクチンが体外に出てしまうので要注意。飲食は接種後30分は時間をおいてからにしましょう。

任意接種

おたふくかぜ（流行性耳下腺炎）

自然感染すると、難聴など重い後遺症が残ることも。集団生活に入る前に受けましょう。

防ぐ病気

難聴などの危険があるおたふくかぜを予防

ムンプスウイルスに感染して発症するおたふくかぜ（流行性耳下腺炎《りゅうこうせいじかせんえん》）（P.211参照）を予防。発熱後、耳下腺や顎下腺《がっかせん》などが腫れるのが特徴です。腫れは1週間ほど続きます。

100人に2～10人の割合で無菌性髄膜炎《むきんせいずいまくえん》を発症し、1000人に1人くらいは片耳のみのことが多いものの、難聴の後遺症が残ることがあります。まれに髄膜炎（P.214参照）や膵炎《すいえん》を合併する場合もあります。大人がかかると重症になりやすく、精巣炎や卵巣炎《らんそうえん》を合併することも。

接種時期・回数

2回接種すればより確実に予防できます

1才以降に1回接種します。大人がかかると重症になりやすいため、きょうだいはもちろん、周囲の大人も早めに接種を。集団生活に入ってから感染すると、完治するまではお休みしなければなりません。入園の予定がある場合、早めの接種がおすすめです。2回接種しておけば、より確実に予防できます。

接種のしかた

自治体で費用の一部を負担してくれる場合も

生ワクチンを皮下注射で接種します。任意接種ですが、自治体によっては接種費用の一部を負担してくれるところもあります。37・5度以上の発熱やせきなどの風邪症候群の症状があるとき、ほかの病気にかかっているときは受けられません。接種前に麻疹にかかっている場合は、治ってから1カ月以上経過しているか、医師に確認してから受けましょう。

37.5度以上の発熱やせきなどがあるときなどは、受けられません。

接種後の注意点

1割弱は予防接種をしてもかかることが

約100人に1人の割合で、接種の2～3週間後に発熱や耳の下が軽く腫れるなどの症状が見られますが、数日で治るので心配はありません。

予防接種をしても1割弱の人はかかることがありますが、接種していれば軽症で済み、後遺症や合併症を防ぐことができます。予防接種を受けずに自然感染すると、合併症を起こすリスクはずっと高くなります。リスクを最小限にするためにも、積極的に受けましょう。

副反応と受診の目安

約100人に１人の割合で、接種後２～３週間後に発熱や耳の下が軽く腫れることがありますが、数日で治ります。ごくまれに、接種から２～３週間後に無菌性髄膜炎を起こすことがありますが、そのほとんどが１～２週間で治ります。接種後約３週間ごろに嘔吐、発熱や機嫌が悪い状態が続くときはすぐに受診しましょう。

●予防接種の受け方●＜接種後の過ごし方４＞赤ちゃんの体調に変化がなければ、当日の入浴はＯＫです。接種した部位を強くこすったり、長湯をして赤ちゃんの体を疲れさせたりしないようにしましょう。

Part★5

赤ちゃんの事故防止と応急処置

寝返り、はいはい、つかまり立ち、あんよ……。
成長するにつれて赤ちゃんの行動範囲は広がり、
事故の危険性も高まります。事故は予防がいちばん大切です。
赤ちゃんの目線になって、家の中や移動中に危険がないか確認を。
万が一、事故が起きたときにあわてないように、
応急手当てのしかたも覚えておきましょう。

発達別チェックポイント

赤ちゃんの月齢ごとに起こる事故は変化します

赤ちゃんの発達に添って防止対策を練りましょう

寝返り、はいはい、つかまり立ち、あんよと、月齢が進むにつれてできることや行動範囲が広がっていく赤ちゃん。指先で物をつかんだり、口に運んだりが自在になると、室内での事故の危険性が高まります。小さなけがを一つもせずに成長する赤ちゃんはいませんが、後遺症が残ったり、命に危険が及んだりする事故は避けねばなりません。でも、生活の中でママやパパが赤ちゃんからまったく目を離さずにいることは不可能に近いですね。

大事なのは事故が起こりやすいポイントを知り、赤ちゃんに危険が及ばないように対策を練ることです。室内の家具や物の置き場所を赤ちゃんの視点に立ってチェックしましょう。

発達別 起こりやすい事故

ねんね・寝返りのころ（0〜5カ月）

転落
ベッドやソファから、抱っこしていた手から滑り落ちる

窒息
顔に布やビニールがかかる
布団に顔が沈む
スタイのひもなどが首に巻きつく

誤飲
小さいものやおもちゃの一部を飲み込む

やけど
ホットカーペットによる低温やけど

おすわり・はいはいのころ（6〜10カ月）

誤飲
ボタンや電池、小さいおもちゃなど

やけど
ストーブやアイロンで

切り傷
刃物などを触って

転落
階段、段差やソファ・ベッドなどから

溺水《できすい》
おふろやバケツに張った水で

立っち・あんよのころ（11カ月〜1才6カ月）

転落・転倒
椅子や階段で滑って

誤飲
医薬品・化粧品・ボタンなど

指を挟む
ドアや引き出しなどで

やけど
ガス台や電化製品による

感電
コンセントに指やピンなどを突っ込んで

事故防止チェックリスト

**思わぬ事故を防ぐために、最低限やっておきたいことを発達別にまとめました。
早めに対策を講じ、発達が進んでも気を緩めずに赤ちゃんを見守りましょう。**

ねんね・寝返りのころ〜

- □ ベビーベッドの柵は上げていますか?
- □ 赤ちゃんをソファの上に寝かせたまま目を離していませんか?
- □ 不安定な場所、滑りやすい場所で赤ちゃんを抱っこしていませんか?
- □ 浴室に滑り止めのシートははりましたか?
- □ 赤ちゃんの口に入る&顔にかぶさるようなものを赤ちゃんのそばに置いていませんか?
- □ ベッドの柵にスーパーの袋やひもなどをかけていませんか?
- □ 寝ている赤ちゃんの頭の上にベッドメリーをつけていませんか?
- □ 額やカレンダーなど落下する可能性があるものはありませんか?
- □ ホットカーペットの上に寝かせっぱなしにしていませんか?
- □ 抱っこホルダーなどの育児用品は説明書を読み、正しく使っていますか?
- □ チャイルドシートやベビーカー、ラックに乗せるときは安全ベルトをしていますか?

おすわりのころ〜

- □ 床の上にポットなどを置いていませんか?
- □ 赤ちゃんが移動できる場所に、ストーブなどはありませんか?
- □ 赤ちゃんの服のボタンなどが取れかかっていませんか?
- □ 赤ちゃんの移動できる場所に、小さなおもちゃや押しピン、硬貨、スーパーの袋などが落ちていませんか?
- □ たばこや灰皿は赤ちゃんの手が届かない所にありますか?

立っち・あんよのころ〜

- □ 転倒したら机の角などにぶつかる場所に座らせていませんか?
- □ コンセントなどに触れたり、物を入れたりできないよう、ガードやカバーをつけていますか?
- □ 電化製品のコードは引っ張れないように工夫していますか?
- □ 台所や洗面所、浴室など危険なものが多い場所に、赤ちゃんが入れないようにゲートをつけるなど工夫していますか?
- □ 階段など転落の危険がある所に赤ちゃんが行けないようにしていますか?
- □ ストーブやヒーター、ビデオデッキの取り出し口などにガードをつけましたか?
- □ 洗面台や台所の開き戸、軽い引き出しにロックをかけていますか?

室内のチェックポイント

赤ちゃんの目線になって、わが家の安全チェックを

赤ちゃんの見ている世界は大人と違います

赤ちゃんは私たち大人より低いアングルで、周囲を見ています。試しに寝ている赤ちゃんの隣に寝転んで、周囲を見回してみましょう。床の隅に転がっているものが見えます。また、天井を見上げると、たんすが高層ビルのように見えます。地震が来ても倒れないように固定する必要があります。

次に、はいはいする赤ちゃんの目線で、床をぞうきんがけしてみましょう。背の低い戸棚が目の前にあれば、引き出しが開かないようにロックが必要です。赤ちゃんが立っちできるようになったら、正座した姿勢で部屋を見回してみます。テーブルの上に、財布などを置いたままにしないようにしましょう。

ねんね・寝返りのころ（0～5カ月）

床から約10cmの世界

床やカーペットの上に座布団などを敷いて、赤ちゃんを寝かせるとき、手の届く範囲に危険なものがないかチェックしましょう。

おすわり・はいはいのころ（6～10カ月）

床から約30cmの世界

リビングのローテーブルの上や、チェストのいちばん下の引き出しなどに手が届くようになります。

立っち・あんよのころ（11カ月～1才6カ月）

床から約65cmの世界

ダイニングテーブルにつかまり立ちして、テーブルの上に手が届くようになります。行動範囲が広がり、ベランダや階段、ふろ場などへの移動も自在に。

誤飲ややけどが起こりやすい

リビング

リビングは、ママと赤ちゃんが日中過ごす場所。家具や家電製品など、必要な日用品が置かれていますが、そのどれもが赤ちゃんにとっては新鮮で興味を引かれるものばかり。小さなものの誤飲や、暖房器具によるやけどなどに注意しましょう。なんでも口に入れたがる、触ってみたくなる赤ちゃんの気持ちを理解した上で、危険なものは直接触ることができないようにすることが必要です。

危険1 電気コードが整理されていない

対策 束ねて、家具の裏側へ

テレビや携帯などの充電器、扇風機にホットカーペットと、家電製品が多いリビング。それらの電気コードは赤ちゃんの格好の遊び道具になります。コードに足をひっかけてころんだり、コンセントにピンなどを突っ込んで感電することも。

電気コードは最小限にし、束ねて家具の裏など、赤ちゃんの手の届かない場所にしまいます。使用頻度の少ないコンセントは専用グッズなどでカバーし、感電を防ぎましょう。

危険2 加湿器やアイロン、抱っこしたまま飲む熱い飲み物

対策 片づける・抱っこのまま飲まない

加湿器の蒸気や熱くなったアイロンを触ってやけどする危険が。電源をオフにした直後でもアイロンの表面温度は約90度。もし、赤ちゃんが触ってしまったらやけどを負うことになります。

加湿器は手の届かない所へ、アイロンは使ったらすぐ片づける習慣を。赤ちゃんが起きている時間はアイロンを使わないのも一案です。赤ちゃんを抱っこしたままコーヒーなどの熱い飲み物を飲むのもやけどの原因になるのでやめましょう。

危険3 部屋の中で靴下をはかせている

対策 家の中では、はだしで

あんよをする赤ちゃんに靴下をはかせていると、滑りやすく転倒の危険が。床に散らばったおもちゃにつまずいて転び、けがをすることもあります。家の中でははだしで過ごさせましょう。丈の長いズボンやスパッツの裾を折り曲げてはかせるのもやめましょう。

危険4 床にゴミ箱が置かれている

対策 手の届かない場所へ移動

赤ちゃんのそばにゴミ箱があると、赤ちゃんは興味の対象を見つけたとばかりに、中身を探り始めます。誤飲したり、鋭利なゴミによって手を切ったりする危険があります。

ゴミ箱は赤ちゃんの手が届かないように、床から1m以上高さのある棚などの上に移動しましょう。粘着テープつきのフックを利用して、ゴミ箱をつるすのも手。

危険5 開き戸や引き出しが開けられる状態になっている

対策 開き戸や引き出しはロック

開き戸の取っ手は、赤ちゃんが興味を持ちやすい場所。開き戸に指を挟んだり、テレビ台の中のAV機器の取り出し口に手を入れてけがをすることも。

市販の危険防止グッズや、量販店でもらえる持ち手とゴムで取っ手をロックしましょう。

危険6 テーブルの角や直角の柱

対策 クッション材などでカバー

はいはいやあんよの途中で、テーブルや家具の角に頭をぶつける、つかまり立ちやあんよ中に、バランスを崩して柱で顔を強打するなどの可能性が。

テーブルの角は専用グッズやクッション材でガード。赤ちゃんスペースにクッション材を敷くのもおすすめです。

危険7 テーブルの上に小物や高温のものが置かれている

対策 小物を置きっぱなしにしない

テーブルの上の小物はすべて誤飲の危険が。早い子は4～5カ月で手にしたものを口の中に入れて確かめようとします。高温の飲み物でやけどをするケースも。たばこ、ボタン電池、薬などの小さなものはもちろん、アルコールやビニール袋なども手の届かない場所へ。

危険8 ソファに赤ちゃんを寝かせたまま、目を離す

対策 赤ちゃんから目を離さない

ねんねのころも足や体を動かすことがあるので、ソファから転落することがあります。30cmの高さでも、転落によって大きな事故になる危険性が。

赤ちゃんをソファに寝かせたまま1人にしないで。赤ちゃんから目を離す場合は柵を上げたベビーベッドへ移動させて。

危険9 ホットカーペットの上に赤ちゃんを寝かせている

対策 長時間寝かせない

ホットカーペットや床暖房に赤ちゃんを長時間寝かせていると低温やけどをする危険性があります。赤ちゃんを長時間、寝かせないようにしましょう。

ホットカーペットのスイッチを切る、またはベビーベッドへ移動させましょう。

転落、窒息のリスクが高い

寝室

月齢の低い赤ちゃんほど、寝室やベビーベッドで過ごす時間が長くなります。でも「寝室＝安全」と考えるのは大間違い。とくに首すわりや寝返りが未熟な時期は、顔に布団がかかったり、やわらかい布団に顔が埋もれて窒息事故が起こる危険が。また寝返りができるようになると、ベビーベッドからの転落も起こりやすいので、ベビーベッドは必ず柵を上げた状態で使いましょう。

危険1 ベビーベッドの真上にカレンダーなどをはっている

対策 ベッドの周囲に物を置かない

何かの拍子にはずれたカレンダーが赤ちゃんの顔に落下し、けがをしたり、顔全体を覆って窒息する危険が。またカレンダーを留めたピンや画びょうなどが落下し、けがをしたり誤飲をしたりする危険も考えられます。

ベビーベッドのまわりには額縁、カレンダーなど、落下する危険性があるものは置かないようにしましょう。ベッドの柵に衣類をかけるのもNG。

危険2 ベビーベッドの柵が下がっている

対策 必ず柵は上げ、物を置かない

ベビーベッドから転落して、体を床に強打する可能性が大。家事などでベッドのそばを離れるときも、いったん柵を上げることを忘れないで。つかまり立ちできるころに、ベッドの中にぬいぐるみなどを置いておくと、柵が上がっていてもそれを踏み台にして転落することがあります。寝具以外は置かないで。

危険3 スタイをしたまま寝かせる

対策 はずしてから寝かせる

スタイのひもが首に絡まることもあるので危険。またスタイが赤ちゃんの顔を覆い、窒息を起こす危険もあります。よだれが多い時期はつい、ねんねのときもスタイをつけたままにしがちですが、はずしてから寝かせる習慣をつけましょう。

危険4 顔のまわりにぬいぐるみややわらかい布団がある

対策 顔のまわりには何も置かない

やわらかい布団やぬいぐるみ、ボックスティッシュなどが顔のまわりにあると、寝返りしたときに顔が埋もれ、窒息する可能性があります。

やわらかい布団や重い布団は使わず、呼吸の妨げになるものは顔の近くに置かないようにしましょう。ベッドとマットレスのすき間もふさぎ、窒息事故を防止。

やけど、誤飲などの危険がいっぱい

キッチン・ダイニング

キッチンは赤ちゃんの好奇心をそそるものがいっぱい。まずは、赤ちゃんをキッチンに入らせない、遊ばせないことが大事です。ねんね・寝返りの時期は、大人が抱っこしたまま冷蔵庫などを開けた際に、転落させるケースが。おすわり・はいはいの時期は洗剤の誤飲、こんにゃくゼリーなどをのどに詰まらせて窒息事故を起こさないように注意を。立っち・あんよの時期はとくにやけどに注意が必要です。

危険1 蒸気が出るものを手が届く所に置く

対策 入り口にゲートをつける

炊飯器など蒸気が出るものが低い位置に設置されていると、赤ちゃんが手を伸ばしてやけどする危険があります。炊飯器やオーブントースターなどは、赤ちゃんの手が届かない場所に移動しましょう。いちばん効果的なのは、市販のベビーゲートをつけるなどして、キッチンに赤ちゃんが入れないようにすること。食事のしたく中は、ゲートの外にいる赤ちゃんに声をかけながら、見守りましょう。

危険2 冷蔵庫の低い位置にマグネットがついている

対策 小さなマグネットは使わない

冷蔵庫につけるマグネットは、はいはいや立っちができるようになると誤飲する危険があります。

直径約40㎜以下の大きさのものは、赤ちゃんが飲み込める大きさです。高い位置につけていても、落ちる可能性がありますから、誤飲の危険がある大きさのマグネットは使わないようにしましょう。

危険3 踏み台となるものが置いてある

対策 ゴミ箱などは置かない

ゴミ箱などを踏み台にし、テーブルの上の熱い料理をひっくり返して、やけどをする危険があります。また赤ちゃん用の椅子から立ち上がり、転落するケースもあります。

野菜ケースやゴミ箱などは撤去し、赤ちゃん用の椅子に座らせるときは、ベルトを必ず締めましょう。

危険4 テーブルクロスの上に料理を置く

対策 テーブルクロスは使わない

赤ちゃんが引っ張って、食器や熱い料理ごとひっくり返すことが。

テーブルクロスは使わないようにしましょう。湯沸かしポットや電気ジャーなどをテーブルに置いている場合は、手が届かない場所への移動を徹底して。

溺水・転倒に注意を

おふろ・洗面所

おふろ・洗面所の事故で最も怖いのが溺水です。赤ちゃんが浴槽や踏み台になるものを足場に洗濯機をのぞき込んで落ち、おぼれてしまう危険があります。自分ではい出せない赤ちゃんは、わずか10cmの深さの水でもおぼれてしまうといわれています。また、大人が抱っこしておふろに入ったときに手が滑って落とすケースもあります。常に万全の注意を払いましょう。

危険1 浴室に自由に出入りできる

対策 浴室には鍵を

洗い場や浴槽のまわりで自由に遊ばせるのは、事故の原因になります。また、浴槽のそばに踏み台になるおけや椅子を置くと、それに上がって浴槽に転落し、残し湯でおぼれることがあります。浴室に入れないように扉の鍵は必ずかけておきましょう。

危険2 残し湯をする

対策 水は必ず抜く

おふろのお湯を追いだきで翌日も利用したり、洗濯に使ったりするため、残し湯をしている家庭も多いかもしれません。でも、0~2才ごろの乳幼児期は、節水より赤ちゃんの安全を優先しましょう。赤ちゃんは浴槽に落ちてしまうと身動きができず、おぼれてしまいます。水は必ず抜くようにしましょう。

危険3 シャンプーや洗剤、かみそりが手の届く所にある

対策 かごにまとめて棚に上げる

化粧品や洗剤類の誤飲に注意しましょう。また、かみそりやシャンプーは赤ちゃんの手が届かない場所にまとめて置きましょう。洗面所の扉が開いていると、勝手に入ることがありますから、ドアを閉め、入れないように工夫することも大事です。

危険4 洗濯機のそばに踏み台になるものを置いている

対策 足場になるものは置かない

洗濯機のふたがすぐに開くようになっていると、ママがいつも開けているのをまねしてのぞき込み、落ちることがあります。洗濯機のまわりに踏み台になるものを置かないようにしましょう。また、ねんねのころ、赤ちゃんと一緒におふろに入ったまま、洗濯機のふたの上にタオルを敷き、赤ちゃんの体をふいたり着替えをさせたりするのは危険。絶対にやめましょう。

転落事故が多い場所

階段・玄関

階段や玄関は段差での転落が心配な場所です。赤ちゃんがはいはいやあんよができるようになると、事故が急増します。まずは階段の下にベビーゲートなどをつけて、赤ちゃん1人で玄関や階段に行けないような工夫をしましょう。

また、ねんねの時期でも抱っこしながら移動するときに、足元が見えず、段差でつまずいて転倒し、赤ちゃんもママもけがをすることがあります。

危険1 階段を自由に上り下りできる

対策 階段下などにゲートをつける

赤ちゃんがはいはいできるようになったら、階段下や階上の部屋の入り口にベビーゲートなどをつけて、自由に階段に行けないようにしましょう。

赤ちゃんを抱っこしながら階段を上り下りするときは、必ず足元を確認しながら落ち着いて行動しましょう。また、階段の途中につまずきのもとになる物を置かないようにしましょう。

危険2 玄関マットに滑り止めがついていない

対策 滑り止めをつけて防止

玄関マットに滑り止めがついていないと、踏むたびにマットが動き、足をとられてけがをすることがあります。歩き始めた赤ちゃんはもちろん、赤ちゃんを抱っこしながら、靴を履いたりするときも注意が必要です。玄関と段差があるため、赤ちゃんを抱いたまま滑って転んでけがをすることも。玄関マットには必ず滑り止めをつけ、固定しましょう。

危険3 玄関の鍵をかけていない

対策 鍵をかける習慣を

赤ちゃんはママやパパの行動をよく見ています。あんよができるようになると、玄関のノブを左右に動かせば開くことを覚えます。気がついたら玄関が開いていて、赤ちゃんが道路に出ていたなどということがないように、玄関には必ず鍵をかけましょう。防犯の上でも大事な習慣です。

危険4 倒れやすいものが置いてある

対策 玄関スペースを物置にしない

ゴルフバッグやスキー板、廃品に出す予定のものなど、玄関スペースを物置にしていませんか？　何かの拍子に倒れてきて、赤ちゃんが下敷きにならないとも限りません。玄関スペースには物を置かないようにしましょう。ほかに置き場がないときは、横に倒しておくなどの工夫を。

外をのぞき込んで事故が

ベランダ・窓

ママやパパが目を離したすきに赤ちゃんが1人でベランダに出られないように、ドアや網戸に鍵をかけるか、ベビーゲートなどを設置しましょう。また、ママやパパがベランダに出ているときも、転落を防ぐために、柵の手すり付近に踏み台になる箱などを置くのは極力避けましょう。パパがベランダでたばこを吸う場合は、吸い殻を赤ちゃんの手の届かない場所に置くようにしましょう。

危険1 踏み台になるものを置いている

対策 箱や鉢植えなどを置かない

ベランダにビールケースなど、踏み台になるものを置くと、その上に乗って、ベランダの下をのぞき込み、赤ちゃんが転落する恐れがあります。新聞・雑誌の束や椅子、プランターなど、足場になるものは置かないようにしましょう。

また、ベランダで園芸を楽しんでいる場合、ガーデニング用の肥料や農薬が赤ちゃんの手に届く所に置いてあると、誤って口にする危険があります。必ず手の届かない場所に片づけましょう。

危険2 ベランダのドア・窓が開いている

対策 ドア・窓にはいつも鍵をかける

朝、晩、空気の入れ換えをしたり、洗濯物を干すために出たりと、頻繁に開け閉めするベランダのドア。「マンションの上階だから泥棒も来ないし……」などと、つい鍵をかけ忘れていませんか？ベランダのドアの鍵はかけても網戸までは……という家もあるかもしれません。網戸のほうが軽く開閉できて、赤ちゃんがベランダに出たり、指を挟んだりしやすいもの。突っ張り棒などをし、1人で開閉できないようにしましょう。また、窓は転落する危険があるため、開けっぱなしは厳禁。必ず鍵をかけましょう。

危険3 カーテンが束ねられていない

対策 きちんと束ねる

カーテンが束ねられていないと、カーテンで「いないいないばあ」などをして遊んでいるうちに巻き込まれて、窒息する危険があります。また、カーテンを自分で閉めたり開けたりして遊んでいて、そのままカーテンにもたれかかり、開いていた窓からベランダに落ちて頭を打つなどのケースも。カーテンは必ず束ねましょう。

ブラインドをつけている家は、ブラインドのひもが首に絡み窒息する危険があるので、ひもは赤ちゃんの手が届かないようにまとめましょう。

外出時のチェックポイント

移動中も赤ちゃんから目を離さず、事故を招かないよう注意を

チャイルドシートやベビーカーは正しく使う

車やベビーカー、自転車での外出時の事故は、重症になったり、命にかかわる可能性が高くなることがあります。ママやパパの気が緩んだときほど、赤ちゃんの事故が起こりやすいので、チャイルドシートや自転車などは適正な使い方を心がけ、常に赤ちゃんから目を離さないようにしましょう。

ベビーカー

転落や転倒、指挟みに注意しましょう

ベビーカーは一見安定した乗り物のように思えますが、使い方を誤ると、転落や転倒、折りたたみの際の指挟みなどの事故が起こるので過信は禁物です。

とくに注意したいのが、赤ちゃんがベビーカーからずり落ちる事故。赤ちゃんを乗せているときはシートベルトを留めて、ベビーカーのそばから離れないようにしましょう。また、階段やエスカレーターで、赤ちゃんをベビーカーに乗せたまま移動しているママやパパを見かけますが、足を踏み外したら大事故につながる危険大。必ずベビーカーから降ろして移動しましょう。また、混雑したバスや電車など公共の乗り物では、ベビーカーをたたんで乗車しましょう。

Check!

- □ シートベルトで赤ちゃんの体を固定していますか?
- □ ベビーカーのハンドルに荷物をぶら下げないようにしていますか?
- □ 階段やエスカレーターでは、赤ちゃんをベビーカーから降ろし、抱っこしていますか?
- □ ベビーカーでのお出かけは短時間に限っていますか?

車

走行中の授乳、車内に置き去りはＮＧ

6才未満の子どもには、チャイルドシートの着用が義務づけられています。産院からの退院時、自家用車で帰宅する場合はチャイルドシートが必要です。

乳児期は車の進行方向に対して後ろ向きに、1才を過ぎ、体重が10kgを超えたら進行方向と同じ向きに取り付けます。赤ちゃんがいたずらしないように窓やドアは必ずロックしましょう。また、ほんの数分でも、赤ちゃんを車内に置き去りにするのは危険。締めきった車中に赤ちゃんを残すのは熱中症の原因になり、命にかかわるため、絶対にやめましょう。

Check!

- □チャイルドシートは後部座席に正しく装着していますか？
- □ドアや窓はきちんとロックされていますか？
- □乗り降りのときに、赤ちゃんの指が挟まれないように注意していますか？
- □授乳はパーキングエリアなどで、停車してから与えていますか？
- □短時間でも、車内に赤ちゃんを置き去りにしないようにしていますか？

スリング・抱っこホルダー

階段の上り下り、段差では足元の確認を

スリングやたて抱きの抱っこホルダーは、足元が見えにくくなるのが難点。前抱っこをしたままママやパパが転倒すると、赤ちゃんの頭を強打する事故につながる可能性も。階段の上り下りや段差のある場所ではとくに注意しましょう。

Check!

- □抱っこでお出かけするときは、安定感のある靴を選んでいますか？
- □階段や段差では、足元を確認しながら、ゆっくり歩いていますか？

自転車

ルールを守って、安全に走行しましょう

子どもを乗せての自転車事故は、駐輪中や子どもをシートに乗せ降ろしするときに多く起きています。たとえ一瞬でも、子どもを乗せたまま自転車から離れないようにしましょう。ヘルメットをかぶらせ、シートベルトを締めることも大切。

Check!

- □「あと乗り先降ろし」を守っていますか？
- □ヘルメットをかぶらせていますか？
- □買い物袋はハンドルに下げず、かごに入れていますか？
- □自転車から離れるときは、子どもを乗せたままにしないで、降ろしていますか？

応急処置と受診の目安

「もしも」のときに備えて、応急処置の基本を知っておきましょう

ぶつけた

けがの状況を確認し、冷やしたり安静にして

赤ちゃんはあんよをしていて転んだり、よろけた拍子に家具などにぶつかることがあります。あわてずに、けがの状況や意識があるかを確認しましょう。

●頭や顔を打ったとき

大声で泣いたり、こぶができても、そのあとケロッとしているなら心配なし。患部を冷水で絞ったタオルで冷やして。

●おなかや胸を打ったとき

体に触れてみて、とくに痛がる部分がなければまず問題はありません。おなかを打ったときは服を緩めて安静にさせて。

●腕や足を打ったとき

打った部分がひどく腫《は》れたり、触ると激しく痛がる場合は病院へ。赤くなっている程度なら、冷やして様子を見ます。

出血した

傷口を清潔なガーゼで圧迫して止血を

かすり傷程度なら、傷口を流水できれいに洗い、泥や破片がついていたら取り除きます。水分をふいたら、傷口をばんそうこうや清潔なガーゼで圧迫して止血を。

●頭から出血しているとき

清潔なタオルなどで傷口をしっかり押さえて止血し、しばらく様子を見て。傷が深い、大きい場合は必ず受診を。

●傷口が開いているとき

傷口を清潔なガーゼなどで5分以上強く圧迫し、止血を。それでも出血し続けるときや傷が深い、大きい場合は病院へ。

●唇や口の中を切ったとき

唇からの出血は、清潔なガーゼなどで唇をつまんで圧迫し止血を。口の中や歯ぐきは、ガーゼを傷口に当てて止血を。

やけど

患部を流水などですぐに冷やして

すぐに患部を10分以上冷やして。基本は流水ですが、部位や状況によって異なります。冷やしすぎると体温が下がるので、身震いを始めたら冷やすのはやめて。

●腕・足をやけどしたとき

弱めの流水を患部の少し上からまんべんなくかけて冷やします。洗面器やバケツに水を流したまま手足をつけてもOK。

●顔・頭をやけどしたとき

顔は冷水で絞ったタオルを交換しながら冷やします。頭はシャワーの水を直接かけます。

●全身・広範囲をやけどしたとき

衣類を脱がせると皮膚が一緒にはがれることも。衣類のままシャワーをかけ、そのあと毛布にくるんで病院へ。

挟んだ

内出血や痛みがひどいときはすぐに受診を

好奇心が旺盛な赤ちゃんは、窓や引き出し、扉を1人で開閉したがり、すき間に指を挟む恐れがあります。扉の勢いが強いと、骨折など大きなけがをする危険も。赤ちゃんの様子を観察し、腫れや痛みが続く場合や、出血が止まらないとき、また、内出血して紫色になっている場合はすぐに受診しましょう。

●出血があるとき

患部を清潔なガーゼなどで圧迫して止血し、そのあとは冷水で絞ったタオルを当てて冷やし、様子を見ましょう。

誤飲した

飲んだものを確認して吐かせるなどの対処を

赤ちゃんの手が届く場所に、口に入る大きさのものを置くのは避けましょう。ラップの芯（直径約40㎜）の中を通る大きさのものは飲み込める大きさなので、とくに注意が必要です。

呼吸が弱くなったり、せき込んで苦しそうなときは、のどに異物が詰まっているサインです。下の図を参考に、たたいて吐かせましょう。それでも取ることができない場合は、至急病院へ。

吐かせてはダメなもの

- × 先がとがったもの（体の中に突き刺さる恐れがあります）
- × 揮発性の灯油、ベンジン、マニキュアの除光液など（吐かせるときに一部が気管に入り、誤嚥性肺炎《ごえんせいはいえん》を起こす危険が）
- × 強酸性、強アルカリ性のトイレ用洗剤・義歯洗剤など（吐かせるときに食道の粘膜を傷めます）

●のどに詰まっているとき

口の中に指を突っ込んで取り出そうとせず、赤ちゃんを太ももの上にうつぶせにして抱え、背中をたたいて吐かせましょう。

●飲んだとき

飲んだものをチェックし、吐かせてOKなものなら、大きく口を開かせ、スプーンなどで舌のつけ根を下に圧迫して吐かせます。のどの奥に指を突っ込むのはNG。

中毒110番

処置がわからないときは、かかりつけ医か公益財団法人 日本中毒情報センターの「中毒110番」に連絡を

- **大阪中毒110番**
  ☎072・727・2499
  （365日24時間対応・無料）
- **つくば中毒110番**
  ☎029・852・9999
  （365日 9 ～21時対応・無料）
- **たばこ専用電話**
  ☎072・726・9922
  （365日24時間対応　テープによる一般向け情報提供・無料）

おぼれた

意識の有無を確認し、温めるなど対処を

赤ちゃんがおぼれると、のどの奥（咽頭）が反射的に閉じて窒息状態になり、呼吸が止まります。水中に沈んだあとに、意識がないときは、至急救急車を呼び、来るまでに心肺蘇生を行いましょう。

●意識があるとき

頬をたたくなどして反応があるなら安心。体を冷やさないように毛布などでくるんでから、病院へ。

●意識がないとき

反応がない場合は、頭を後ろへ反らし、あごを持ち上げて気道を確保し、すぐに救急車を呼んで。

救急車の呼び方

局番なしの「119」番にかけて「救急です」と告げ、住所、氏名など聞かれたことにはっきり答えます。救急車が到着するまで指示された応急処置を行い、健康保険証やお金も準備しておきます。救急車が着いたら、事故の経過や症状、応急手当の内容を説明しましょう。

心肺蘇生の行い方

2人いるときは1人が心肺蘇生を行っている間に、もう1人が救急車を呼びます。1人だけのときは、4の段階で救急車を呼びます。1才以上はAED（自動体外式除細動器）が近くにあれば手配を。どちらも救急車が到着するまで心肺蘇生を続けます。

1 気道を確保する

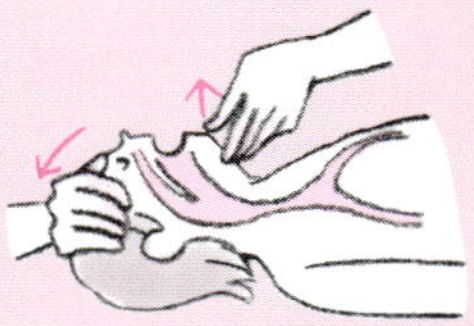

あお向けに寝かせて、頭を後ろに反らせ、指で上あごを持ち上げます。1才未満の赤ちゃんは頭を反らせすぎると首を傷めるので注意して。赤ちゃんの口元に顔を近づけ、呼吸があるか確認します。呼吸があるときは、頭を横向きにして吐かせ、水などが気管に流れ込まないようにします。

2 人工呼吸をする

気道を確保しても呼吸がない場合は、人工呼吸をします。赤ちゃんの口と鼻を同時にママやパパの口で覆い、1秒～1.5秒、胸が軽くふくらむ程度に息を吹き込み、赤ちゃんの口から息が出てくるのを待ちます。2回行ってみて、気道を確保した状態で、体を動かしたり、息やせきが出たりなど意識が戻りかけているかどうかを、10秒以内で確認します。

3 心臓マッサージをする

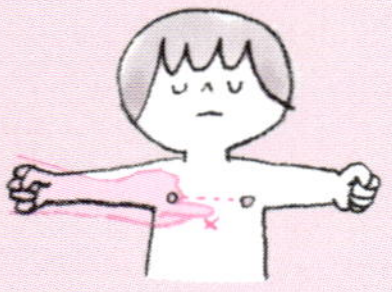

人工呼吸で何も反応が見られなければ、心臓マッサージを行います。赤ちゃんをかたく平らなところに寝かせます。左右の乳首を直線で結んだ線の中央から少し下の部分を、1才未満の場合は中指と薬指で胸の厚みの3分の1が沈み込む程度に強く何回も圧迫します。1才以上の子どもの場合は、左右の乳首を直線で結んだ線の中央を、指を浮かせた手のひらで圧迫します。1分間に約100回のリズムが目安です。

4 心臓マッサージ＋人工呼吸

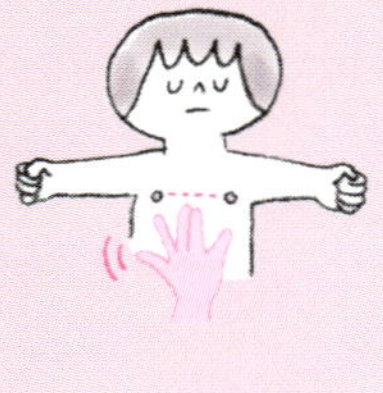

それでもなんの反応もないようなら、心臓マッサージ30回＋人工呼吸2回をセットで繰り返します。

Part★6

かかりやすい病気とホームケア

赤ちゃんは６カ月以降、ママからもらった免疫が切れると、
かぜなどの感染症にかかりやすくなります。でも、赤ちゃんは風邪を
ひきながら病気に対して抵抗力をつけていくので、
ママやパパは赤ちゃんの突然の発熱にあわてず、
機嫌や顔色などの様子をよく見て、対処することが大切です。
いざというときのために、ホームケアのしかたを知っておきましょう。

「いつもと違う」と思ったら、医師に相談しましょう

赤ちゃんが最もかかりやすいのは感染症

赤ちゃんがかかりやすい病気で最も多いのが感染症です。赤ちゃんは、ママのおなかにいるときは胎盤から、生まれてからはおっぱいから免疫（病原体と闘う力）をもらいます。そのため、生後6カ月くらいまでは比較的病気にかかりにくいのですが、生後6カ月を過ぎるころになると、免疫の効力がしだいに薄れ、外出の機会も多くなるため、風邪などの感染症にかかりやすくなります。

赤ちゃんの病気には、病気の状態を把握して病院で緊急に治療を受ける必要があるものと、そうではないものがあります。ママやパパだけの判断だけでは、時に、重大な病気が見過ごされてしまうことも。「変だな」「いつもと違うな」と思ったら、迷わず医師に相談しましょう。

赤ちゃんが突然熱を出したり、吐いたりすると、ママやパパは不安になりますが、赤ちゃんは風邪などの感染症と闘いながら、自分の力で免疫をつくっていきます。免疫ができると、同じウイルスには感染しにくく、かかっても軽く済むようになりますから、風邪をひくことにも大きな意味があるのです。

風邪だと診断されたときは、不安にならずに、適切なホームケアで症状を和らげてあげましょう。

大人と違う病気のプロセスを知りましょう

大人と赤ちゃんでは、病気の進み方が大きく異なります。赤ちゃんの病気は悪くなるのも早いのですが、いったん回復のプロセスに入ると、どんどんよくなっていきます。そして、病気が治ると、今まで以上に、体力がついていきます。

赤ちゃんが病気になったとき、こうした特徴を知っておけば、やみくもに不安になるだけでなく、ママやパパもほんの少しだけ落ち着いて対処できるようになるはずです。

病院へ行くときはメモをとって

たとえば、熱が出たときは、体温だけでなく、「いつごろから熱があるのか？」「おっぱいやミルクの飲み具合はどうか」「吐きけや下痢など、ほかの症状がないか？」などのメモが、赤ちゃんの病気を判断するときにとても大切な情報になります。落ち着いて赤ちゃんの様子を観察し、メモをとる習慣を身につけておきましょう。

体調がわかる 5つのサイン

笑いますか？

ママやパパが赤ちゃんをあやしても、いつものような笑顔が見られないときは、体調が悪い可能性が大。とくに、熱や下痢などの症状がなくても、なんとなく元気がない、機嫌が悪い、いつまでもぐすぐず泣いているときは、全身状態が悪くなっている可能性も考えられます。できるだけ早く受診しましょう。

食欲はありますか？

食欲は赤ちゃんの元気を知るバロメーター。おっぱいやミルク、またはお茶などの水分、離乳食などをとりたがらない、いつもは喜んで食べるものにも興味を示さないときは、やはり、全身状態が悪くなっている可能性があります。この場合も、まずは発熱などがないかをチェック。発熱などの症状がなくても、食欲不振が続くときは、早めに受診をしましょう。

眠りますか？

いつもはしない夜泣きを頻繁にする、昼間に興奮した出来事があったわけではないのに、夜にぐずぐずと起きる、泣き続けて眠れないといった、眠りに変化があるときも、なんらかの病気が隠れていることがあります。眠りの変化だけでなく、食欲や機嫌にも変化が起きていることが多いので、赤ちゃんの様子をよくチェックして。目立った症状がなくても、「なんだかいつもと違う」と感じたら、すぐに小児科を受診しましょう。

おしっこやうんちはどうですか？

おしっこやうんちの回数は、赤ちゃんの体調を知る大きな手がかりになります。おしっこやうんちの回数や、色、量、状態など、普段の様子をよく観察しておき、その変化をチェックする習慣をつけておきましょう。とくに、おしっこが半日出ない、水分を受けつけずに、なんだかぐったりしているとき、血の混じったうんちが出たときは、至急受診する必要があります。

体温や呼吸、顔色はどうですか？

赤ちゃんを抱っこしたときに、顔や体がなんだか熱く感じるとき、息づかいが荒く、呼吸が速くなったり、深くなったりしているときは、まず熱がないかをチェックしましょう。とくに、生後3カ月未満の赤ちゃんが38度以上の熱を出したときは要注意！　発熱とともに、ぐったりして元気がないとき、水分も受けつけないときは、やはり早急に小児科を受診しましょう。

発熱

熱は、ウイルスや細菌の活動を抑えようとする体の防御反応です

健康なときの赤ちゃんの様子を知っておきましょう

　赤ちゃんはよく熱を出します。熱は、体に侵入したウイルスや細菌の活動を抑えようとする体の防御反応です。一般に37・5度以上を発熱といいますが、ウイルスや細菌は37度くらいの体温のときに活動が盛んになるので、体温を上げて、病原体の活動を抑えようとします。

　赤ちゃんは体温調節が未熟なため、室温や厚着などが原因で熱が上がることもあります。これらの問題がなく、普段より肌が熱い、おっぱいを飲む口の中が熱い、ひどくぐずるといった場合は、わきのしたで測る体温計で体温を測り、発熱していないか確認しましょう。日ごろから赤ちゃんの平熱を知っておくことも大切です。

　熱は赤ちゃんの体力を消耗させますが、病原体と闘う力（免疫力）を高めることができます。発熱すると熱の数値に気をとられがちですが、高熱だけで体に障害を与えることはありません。30分から1時間後に熱を測り、熱が下がっていたら、そのまま様子を見ます。また、熱があっても、食欲があり元気なら、様子を見ながらケアしましょう。

　ただし、3カ月未満の赤ちゃんが38度以上の発熱でぐったりしているとき、4カ月以上の赤ちゃんが40度以上の熱が出ているときは、できるだけ早く受診しましょう。

発熱したら、全身の様子をチェックしましょう

　発熱は病気のサインであることもあります。発熱時は、嘔吐《おうと》や下痢、せき、発《ほっ》疹《しん》など、赤ちゃんの全身の様子をよく観察しましょう。表情や機嫌、食欲、呼吸の状態、おしっこの回数など、赤ちゃんの様子で普段と違う点がないかどうかも確認します。

少しずつでも水分がとれるかどうか確認を

　発熱すると水分が奪われて、脱水症状を引き起こす恐れがあります。湯冷ましや麦茶、経口補水液（薬局などで買えます。使用は医師の指示のもと）、イオン飲料などを、1時間に1回を目安に与え、小まめに水分補給を。吐きけがあるときは吐きけが治まってから、少量ずつ与えます。

　水分は食べ物からでもとれますが、食べ物や飲み物を受けつけず、半日以上水分をとっていない場合は、できるだけ早く受診しましょう。

ママやパパができること

熱を測り、熱の出方をメモしましょう

赤ちゃんの体温を測るときは、わきのしたで。寝かせて測ると体温計が動いて正確に測れないので、ママが抱っこして、腕をしっかり押さえて測ります。37・5度以上あれば、熱があると考えていいでしょう。体温は夕方が高めで、朝方は低めです。1日に何回か測ってみて、その変化を知ることも大切です。

嫌がらなければ冷やしてあげて

嫌がらなければ、頭とおでこを冷やしてあげましょう。市販の冷却シートは、赤ちゃんが動いたときに、鼻や口をふさぐ心配があるので、できれば氷枕やタオルで冷やしてあげましょう。冷やすことで気持ちがよくなったり、ママが赤ちゃんに話しかけたり、おでこに手を当てたりすることで、赤ちゃんも安心することができます。

おふろは赤ちゃんの様子と発熱の程度で決めます

熱があっても元気なら、さっと浴槽に入れたり、シャワーを浴びさせたりしても大丈夫。38・5度以上の発熱があるとき、機嫌が悪いときは控え、湯で絞ったタオルで体をふいてあげましょう。

水分補給 発熱時は必ず水分補給を

発熱で注意したいのが脱水症状です。湯冷ましや麦茶、経口補水液（使用は医師の指示のもと）などで、少しずつ何回にも分けて与えます。

おっぱい ミルク 欲しがるだけ飲ませて

おっぱい、ミルクとも、欲しがるだけ飲ませて、不安を解消してあげましょう。

離乳食 無理強いしないで

発熱すると食欲が落ちますが、おかゆやうどん、野菜スープなど、いつもよりやわらかめで消化がいいものを、食べられる量だけ与えましょう。

すぐに病院へ！

- ３カ月未満の赤ちゃんで、38度以上の熱がある
- ぐったりして元気がない
- 呼吸が速くて苦しそう。呼吸をすると小鼻がピクピクし、胸もペコペコへこむ
- 顔色が悪く、唇が紫色になる
- 嘔吐《おうと》や下痢が続き、水分さえ受け付けない
- けいれんを起こしたとき

様子を見て病院へ

- 目立った症状がないのに、熱だけが38度以上と高い
- 発疹《ほっしん》がある
- せきが激しい
- 熱が続く
- 熱だけでなく、機嫌が悪い、食欲がない、下痢、嘔吐などの症状がある

家でケアしながら様子を見る

- 37度台の熱で、機嫌もよく食欲もある

風邪症候群《かぜしょうこうぐん》

赤ちゃんの病気のほとんどを占めるものです

その他の症状● 鼻水、せき、下痢、嘔吐

こんな病気　ウイルス感染により、発熱・鼻水・せきなどが出ます

鼻からのど、気管の入り口である上気道と呼ばれる部位に急性の炎症が起こる、いわゆるかぜのことです。鼻水や鼻詰まり、せき、くしゃみが主な症状で、感染したウイルスの種類によっては発熱や下痢、嘔吐を伴うこともあります。

症状の重さはさまざまで、38度以上の熱が出ることもあり、食欲が落ちることも。熱は2～3日で下がり、1週間くらいでほかの症状は治まります。熱が3日以上続く場合は、別の病気も考えます。

治療とホームケア　つらい症状を和らげながら自然に治るのを待ちます

症状が軽ければ自然に治るのを待ちますが、症状を軽くして快適に過ごさせる目的で、症状を和らげる薬を使うこともあります。

発熱すると、体から多くの水分が奪われます。水分が不足し脱水になることも。湯冷ましや麦茶、ベビー用イオン飲料などで、小まめに水分補給をしましょう。

せきや鼻水がひどい場合は、部屋を加湿したり、鼻水を鼻吸い器などで吸い取ってあげてもいいでしょう。

インフルエンザ《いんふるえんざ》

感染力が強く、流行の規模が大きいのが特徴。合併症の恐れもあります

その他の症状● せき、鼻水、頭痛、筋肉、関節の痛みなど

こんな病気　風邪よりも強い症状が全身に出るのが特徴

感染者のくしゃみやせきで飛び散ったインフルエンザウイルスが、鼻やのどの粘膜から侵入して発症する感染力の強い病気です。通常、インフルエンザウイルスは、低温低湿で活動が活発になるため、冬から春に流行しますが、流行するウイルスの型や時期が毎年異なるため、季節を問わず流行情報に注意が必要です。流行時は人込みへの外出はなるべく避けましょう。

インフルエンザの型にはいくつか種類があり、症状の特徴も異なります。鼻水、のどの痛み、頭痛など風邪症候群に似た症状が起きますが、寒けを伴う高熱を出す場合が多く、筋肉痛や関節痛、吐きけや下痢など、風邪よりも強い全身症状が出るのが特徴です。合併症として、細気管支炎（P.222参照）、気管支炎（P.222参照）、肺炎（P.214参照）、中耳炎（P.212参照）などがあります。まれですが、インフルエンザ脳症を併発して重い後遺症を残すこともあります。

治療とホームケア　処方された薬を飲ませて、保湿と保温を心がけます

インフルエンザが疑われるときは早めに受診し、鼻水などを綿棒でぬぐう検査を行い、感染の有無を確認します。インフルエンザと確定したら、熱があれば解熱薬を処方するなど対処療法をします。抗ウイルス薬の使用についてはかかりつけ医の指示に従いましょう。家庭では室内の保湿と保温を心がけ、水分は小まめに補給しましょう。

へるぱんぎーな

ヘルパンギーナ

ウイルス感染で起きる夏風邪の一種。夏～秋に流行します

その他の症状● のどの痛み、軽い下痢、嘔吐

こんな病気

高熱が出ますが、経過はよい病気です

コクサッキーA群ウイルスやエコーウイルスなどの感染によって起こります。突然、39度台の高熱が出ますが、2～3日で下がります。熱と同時に、のどちんこのあたりに、1～2㎜くらいの小さな水疱《すいほう》が数個から数十個できます。この水疱が破れてただれるとのどの痛みが出てきます。高熱とのどの痛みで機嫌が悪くなり、食欲が低下します。

熱いもの、冷たいもの、酸っぱいものはしみるのでやめましょう。

治療とホームケア

薄味でのど越しのいいスープ状の食べ物を

高熱は出ますが、そのほか症状は軽く、病気の経過もいいので、特別な治療は必要ありません。食欲は低下しますが、多くの場合すぐ元に戻ります。味はごく薄めで、ぬるめのものを与えましょう。熱いもの、冷たいもの、酸っぱいものはのどにしみるので、避けましょう。高熱やのどの痛みで水分をとりにくくなるので、小まめな水分補給も忘れずに。

おたふくかぜ（りゅうこうせいじかせんえん）

おたふくかぜ（流行性耳下腺炎）

唾液《だえき》を出している耳下腺がウイルス感染で腫《は》れる病気です

その他の症状● 耳の下の痛み

こんな病気

発熱して、耳の下の耳下腺が腫れます

ムンプスウイルスの感染で起こり、耳の下から頬、あごにかけて腫れます。赤ちゃんの時期は少なく、2才ごろから小学生の子どもが多く感染します。耳が痛い、食べ物をかむと痛い、と訴えているうちに、耳下腺が腫れてきます。腫れは片側だけだったり、ほとんど腫れないこともあります。

腫れが引くまでは通常、5日～1週間かかります。熱は38度前後であまり高くはなく、熱が出ない場合もあります。多くの場合は軽症で済みますが、100人に2～10人くらいは、ウイルスが脳を包む髄膜に侵入して、無菌性髄膜炎やまれに難聴の合併症が起きることもあります。

治療とホームケア

やわらかくつるんとしたものを与えて

ウイルスの感染によって起こる病気なので、特別な治療法はありません。症状が強いときには、それを軽くする解熱薬や鎮痛薬などの薬を使います。口を開けるだけで痛いときがあり、食べ物をかむとさらに痛みが増すので、やわらかくつるんとしたものを与えましょう。任意で受けられる予防接種で防げる病気なので、必ず受けましょう（P.188参照）。

はしか（ましん）

はしか（麻疹）

麻疹ウイルスの感染によって起こる重い病気です

その他の症状●鼻水、せき、かゆみの強い発疹

こんな病気

高熱が出て、かゆみの強い発疹が出ます

はしかにかかっている患者のくしゃみやせきでウイルスが飛び散り、それを吸い込むことで感染します。38度前後の熱から、せき、くしゃみ、鼻水などの風邪の症状や、口の中やのどが赤くなる、目やにや目の充血といった症状も加わり、少しずつ悪化します。3〜4日後に熱が下がりますが、再び上昇します。再び熱が上がる前ころから口の中の頰の内側に特有の小さな白い発疹（コプリック斑）が数個〜数十個見られます。このコプリック斑が、はしか特有の症状で、診断の決め手になります。このすぐあとに、顔や体に赤い発疹が広がっていきます。

2度目の発熱から約1週間たつと、発疹の色も赤から茶色に変化し、色素沈着します。熱も下がります。

治療とホームケア

合併症を起こすことも完治するまで安静に

はしかの疑いがあるときは、事前に連絡して病院へ。対処療法として解熱鎮痛薬や鎮咳薬《ちんがいやく》が処方されます。脳炎、肺炎（P.214参照）、気管支炎（P.222参照）などの合併症を起こすこともあり、とくに脳炎や肺炎は死亡する危険性も。発疹が出て1週間過ぎても熱が下がらない、せきがひどい、ぐったりしているなどの症状が見られたら、至急再受診しましょう。

はしかは予防接種で防げる病気です。1才を過ぎたら、MRワクチン（P.183参照）の予防接種を必ず受けましょう。

きゅうせいちゅうじえん

急性中耳炎

のどや鼻についた細菌が、耳管から中耳に入って炎症を起こします

その他の症状●耳だれ

こんな病気

中耳に膿《うみ》、痛みなどの分泌液がたまり、痛みます

多くは、風邪にかかったあとに起こります。38度以上の高熱が出て耳を痛がります。ひどく機嫌が悪くなったり、耳を触る、頭を左右に振る、激しく夜泣きをすることも。炎症が進むと、中耳にたまった膿が鼓膜を破って耳だれとなって出てきます。耳だれが出れば痛みがとれ、熱が下がることがほとんどです。鼓膜は破れても自然に再生します。

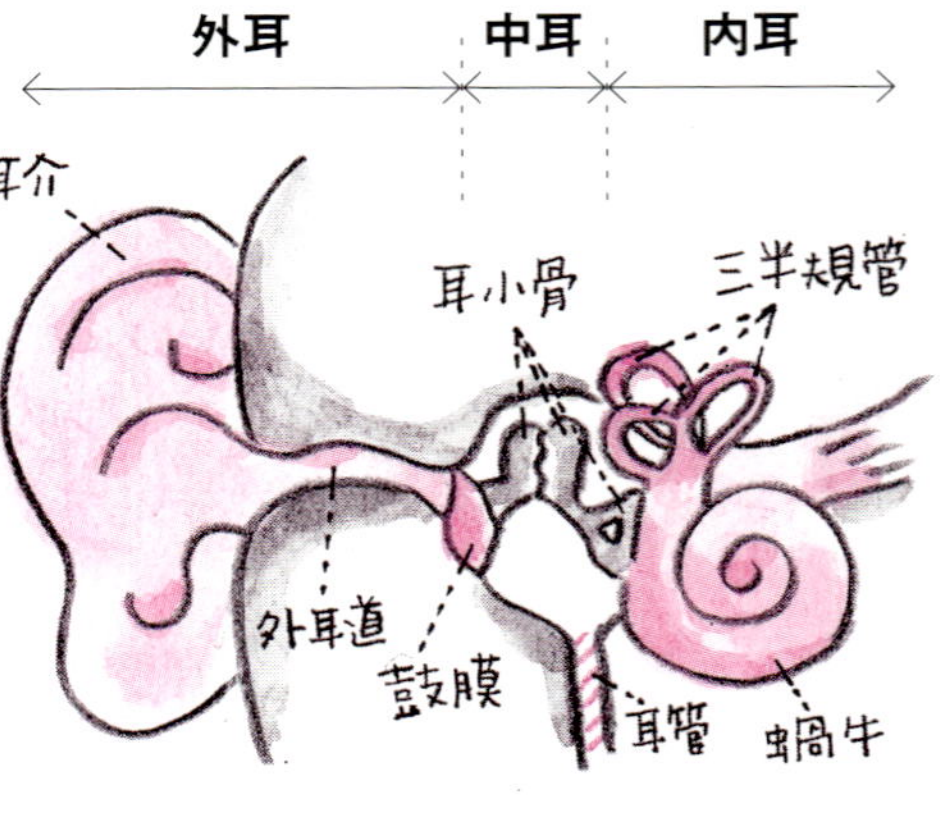

子どもの耳管は太くて短く、また、のどに近いので、細菌が中耳に入りやすく、中耳炎になりやすい傾向が。

治療とホームケア

軽症のうちに抗菌薬で炎症を抑制します

小児科か耳鼻科を受診し、抗菌薬と鎮痛薬を服用します。痛みがあるときは、水で絞ったタオルを耳の後ろに当てると

和らぎます。中耳の中に滲出液《しんしゅつえき》がたまったまま放置しておくと、滲出性中耳炎に移行することも。炎症が治まったあとも、医師の指示に従い、薬は最後まで服用しましょう。

プール熱《ぷーるねつ》（咽頭結膜熱《いんとうけつまくねつ》）

感染者のくしゃみやせきによって感染します

その他の症状●下痢、のどの腫れ、目の充血

こんな病気　風邪の症状や結膜炎の症状に似ています

アデノウイルスの感染によって起こる夏風邪の一種で、以前はプールの水を介しての感染が多かったため、この名前で呼ばれています。39〜40度の高熱が出て、のどが赤く腫れて痛みます。目の充血、涙目、目やになどの結膜炎の症状がでて、下痢や嘔吐を伴うこともあります。

治療とホームケア　タオルや洗面器は家族と別にして

結膜炎の症状のある間は、タオルや洗面器は家族と別にして、お世話するときは、手洗いをしましょう。熱が続く間は安静を心がけ、つらそうなときは、医師に処方してもらった解熱薬を飲ませたり、水枕で冷やしてあげましょう。目の症状には点眼薬が処方されることもあります。食事はのど越しがよく消化がいいものを与え、水分をしっかり補給して。

目の結膜に炎症が起こっているときは、タオルや洗面器も家族と別なものを使って。

尿路感染症《にょうろかんせんしょう》

細菌が尿路に感染して炎症を起こします

その他の症状●腹痛、排尿痛、背部痛、頻尿

こんな病気　尿路に細菌が感染して高熱が出ます

発熱だけで、せきや鼻水などの症状がないとき、この病気を疑います。持続的に高熱が続き、ときにおしっこが濁ります。頻尿や、排尿痛、腹痛、背部痛などを伴うことも。赤ちゃんは自分で痛みを訴えることができないので、発熱以外にはっきりとした症状がわからないことがよくあります。

治療とホームケア　抗菌薬を服用すれば、1週間ほどで治ります

尿検査で細菌がわかれば、それに効く抗菌薬が処方されます。服用するとすぐに症状が治まりますが、飲むのをやめると再発することがあるため、医師の指示に従い完全に治るまで服用しましょう。大腸菌が尿道から感染して起こることが多いので、おしりは清潔にします。

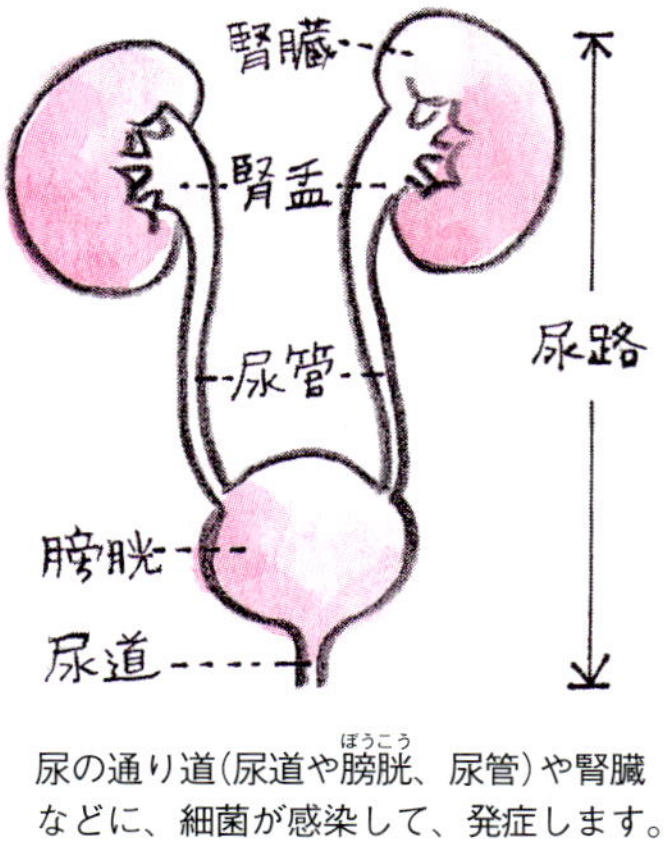

尿の通り道（尿道や膀胱《ぼうこう》、尿管）や腎臓などに、細菌が感染して、発症します。

肺炎《はいえん》

炎症が肺の中まで広がった状態です

その他の症状●せき

こんな病気　ひどくなると呼吸困難を起こすこともあります

風邪などで気管や気管支の抵抗力が落ち、炎症が肺の中に広がった状態。細菌性肺炎は、肺炎球菌やインフルエンザ桿《かん》菌《きん》などが原因で起こり、高熱や激しいせきが続き、至急受診が必要です。ウイルス性肺炎はアデノウイルスなどが原因で起こり、細菌性のものと比べ比較的軽いものの、激しいせきが続くことも。マイコプラズマ肺炎は激しいせきがでます。クラミジア肺炎は1カ月前後に多く、せきでおっぱいなどが飲めなくなります。

治療とホームケア　多くの場合入院が必要。抗菌薬による治療が中心

多くの場合、入院して治療します。熱やせきを抑える薬が出され、細菌による二次感染を防ぐために抗菌薬が使われます。

髄膜炎《ずいまくえん》

重い症状が出る脳の病気。至急受診しましょう

その他の症状●ひきつけ、嘔吐、頭痛

こんな病気　突然、高熱が出て、頭痛、嘔吐などの症状が

細菌やウイルスが髄膜に感染して炎症を起こします。細菌性とウイルス性の2種類あり、風邪症候群のような症状から、高熱、頭痛、嘔吐、ひきつけなどの症状が出ます。ウイルス性は軽症で済むことも多いですが、細菌性は重症化すると適切な治療をしても後遺症が出る可能性や死に至ることが。ヒブ、小児用肺炎球菌ワクチンで予防しましょう。

治療とホームケア　いずれも早期発見、早期治療が大切です

いずれも早期発見、早期治療が大切なので、いつもの風邪症状と違うと感じたら、すぐに受診を。髄膜炎と診断されたら、すぐに入院し、細菌性であればできるだけ早くから抗菌薬で治療します。

川崎病《かわさきびょう》（急性熱性皮膚粘膜リンパ節症候群MCLS）

原因不明ですが、治療法が確立しています

その他の症状●不機嫌、発疹、目や唇が赤い

こんな病気　特徴的な症状が1〜2週間続きます

突然高熱が出て、全身に発疹ができる原因不明の病気です。4才以下の子どもがかかりやすく、とくに1才前後の赤ちゃんに多く見られます。①5日以上の発熱②手足が腫れ③形の不定な赤い発疹④目の充血⑤舌がいちご状に赤くなり（いちご舌《ぜつ》）、口内の粘膜もただれる⑥首のリンパ節が腫れる、の6つの症状が出たら、至急、小児科を受診しましょう。

治療とホームケア　退院後もしばらく心臓の検査を続けます

川崎病と疑われたら入院に。後遺症として、心臓の血管の一部にこぶのようなふくらみ（冠動脈瘤《かんどうみゃくりゅう》）ができることがあるので、ガンマグロブリンを投与します。退院後も定期的に検査を行っていきます。

発疹

発疹の出方や形で診断がつく場合もあります

発疹は、全身性の病気の一症状の可能性も

赤ちゃんは皮膚のバリアー機能が未熟なため、汗や汚れなどのちょっとした刺激ですぐに肌のトラブルを起こします。発疹は、肌トラブルのときと、全身性の病気の一症状の場合があります。病気によって、対処が異なるため、全身の様子を観察することが大切です。

まずは発疹そのものをチェックしましょう。発疹は代表的なものに水疱（水痘やとびひなど）、丘疹《きゅうしん》（あせもなど）、膨疹《ぼうしん》（じんましんなど）などがあります。診断の目安になるので、どんな色や形をしているか、盛り上がりがあるのか、水ぶくれや膿がたまっていないか、また現れた部位やかゆみの有無などを確認します。

ほかの症状もチェック。まずは熱を測ります

発疹は、全身性の病気の可能性もあるため、発熱やせき・鼻水など、発疹以外の症状も観察しましょう。

ウイルスや細菌が原因の病気で発疹が出る場合は、発熱を伴うことが多いため、まずは熱を測ります。発疹が出たのは、発熱の前かあとかもチェックしましょう。

高熱を伴う発疹があり、ぐったりしている、ゼロゼロしたり、せきを伴ったりして呼吸が苦しい、目が赤く充血している、手や足が腫れているときなどは、できるだけ早く受診するようにしましょう。

はしか（P.212参照）や水痘（P.217参照）、風疹（P.218参照）など、ウイルスによる発疹が疑わしい場合は、病院にあらかじめ連絡し、待合室などでほかの子どもに接触しないように気をつけましょう。

おむつかぶれやあせもは皮膚のトラブルです

肌トラブルのみの場合は、普段から肌を清潔にし、保湿などのケアが大切です。おしりに湿疹ができるときは、おむつかぶれ（P.233参照）や皮膚カンジダ症（P.234参照）などの可能性があります。どちらも、十分乾かないうちにおむつをつけると、おしりがむれて、症状が進む原因に。おしりをきれいにして、よく乾かしてから、おむつをつけるようにしましょう。治療と予防になるので、おふろは入れても大丈夫です。ゴシゴシこする必要はありません。

ママやパパができること

1日1回はおふろに入れて肌を清潔に保ちます

肌トラブルの場合は、1日1回は刺激が少ないベビー用石けんをよく泡立てて、やさしく洗います。洗い終わったら、タオルで押しぶきして水分を取り除きます。熱を伴う発疹の場合は、おふろは控え、湯で絞ったタオルで体をふきます。

かゆみがあるときは、冷水で絞ったタオルで患部を冷やすと楽になります。衣類の着せすぎや室温にも注意しましょう。

塗り薬は肌を清潔にして、医師の指示どおりに

患部とママ（パパ）の手を清潔にしたあと、ていねいにむらなく塗りましょう。おふろ上がりやシャワーのあとなどがいいでしょう。少量のときは指先に、広範囲を塗る場合は、手の甲に薬を出します。頭は地肌を出して、指先で薬を置く感じで塗り、顔は目に入れないように気をつけて。塗る回数や量は、医師の指示を守りましょう。

つめは短く切りましょう

夜眠りにつくときや、睡眠中に、かゆみで赤ちゃんが発疹をかき壊してしまうことがあります。赤ちゃんのつめは短く切り、かいてもあまり傷にならないように滑らかに整えておきます。ママのつめも短く切り、手をよく洗うようにしましょう。寝ている場合にひっかいてしまう場合は、ミトンを利用してもいいでしょう。

水分補給 発熱がある場合は水分補給を

発疹の出る病気には、発熱を伴うものがあります。脱水症状を起こさないように、麦茶、湯冷ましなどを、小まめに飲ませましょう。酸味の強いものは避けます。口の中に発疹がある場合は、熱いものが苦しそうなときは受診しましょう。

おっぱい ミルク 欲しがるなら飲ませましょう

皮膚トラブルの場合は、通常どおり飲ませましょう。発疹に加えて、熱があるときでも、おっぱい、ミルクは、赤ちゃんが欲しがるだけ与えて構いません。少しずつ、小まめに飲ませてあげましょう。

離乳食 無理に食べさせないで

発疹と熱が出る病気には、口の中に水疱や浅い潰瘍《かいよう》ができる病気が多く、食欲が低下します。食べられるようなら、水分が多めのおかゆや、茶碗蒸しなど、刺激がなくて、のど越しのいいものを与えましょう。

突発性発疹《とっぱつせいほっしん》

熱が下がると同時に、発疹が出る病気です

その他の症状 ● 発熱、下痢

こんな病気

高熱が出たあと、体中に発疹が出ます

6カ月～1才過ぎごろの赤ちゃんによく見られる病気で、ヒトヘルペスウイルス6型の感染が原因です（7型でも類似の症状が出ます）。急に38度以上の高熱が3～4日続き、下がると同時に、胸やおなかから全身に赤い小さな発疹が広がります。発疹は2～3日で消えます。高熱のわりに、赤ちゃんは元気なのが特徴。せきや下痢を伴うこともあります。感染力も弱く、とくに心配な病気ではありませんが、高熱が熱性けいれん（P.231参照）のきっかけになることがあります。

高熱が出るわりに、赤ちゃんは比較的元気なのが特徴です。

治療とホームケア

特別な治療は必要ありません

特別な治療は必要なく、風邪症候群と同じ対症療法の投薬治療を行います。市販の解熱薬の使用は避けてください。離乳食は食欲に合わせ、水分補給は小まめに。熱が高い間はおふろは控え、お湯で絞ったタオルで体をふいてあげましょう。

水痘《すいとう》（水ぼうそう《みずぼうそう》）

虫刺されのような小さな発疹が主な症状です

その他の症状 ● かゆみ、発熱

こんな病気

虫刺されのような発疹が、全身に広がります

水痘・帯状疱疹《たいじょうほうしん》ウイルスの感染で起こる病気です。虫刺されのような赤い発疹が頭や髪の毛の生え際に現れ、半日から1日で全身に広がります。発疹は強いかゆみを伴うもので、やがて水疱に変わります。さらに2～3日後には乾いてしぼみ、かさぶたになってはがれ落ちます。すべての発疹がかさぶたになって治るまで、10日間前後です。熱は出ないこともあり、出ても37～38度程度です。

かゆみが強く、かき壊して2次感染を起こすと、あとが残ることもあります。

治療とホームケア

抗ウイルス薬を早めに使うと回復が早く

発疹が出て、24時間以内に抗ウイルス薬の服用を開始すると、症状が軽くて済みます。かき崩さないために、赤ちゃんのつめは短めに切っておきましょう。発疹がかさぶたになれば、ほかの人にうつす心配はありません。

水痘は予防接種（P.184参照）で防げる病気です。定期接種で、1才から受けられます。

風疹《ふうしん》

風疹ウイルスの飛沫感染によって起こります

その他の症状● せき、鼻水、リンパ節の腫れ

こんな病気

はしかよりも薄くて小さな赤い発疹が全身に

風疹ウイルスの感染によって起こる軽いはしかのような病気です。「三日ばしか」とも呼ばれます。軽い発熱、発疹が出て、せきや鼻水、首や耳の後ろのリンパ節の腫れが見られ、押すと嫌がります。発疹はまず顔に出て、その後、全身に広がります。はしか（P.212参照）の発疹よりも薄くて小さく、のどや目が赤くなることも。

発疹は顔から全身に広がります。

治療とホームケア

安静にしているだけで、自然に治ります

発疹は3～5日で自然に治ります。乳幼児が重症になることはまずありません。ほかの子にうつす恐れがあるので、発疹が完全に消え、医師の許可が出るまでは保育園も休ませ、家の中で過ごします。妊婦が妊娠初期に感染すると、おなかの赤ちゃんにも感染して、白内障、心臓病、難聴などの障害を生じる可能性が。1才を過ぎたら、必ずMRワクチンの予防接種（P.183参照）を受けましょう。

溶連菌感染症《ようれんきんかんせんしょう》

溶血性連鎖球菌の感染によって起こります

その他の症状● 発熱、嘔吐、頭痛、のどの腫れ

こんな病気

高熱が出て、のどが腫れ、舌が真っ赤に

39度の高熱が出て、のどが腫れて激しく痛みます。飲み込むのがつらいので、食欲が落ち、嘔吐や頭痛が出る場合があります。1～2日するとかゆみを伴う赤

種類	風疹	水痘（水ぼうそう）	麻疹（はしか）	溶連菌感染症	川崎病	突発性発疹	手足口病	りんご病
発疹の様子	顔や耳の後ろに小さな赤い発疹が現れ、おなかや胸、腕や足に広がる。	赤い発疹が顔や髪の生え際に現れ、全身に広がり水疱に変わる。かゆみを伴う。	口の中に白い口内炎のようなものができ、赤い発疹が耳の後ろから全身に広がる。	かゆみを伴う赤い小さな発疹が全身に広がる。	赤い発疹が全身に広がる。	熱が下がり始めてから、顔や腹部に赤い発疹が現れ、全身に広がる。	手のひら、足の裏、口の中に赤い発疹や水疱ができる。	四肢（腕、脚、手足）や、おしりにレース状に広がるこまかい赤い発疹が現れる。
熱など発疹以外の症状	風邪に似た症状に始まり発疹が。耳の後ろやリンパ節が腫れる。熱は37～38度。	熱は37～38度程度で、熱が出ないことも。発熱と同時に発疹が現れる。	風邪に似た症状。熱は38度くらい。発熱から3～4日たって発疹が現れる。	39度以上の高熱が出て1～2日後に発疹が現れる。舌にも赤いブツブツができる。のどの痛み。嘔吐、頭痛。	40度近い高熱に伴い、手足、唇が赤く腫れる。舌に赤いブツブツ。目の充血やリンパ節の腫れも。	38～39度の高熱が3～4日続く。軽い下痢やせきなどの症状も出るが比較的元気。	37～38度程度の熱で、熱が出ないことも。口内の発疹で食欲不振が見られる。	両側の頬がりんごのように真っ赤に腫れる。熱は微熱程度。
	P.218参照	P.217参照	P.212参照	P.218参照	P.214参照	P.217参照	P.219参照	P.219参照

くこまかい発疹が出て、やがて全身に。その後、舌にも赤いブツブツができて、いちごのように真っ赤になります。これは、いちご舌と呼ばれる症状です。

治療とホームケア

医師の許可が出るまで抗菌薬を服用します

のどの分泌物を検査して、溶血性連鎖球菌に感染しているかどうかを調べます。

治療はペニシリンなどの抗菌薬を飲ませます。薬をきちんと使えば1～2日で熱が下がり始め、のどの痛みや発疹も消えていきます。腎炎などの合併症を防ぐため、抗菌薬の服用は10日間くらい続けます。のどが痛いときはゼリーやプリンなど、のど越しのいいものを与えて。

りんご病《りんごびょう》（伝染性紅斑《でんせんせいこうはん》）

7～14日の潜伏期間のあとに発症します

その他の症状●発熱、頬が赤くなる

こんな病気

両側の頬が真っ赤なりんごのように

ヒトパルボウイルスB19の感染により起こります。3才以降に多い病気で、両側の頬がりんごのように赤くなります。顔に続き、体全体に赤い発疹が現れ、レース状に広がります。熱は出ても微熱程度です。頬が赤くなる前がいちばん感染力を持つ時期です。

治療とホームケア

シャワーでサッと洗い皮膚の清潔を保ちます

頬の赤みも体の発疹も7～10日くらいで自然に治ります。特別な治療は必要ありません。安静にして、皮膚の清潔を保つようにしてください。入浴は控え、シャワーで洗い流す程度に。

手足口病《てあしくちびょう》

主に夏に流行する、発疹ができる病気です

その他の症状●水疱

こんな病気

口の中、手のひらなどに、発疹ができます

主にコクサッキーウイルスA群やエンテロウイルスの感染が原因で起こります。

口の中の粘膜や舌、唇の内側などに赤い斑点ができ、やがてそれが破れて潰瘍に。食欲が落ちたり、よだれが増えたりします。口の中と同時か、少し遅れて、手のひら、足の裏などにも白い水疱ができ、ひじ、ひざ、おしりなどに赤みのある盛り上がった発疹が出ることも。

治療とホームケア

口の中の痛みが激しいときは適切な薬を

受診は必要ですが、治療をしなくても口の中は3～4日、手や足は7～8日で治ります。ただし、口の中は潰瘍になると食事ができなくなることも。症状に合った薬を処方してもらいましょう。食事は患部を刺激しないように、酸味や塩分の少ないものにし、食後は湯冷ましなどを飲ませて口の中を清潔にしましょう。

口の中の粘膜にも小さな水疱ができ、破れてただれてしまうため、とても痛みます。

せき・鼻水

せきや鼻水は、異物を体の中から押し出す防御反応です

どんなせきをしていますか？

せきの音やせきの出方は、感染した病気や環境などによって、異なります。たとえば、冬の風邪などや気温の変化で出るせきは、コンコンコンと乾いたせき。たんがからんで出るせきは、ゴホンゴホンと湿った感じに。また、コンコンコンと頻繁にせきをして、それが長く続くときは、百日ぜき（P.223参照）の疑いがあります。夜中に急にケーンケーンと犬の遠ぼえのようなせきが出るときは、急性喉頭炎（クループ）（P.223参照）という病気のことも。呼吸をするたびにゼロゼロ、ゼーゼーするのは喘鳴《ぜいめい》といい、多くは成長するにつれ治っていきます。息をヒューヒューと吐くときの苦しそうなせきは、ぜんそくの場合もあります。

心配のないせき、心配のない鼻水

朝方や夕方の気温が急激に下がったときに出るコンコンというせきや鼻水、くしゃみは、冷たい空気が体の中に入り、それが刺激になって起こる体の防御反応です。まずは部屋を暖めましょう。衣服を多く着せるなど体を温めすぎると、逆にせきがひどくなることも。昼間、軽いせきをしていても、睡眠中に出ないようなら、様子を見ていても大丈夫です。

せき以外の症状に注意しましょう

せきの原因で最も多いのは風邪によるものです。のどにたんがたまり、それを外に出そうとするためにせきが出ます。機嫌がよく、食欲もあり、せきの回数も治まってくるときは、様子を見てもいいでしょう。せき以外に、発熱、嘔吐、下痢、体がぐったりしている、顔色が悪く元気がないなどの症状があるときは、受診しましょう。

鼻水・鼻詰まりの様子をチェックして

風邪に感染すると、まず、鼻水が出て、それがしだいに粘って濃い鼻水となり治っていきます。また、鼻詰まりは、鼻腔の粘膜が腫れて狭くなる場合や、鼻水や鼻くそが詰まって起こることも。泣いたまま寝てしまい、鼻水がのどのほうにたまり、せきがコンコン出ることもあります。サラサラした鼻水が続くときや、黄色っぽいドロドロした鼻水が出るとき、呼吸が苦しそうなときは受診しましょう。

ママやパパができること

せきで苦しいときはたて抱きをして

せきで苦しそうなときは、なるべくたて抱きを。体を起こしていると、横隔膜が下がり、体の中に入る酸素量が増え呼吸が楽になります。たんがからんだときは、背中をトントンとママの手でたたいて振動を与えると、たんの出がスムーズになります。

おなかに手を当てて一緒に呼吸をリード

せきが続いて苦しいと、肩で息をするようになります。少し大きな子どもなら、おなかまで息を吸い込む腹式呼吸を教えます。呼吸が楽になるので、発作が起こったとき、ママやパパがおなかに手を当てて、一緒に呼吸をリードしてあげましょう。夜は上体を斜めにして寝かせてあげると、呼吸が楽になります。

洗濯物の部屋干しなどで、部屋を加湿しましょう

空気が乾燥していると、せきが出やすくなるので、加湿器などで保湿を。ただし、フィルターの掃除は小まめに行いましょう。加湿器がない場合は、部屋に洗濯物を干すのもいいでしょう。干すものは、表面積が広いバスタオルやシーツがおすすめ。長い時間、湿度を保つことができます。

鼻吸い器などで、鼻水を取ってあげます

鼻水は、鼻吸い器や綿棒で小まめに取ってあげましょう。うまくできなければ、耳鼻科で吸引してもらいましょう。ティッシュペーパーでこよりを作り鼻の穴を刺激すると、くしゃみと一緒に出ることも。また、適度に温めたぬれタオルを鼻に当てると、鼻が通りやすくなります。

水分補給 水分をとると症状が楽に

せきが出ているときは、水分補給をするとのどが湿って呼吸がスムーズに。のどの自浄作用が活発になったり、たんが切れやすくなるなどの効果も。飲みたがるものを与えていいですが、酸味のあるものや、冷たいものは避けましょう。

おっぱい ミルク 飲みづらいときは回数を多く

おっぱいやミルクも欲しがるだけ飲ませて構いません。ただし、せきや鼻水が出て飲みにくそうなときは、1回の量を減らし、何回かに分けて少しずつ飲ませましょう。飲ませるときは、必ず、上体を起こして与えましょう。

離乳食 嫌がらなければ少しずつ与えて

食欲がないときは無理に与える必要はありませんが、嫌がらないようなら、少しずつ与えましょう。のど越しのいいスープや、水分が多い重湯やおかゆ、煮込みうどんなどがおすすめです。

気管支炎《きかんしえん》

たんのからんだ湿った せきが出ます

その他の症状●発熱、たん

こんな病気

感染による炎症が気管から気管支に

ウイルスや細菌が気管支の粘膜について、炎症を起こす病気です。風邪に引き続き起こることが多いようです。38度以上の高熱、せきが主な症状ですが、熱を伴わないこともあります。乾いたせきからしだいにゴホゴホという湿ったせきに変わるのが特徴です。せきがひどくなると、息をするのが苦しそうになったり、せきをしたときに吐いたりすることもあります。

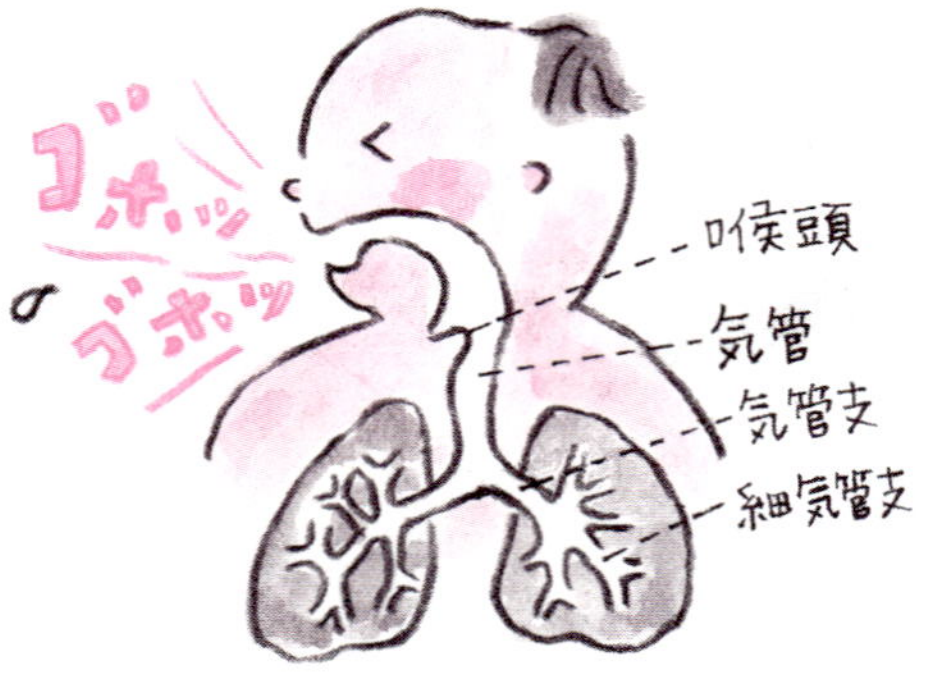

コンコンという乾いたせきが、ゴホンゴホンという湿ったせきに。1週間くらいせきが続きます。

治療とホームケア

せきをむやみに止めないように注意

症状が出た初期に呼吸困難を起こすことが多いので、病気の初めはとくに注意して、赤ちゃんの様子を観察しましょう。湿ったせきはたんを出そうとする反応なので、むやみに止めてはいけません。苦しそうなときは、たんを排出する薬（去《きょ》痰薬《たんやく》）や気管支を広げる薬（気管支拡張薬）が処方されます。

細気管支炎《さいきかんしえん》

気管支の奥、細気管支で炎症が起こります

その他の症状●発熱、呼吸困難

こんな病気

呼吸が急に速くなり、呼吸困難になることも

主にRSウイルスの感染で起こります。気管支の奥にある、枝分かれしている細気管支に炎症が起こる病気です。冬から春にかけて、2才以下の子ども、とくに6カ月～1才の赤ちゃんがかかりやすいとされています。急性気管支炎と同じように、風邪に続いて発症します。ヒューヒュー、ゼーゼーと気管支ぜんそくのような荒い息づかいになり、ひどくなると鼻をピクピクさせたり、肋骨《ろっこつ》の間がへこむ陥没呼吸をすることになります。呼吸困難やチアノーゼ（唇が紫色になる）を起こすこともあります。

治療とホームケア

急に悪化することもあるので入院が必要に

急に症状が悪化することもあるので、基本的に病院に入院して、治療が必要になります。ひどい呼吸困難が起こるので、人工呼吸器を使って呼吸を助けなくてはいけないこともあります。抗菌薬や気管支を広げる気管支拡張薬、たんを出しやすくする薬などを使います。水分の補給は点滴で行います。

赤ちゃんの様子をよくチェックして、夜間でも呼吸がおかしいと思ったら、すぐ病院へ連絡しましょう。

急性喉頭炎《きゅうせいこうとうえん（くるーぷ）》（クループ）

ウイルスや細菌がのどの奥に感染して炎症を起こします

その他の症状●発熱、のどの炎症

こんな病気

気道が腫れて、呼吸が苦しくなります

秋から春にかけて多くなる病気です。風邪の症状が喉頭まで及んだものです。喉頭のあたりは気道の中で最も狭く、ここに炎症が起きると、むくんで呼吸がしにくくなり、息を吸うときに苦しくなります。最初は、発熱やせきなどの症状から始まり、ケーンケーンと犬の遠ぼえのような甲高い特徴的なせきに変わります。

治療とホームケア

夜間でもすぐに受診するようにしましょう

症状の進み方が早く、急に悪化することもあるので、特徴のあるせきが出たらすぐに受診しましょう。治療は、ステロイド薬を注射したり、血管を収縮する薬を吸入して、のどの炎症を鎮めます。抗菌薬を併用して、細菌の二次感染を防ぐことも。呼吸困難がひどいときは、入院して酸素吸入をしたり、ときには気管を切開することもあります。家庭では小まめに水分補給をし、加湿器などを使用して乾燥を防ぐようにしましょう。せき込むときは、たて抱きにしてあげると楽になります。

百日ぜき《ひゃくにちぜき》

重症化しやすいため、早い時期に予防接種を受けます

その他の症状●鼻水、呼吸困難

こんな病気

新生児でもかかることがあります

せき、鼻水などの風邪の症状から始まり、特徴のあるせきが1カ月半〜2カ月ほど続きます。夜中や明け方、「コンコン」という短いせきが何回も続き、最後にヒューと笛を吹くような音を立てて深く息を吸い込む特徴的なせき（レプリーゼ）が続きます。百日ぜきはママからの免疫では予防できないので、新生児でもかかります。6カ月未満の赤ちゃんは特徴的なせきは出ず、呼吸困難やチアノーゼを起こすことも。

治療とホームケア

かかる前の予防接種が効果的です

月齢の低い赤ちゃんは、肺炎や中耳炎、脳症などの合併症を起こしやすい傾向があり、重症化しやすいため入院して治療を行います。治療には百日咳菌に効く抗菌薬が用いられます。家庭では部屋の空気が乾燥しないように、加湿器などで適度な湿度を保ちましょう。小まめな水分補給も忘れずに。

感染予防のため、できるだけ早い時期に四種混合ワクチン（P.180参照）を接種することが大切です。

コンコンコンとせきが何回も続き、この長いせきの終わり、息を吸い込むときにヒューと笛を吹くような音が。

嘔吐・下痢

赤ちゃんは吐きやすいもの。水分補給をしっかりと

赤ちゃんの胃の形は吐きやすくなっています

赤ちゃんは胃の入り口の筋肉が未熟で縦型なため、吐きやすいもの。また、呼吸をしながらおっぱいやミルクを飲むので、胃腸に空気がたまりやすく、げっぷと一緒に吐くこともあります。

高熱や血便を伴うとき、緑色のものを吐いたら注意を

吐いた量が少なく元気なら、まず心配はいりません。吐く回数が増える、授乳後に噴水のように吐くのを繰り返す、体重が増えないなどの場合は要注意。高熱が出てぐったりし、意識がおかしいときや血便を伴うとき、緑色のもの（胆汁）を吐いたときは至急受診しましょう。受診の際に、吐いたものの内容や回数などを医師に伝えましょう。

また、頭を打ったあとに吐いたときも、できるだけ早く受診することが必要です。

水分を多めにとるだけで下痢をすることも

赤ちゃんは消化機能が未熟なために、離乳食や水分を多めにとっただけでも一時的に下痢をすることがあります。うんちが多少緩めで回数が多くても、食欲があり、機嫌がよければ、水分を十分に与えながら様子を見ても大丈夫です。

ほかの症状を伴う場合は注意が必要です

赤ちゃんは風邪など全身の病気の一症状としても下痢をします。発熱や嘔吐、腹痛、血便、けいれんなどの症状を伴うときは受診が必要です。

とくに下痢が激しく、嘔吐を伴って水分を受けつけないとき、高熱や激しい嘔吐、血便があるとき、機嫌が悪い（腹痛）とき、唇が紫色になって（チアノーゼ）、けいれんの症状があるときは、できるだけ早く受診しましょう。

受診の際には、下痢の回数や量、うんちの形状（下痢のうんちがついたおむつか、その写真を病院に持参する）、おしっこの回数、機嫌や食欲、発熱、嘔吐などほかの症状はあるかを医師に伝えます。

ママやパパができること

ねんねの時期は横向きに寝かせます

再び吐いたときに嘔吐物が気管に詰まらないように、ねんねの時期なら顔は横向きにして寝かせます。赤ちゃんの背中に丸めたバスタオルやクッションを当て、体ごと横向きにすると、姿勢が安定します。それ以降は吐きけが治まるまでたて抱きを。口の中に吐いたものが残っていると窒息する恐れがあるので、指を奥まで入れないように注意して、指で取り除きましょう。また、吐いたもののにおいで吐きけが誘発されることがあるため、口のまわりをぬれタオルでふき、汚れた衣類やシーツは替えてあげます。

赤ちゃんが元気であれば、おふろに入れてもOK

熱を測り、ほかの症状がないか確認します。熱がなくても一定時間ごとに激しく泣く様子があれば至急受診しましょう。吐きけが治まり、発熱や下痢などの症状もなく、赤ちゃんが嫌がらなければ、おふろに入れてもOKです。ただし、体調によってはシャワーだけにします。

座浴やシャワーでおしりを清潔に

下痢を繰り返すと、おしりが赤くなり、ただれやすくなります。おしりふきでこするように汚れを落とすと、肌を刺激することがあるため、できるだけ排便ごとに、洗面器にお湯を入れておしりを洗うか、シャワーなどで洗い流してあげましょう。また、おしりを洗ったあとは、よく水分をふき取り、十分に乾かしてから、おむつをつけましょう。

水分補給　湯冷ましや経口補水液を少しずつ

30分～1時間様子を見て、その後吐かなければ、湯冷まし、麦茶、経口補水液（薬局などで買えます。使用は医師の指示のもと）などを少しずつ、小まめに与えましょう。水分とともにカリウムやナトリウムなどの電解質も失われるので、そのようなときは、経口補水液やベビー用イオン飲料が効果的です。

おっぱい ミルク　少しずつ飲ませます

吐いただけで元気なときは、吐きけが治まってから1～2時間たち、水分を与えても吐かなければ、通常の$\frac{1}{2}$～$\frac{1}{3}$の量から再開します。

離乳食　赤ちゃんの食欲や便の様子を見て

嘔吐が続くとき、下痢で食欲がないときは、無理に食べさせる必要はありません。離乳食は、赤ちゃんの食欲に合わせて一段階前の状態にして、少しずつ現在の段階に戻していきます。食べやすく消化のよいものを与えます。

ウイルス性胃腸炎《ういるすせいいちょうえん》

ウイルスが胃腸に感染して嘔吐や、下痢が起こります

その他の症状●発熱

こんな病気

嘔吐から始まり、次に下痢に。熱が出ることも

多くはロタウイルス、ノロウイルスの感染が原因で起こります。冬に起こる下痢の代表的な病気です。嘔吐から始まり、しだいに下痢に。発熱することもあります。下痢は水のようで、つぶつぶが混じった消化不良便です。血液が混じることも。ロタウイルスに感染したときは、米のとぎ汁のような白色に近い水のような便が1日に何度も出ます。

嘔吐と下痢のために脱水症状が引き起こされることも多く、ひどくなるとぐったりしたり、尿の出が悪くなります。

治療とホームケア

脱水症状を防ぐために、水分補給が大切です

嘔吐と下痢が続くと、脱水症状になりやすくなるので、ベビー用イオン飲料、麦茶、湯冷ましなどを与えましょう。水分を一度に与えると吐きやすくなるので、少しずつ小まめに飲ませます。食欲がなければ、離乳食や幼児食を与える必要はありません。食事がとれそうなら、消化のいいものを少しずつ与えていきます。炭水化物は消化がいいので、よく煮たおかゆがおすすめです。1週間くらいかけて、食事を元に戻していきましょう。ロタウイルスは予防接種で防げる病気。積極的に受けましょう（P.186参照）。

肥厚性幽門狭窄症《ひこうせいゆうもんきょうさくしょう》

噴水のように、おっぱいやミルクを吐いてしまう病気です

その他の症状●体重増加不良

こんな病気

幽門が異常に厚いことが原因です

胃の出口で、十二指腸につながる幽門という部分の筋肉が異常に厚いために、飲んだおっぱいやミルクが十二指腸にうまく流れず、吐いてしまう病気です。男の子に多く見られます。生後2～4週ごろから授乳後に吐くようになり、しだいに回数が増え、飲んだ直後に口や鼻から噴水のように勢いよく吐いてしまいます。吐いたあとはケロッとしています。嘔吐が続くとうんちが出なくなり、おしっこも減って脱水症状を起こすことがあるので注意しましょう。

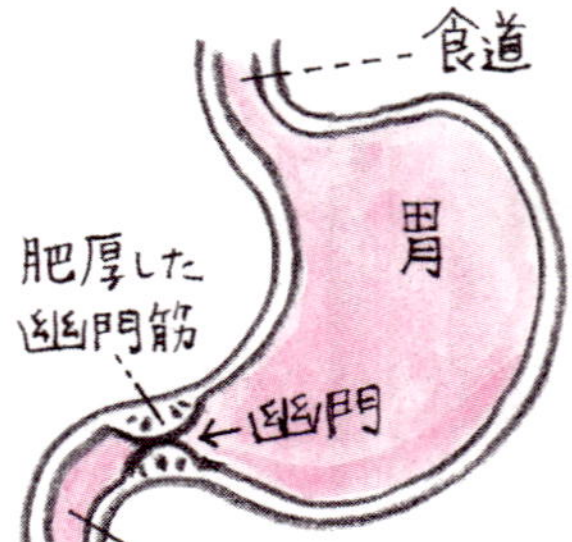

胃の出口（幽門部）の筋肉が厚いため、通り道が狭くなると、おっぱいやミルクなどが腸へ流れません。

治療とホームケア

簡単な手術を行うか、薬で治療します

超音波検査で幽門を観察することにより診断されます。診断がついたら、幽門の部分を切開して広げる手術を行うこともあります。安全性の高い手術なので、後遺症の心配もありません。手術の翌日から授乳もでき、約1週間で退院できます。手術のほかに、薬での治療が行われることもあります。おっぱいやミルクを激しく吐き続け、体重が増えないときは、早めに受診しましょう。

細菌性胃腸炎《さいきんせいいちょうえん》

主に細菌に汚染された食べ物から感染します

その他の症状●血便、腹痛

こんな病気

激しい嘔吐や下痢があったら要注意

細菌性胃腸炎は、主に細菌に汚染された食べ物から感染するので、細菌性食中毒とも呼ばれています。食後に激しい下痢や嘔吐、腹痛が起こったときや、家族にも下痢や嘔吐が見られるとき、とくに血便が見られたときは、細菌性胃腸炎の可能性が高くなります。原因となる細菌にはいろいろな種類があり、症状の現れ方や程度も違います。

治療とホームケア

食品や調理器具の衛生管理に気をつけて

細菌性胃腸炎と疑われるときは、すぐに病院を受診しましょう。下痢がひどくても、下痢止めを使わないことがあります。細菌の種類によっては抗菌薬を服用したり、症状が重いときは、入院が必要になることもあります。

家庭では、脱水症状を起こさないよう水分の補給を第一に考えます。食品や調理器具の衛生管理にはくれぐれも注意しましょう。

腸重積症《ちょうじゅうせきしょう》

腸の一部が腸の中に入り込んで痛みを起こします

その他の症状●顔色が悪い、血便、腹痛

こんな病気

おなかが痛み、嘔吐を伴うことも

腸の一部が同じ腸の中に入り込んでしまう病気です。入り込んだ腸が血行障害を起こし、壊死してしまうこともあります。原因ははっきりわかっていません。

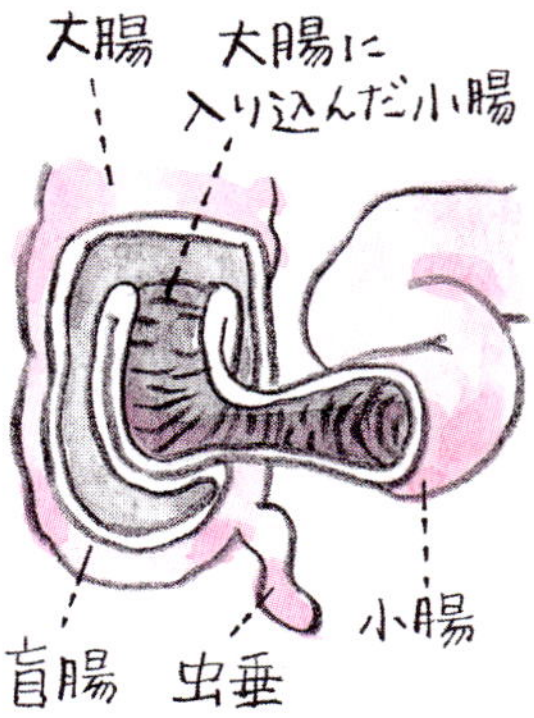

腸重積症は、腸の一部が腸の中に入り込んでしまうことで起こります。

それまで元気だった赤ちゃんの顔色が青白くなり、激しく泣きだします。足をおなかに引きつけて泣くので、おなかに痛みがあるのがわかります。嘔吐を伴うことも。ところが、数分後に腸の動きが止まると、痛みがなくなって静かになります。これを10～30分間隔で繰り返し、火がついたように泣いたり、いきなり吐いたり、痛みの波が引いても泣き疲れてぐったりするようになってきます。いちごジャムのような血便が出ることも。4カ月～2才ごろによく起こります。

治療とホームケア

至急、適切な治療が必要になります

発症してから24時間以内なら、高圧浣腸という方法でほとんど治すことが可能です。これは肛門に管を入れて空気や水溶性造影剤を高圧で注入し、重なった腸を押し出して元に戻すものです。24時間以上たつと、入り込んだ腸は壊死していることがあるので、その場合は壊死した部分を切除してつなぎ合わせる手術をします。早期に発見することが大事なので、この病気が疑われるときは、夜間や休日でも救急病院を受診しましょう。

胃食道逆流現象《いしょくどうぎゃくりゅうげんしょう》

赤ちゃんの嘔吐の原因で、いちばん多い病気です

主な症状●おっぱいやミルクをよく吐く

こんな病気

体を動かすたびに吐くこともあります

生後3カ月くらいまでの赤ちゃんが、おっぱいやミルクを飲み終わると、ダラダラと吐く症状で、口から少しずつあふれる溢乳《いつにゅう》という吐き方が特徴的です。赤ちゃんは胃の入り口にある噴門という部分の筋肉が未熟で、胃の形も大人のようにくびれがなく、まっすぐなため、食道に逆流しやすいのです。

治療とホームケア

自然に治っていくことがほとんどです

生後6カ月ごろまでには治るので、体重が増えているようなら、心配はいりません。一度に与える量を減らし、何回かに分けて飲ませるようにします。飲ませたあとはすぐに寝かせず、たて抱きにするか、上体を起こしてあげましょう。

薬の上手な与え方

赤ちゃんの病気に応じて、さまざまな薬が処方されます。飲み薬は飲むのを嫌がる赤ちゃんも多いようですが、薬は病気を治すために大切なもの。安全に、そして効率よく薬の効果を得るために、使い方や使う量、保存方法を守り、きちんと服用しましょう。シロップや座薬、目薬は変質しやすいので、必ず冷蔵庫で保管し、使用期間が過ぎたら処分します。

飲み薬を嫌がって飲まないときは、プリンやアイスクリームなどに混ぜてみるのも一つの方法です。ただし、薬を飲み残さないように少量に混ぜるのがコツ。主食となるミルクやおかゆに混ぜると味が変わり、離乳食を赤ちゃんが口にしなくなることがあります。また、オレンジ果汁に抗菌薬を混ぜると、苦くなることがあるので注意しましょう。

シロップの場合

●**スポイトで**　1回分を吸い取り、タイミングよく口の奥に落としましょう。

●**スプーンで**　ひと口の量を少なめにし、数回に分けると飲み込めます。

粉薬の場合

●**練って**　薬を少量の水で練ってペースト状にします。これを頬の内側や上あご、舌の奥に塗りつけます。

●**溶かして**　薬を容器に入れ、少量の水で溶かし、薬剤が沈殿しないうちに飲ませます。そのあと水やおっぱい、ミルクを与えます。

坐薬の場合

●**使用量を確認し、水などをつける**

使用量を指定された場合は薬を取り出す前に、カッターやはさみでフィルムごとカットします。水やベビーオイルをつけ、滑りをよくして、とがったほうから肛門に入れます。薬が完全に入るように、ティッシュを肛門にあてて1～2分押さえましょう。

点眼薬の場合

●**頭が動かないように両ひざで挟んで**

赤ちゃんを寝かせて、目の2～3㎝上から点眼します。赤ちゃんの頭を両ひざで軽く挟み、あかんべーをするように指で下まぶたを下げて点眼します。

けいれん（ひきつけ）

高熱が出る前にけいれんを起こすことがあります

熱性けいれんは5～6才までに治まります

けいれん（ひきつけ）は、脳の細胞が異常に興奮したために起こると考えられていますが、詳しいメカニズムはまだ解明されていません。

赤ちゃんに起こるけいれんのほとんどは、熱の上がり際に起こる熱性けいれんです。生後6カ月～5才ごろまでの子どもに見られ、1～3才くらいまでが発症のピークで、5～6才くらいまでには治ることが多いようです。

生後6カ月未満の赤ちゃんがけいれんを起こしたとき、けいれんが5分以上続くとき、けいれんが治まったのに、24時間以内に再びひきつけたとき、意識がはっきりしないときは、すぐに救急車を呼び、病院を受診しましょう。

両手足をピーンと突っ張り、体を硬直させます。

予防には抗けいれん薬の坐薬を

熱が急激に上がる前に起こる熱性けいれんは、熱の上がり始めに抗けいれん薬の坐薬《ざやく》を使うことで、予防することができます。熱性けいれんを起こしたことのある赤ちゃんは、医師に相談してみましょう。

何度も繰り返すときは検査を受けましょう

熱がないときにけいれんを起こしたときには、てんかん（P.232参照）の可能性も考えられます。病院を受診し、脳波などの検査を受けましょう。てんかんは脳の神経細胞の一部が異常に興奮することが原因で起こる病気で、てんかんのタイプに合った投薬治療が必要になります。熱性けいれんでも、それまでに発達に問題がある場合や、家族にてんかんの方がいる場合、けいれんの状態によっては脳波検査をすすめられることがあります。医師とよく相談しましょう。

ママやパパができること

まずは落ち着いて、赤ちゃんをよく観察

けいれんは、続いた時間によって診断が違ってくることがあるため、けいれんが始まったら、まずは落ち着いて時間を確認しましょう。

吐きそうな様子を見せたら、体ごと横に向けて寝かせ、吐いたものは指でそっと口の外へかき出します。赤ちゃんの顔を横向きにして、呼吸がしやすいように衣服のボタンやおむつを緩めます。けいれんの時間を計り、けいれんの左右差、顔色や黒目の位置を確認します。

体を揺すったり、手足を押さえてはダメ

「○○ちゃん、大丈夫？　どうしたの！」などと体を揺すったり、けいれんを止めようとして手足を押さえたり、大声でどなったりしてはいけません。意識を確認する程度に話しかけましょう。

また、口の中に手やタオルやスプーンなどを入れると、のどを刺激して吐きやすくなったり、口の中を傷つけたり、窒息する危険があります。そのまま指をはずせなくなることもあるので、絶対にやめましょう。

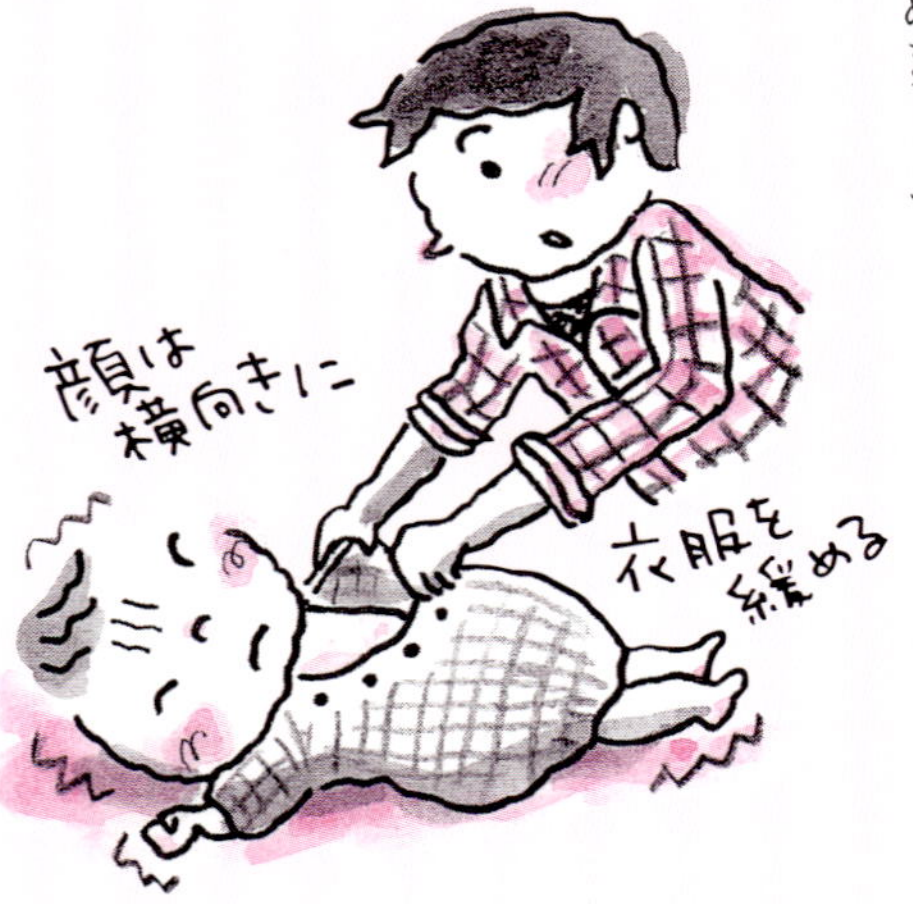

5分以上続くときは救急車を呼んで病院へ

熱性けいれんであれば、1～3分以内に症状が治まることがほとんどです。症状が落ち着いたら、病院を受診しましょう。ただし、けいれんが5分以上続くときや、1才以下の赤ちゃんが初めてけいれんを起こしたとき、けいれんが治まっても意識が戻らないとき、手足のけいれんが片側だけ、もしくは体の一部分など左右対称でないとき、24時間以内にけいれんを繰り返すときは、救急車を呼びましょう。

発熱を伴わず、突然意識を失ったり、頭を打ったあとにけいれんを起こしたときは、大至急病院に連れていきましょう。

熱性けいれん《ねつせいけいれん》

高熱が出たときに、けいれんを起こす病気です

その他の症状●発熱、意識を失う

こんな病気

両手足を突っ張り、体が硬直します

発熱したときに限って起こるけいれんで、多くは熱の上がり際に起こります。赤ちゃんのけいれんのほとんどは、この熱性けいれんです。急に目をつり上げ、白目をむき、唇が紫色になります。また、手足を突っ張り、全身を反り返らせてガクガクと体を震わせます。名前を呼んでも反応がなく、意識を失います。発作の時間は1～3分で、長くても15分以内。発作が終わるとケロッとしているのも特徴です。後遺症が残ることはほとんどありません。

赤ちゃんがけいれんを起こしたときは、あわてずに。けいれんの時間を計り、顔色や黒目の位置などを確認しましょう。

治療とホームケア

落ち着いて、ひきつけの様子をチェックして

通常の熱性けいれんなら、とくに治療の必要はありません。てんかんなど、ほかの病気と区別するために、目や手足の状態、持続時間、けいれんのあとに寝たかなどを観察します。けいれんが治まらないようなときは、髄膜炎や脳炎の心配もあるので、急いで病院へ行きましょう。熱性けいれんを起こした子には、熱を出したときのためにけいれんを予防する坐《ざ》薬《やく》が処方されることがあります。

泣き入りひきつけ《なきいりひきつけ》

激しく泣いている最中に、ひきつけを起こします

その他の症状●顔が紫色になる、意識を失う

こんな病気

急に呼吸が止まったようになります

大泣きをしているときやかんしゃくを起こして激しく泣いたときなどにひきつけを起こすことがあります。これを泣き入りひきつけ、または憤怒けいれんといいます。興奮して呼吸が上手に整えられずに、急に呼吸が止まったようになり、顔色が紫色や赤黒くなって意識が低下したり、手足をけいれんさせます。けいれんを起こす時間は1分以内。これによっててんかんになったり、脳に影響が出ることはありません。成長するにつれて頻度は減ります。

治療とホームケア

発作を起こす前に、上手に気分転換を

泣き入りひきつけは病気ではないので、とくに治療の必要はありません。ただし、念のため、一度病院を受診し、てんかんではないことを確認しておくといいでしょう。

赤ちゃんが激しく泣きだしたときは、抱き上げて場所を替えたり、好きなものを見せたりして、気持ちを切り替えさせてあげましょう。

てんかん《てんかん》

けいれんや意識を失うなどの発作を繰り返します

その他の症状 ● 意識を失う

こんな病気

脳の神経細胞の一部が興奮することが原因

脳の神経細胞の一部が異常に興奮しやすいために、けいれんや意識を失うなどの発作を繰り返す病気です。熱もないのに、同じような発作が起こるようなときは、てんかんの疑いがあります。てんかんの原因となる脳損傷が見いだせない「特発性（原発性）」と、原因となる脳損傷のある「症候性（続発性）」があります。

また、発作は脳細胞の異常興奮が大脳の一部に生じる部分発作と、大脳半球全体に及ぶ全般発作があり、発作のタイプによって症状が異なります。

発作は突然意識を失い、手足や全身が突っ張って白目となり、体が震えた状態が数十秒から数分続くことがあります。

治療とホームケア

抗てんかん薬を毎日、服用します

てんかんの診断には、脳波検査が必要です。CT（コンピューター断層撮影）検査やMRI（核磁気共鳴診断装置）検査を行うこともあります。

治療は、てんかんのタイプに合った抗てんかん薬を毎日服用することで、発作をコントロールすることができます。薬を勝手にやめると、かえってひきつけを起こしやすくなるので危険です。抗てんかん薬は副作用が見られることもあるので、医師の説明をよく聞いて、定期的に検査を受ける必要があります。発作が起こらず、2年以上脳波が正常なら、薬の量を少しずつ減らしていきます。主治医とよく相談しながら、治療を続けていくことが重要です。

乳児突然死症候群《にゅうじとつぜんししょうこうぐん》（SIDS）

原因がはっきりとわからない病気です

1才未満、とくに2～4カ月ごろまでの赤ちゃんに多く見られる病気で、今まで元気だった赤ちゃんが突然、亡くなってしまう病気です。睡眠中に呼吸機能が低下し、無呼吸発作を起こすことがありますが、原因はまだよくわかっていません。予防のためには、①うつぶせ寝にしない②温めすぎない③母乳で育てる④パパやママ、まわりの人が喫煙をやめること、そして、赤ちゃんを1人で寝かさないことも大事です。乳児突然死症候群を防ぐために、できることを守っていきましょう。

皮膚のトラブル

乳児湿疹《にゅうじしっしん》

皮脂の分泌量が多い赤ちゃん特有の湿疹です

主な症状● 顔や頭に赤い湿疹

こんな病気 赤くカサカサになり、かゆみも伴います

赤ちゃんの顔や体に出る赤い湿疹を総称して乳児湿疹と呼びます。季節に関係なく、皮脂腺の多い頬や口のまわり、額、頭を中心に赤いポツポツが出たり、少しジュクジュクする、黄色いかさぶたがまゆ毛や髪の生え際につきます。食べこぼしの汚れや汗などで症状が悪化し、かゆみを伴うのが特徴です。乳児湿疹の代表的なものが脂漏性湿疹《しろうせいしっしん》です。生後2週間～6カ月くらいまでの間に起こり、多くの赤ちゃんが経験します。

治療とホームケア 毎日の入浴で清潔にすることが大切です

顔や頭についている皮脂や汚れは、入浴時に石けんを使ってきれいに洗えば落ちます。石けんをよく泡立てて洗ったあと、ていねいに洗い流したあとに保湿剤を塗ることが基本的な予防と治療です。病院での治療では、症状に応じた軟こうなどが処方されます。毎日の入浴や、塗り薬などでていねいにケアすれば、5～6カ月までには治ります。

おむつかぶれ《おむつかぶれ》

おしりに炎症を起こし、真っ赤にただれます

主な症状● おしりにブツブツや水疱

こんな病気 うんちやおしっこの汚れで症状が悪化

おしっこの回数が多い6カ月ごろまでの赤ちゃんや、おむつの中がむれやすい夏場に多い皮膚トラブルです。とくに下痢のときは、うんちがおむつの中で広がるので、かぶれやすくなります。最初はおむつが当たっている部分が赤くなるだけですが、ひどくなると赤いブツブツ（丘疹《きゅうしん》）ができます。皮膚がただれるために、赤ちゃんは排尿や排便のたびに痛がって泣きます。

治療とホームケア 小まめなおむつ交換を心がけましょう

おむつを小まめに替えて、おしりを清潔に保つことが大切です。おむつ替えのときは、おしりをしっかり乾かしてからつけましょう。下痢のときは、座浴やシャワーでよく洗い流すといいでしょう。

病院では通常ステロイド薬の含まれない塗り薬が処方されますが、症状がひどい場合は弱いステロイド薬入り塗り薬が処方されます。それでも治らないときは、カンジダ菌が原因の可能性があります。

洗面器にぬるま湯を入れ、きれいにおしりを洗い（座浴）、よく乾かしてからおむつをつけるようにしましょう。

皮膚カンジダ症《ひふかんじだしょう》

カンジダ菌というカビの一種が炎症を起こす病気です

主な症状●おしりや股に赤い湿疹

こんな病気

皮膚が赤くなってブツブツができます

カンジダ菌というカビの一種に感染して皮膚が炎症を起こす病気。おむつかぶれと間違えやすいのですが、おむつかぶれはおむつが当たる部分にだけ湿疹ができるのに対し、カンジダ菌が原因のときは、くびれやしわの部分にも広がります。感染すると皮膚に赤い湿疹ができ、薄皮が白くむけたり、小さい水疱や膿を持った膿疱《のうほう》が混じって赤くただれたりします。そのために健康な皮膚との境目がはっきりして、その境目に小膿疱や薄皮のついた小水疱が見られます。

治療とホームケア

清潔と乾燥を保つことが大切です

おむつを小まめに取り替えて、入浴時には石けんを使ってよく洗い、患部を清潔にします。おむつ替えのたびに、座浴やシャワーで洗ってあげましょう。カンジダ菌は乾燥に弱いので、しっかり乾燥させてから、おむつをつけましょう。それでもよくならないときは、早めに受診を。皮膚の角質層を取って顕微鏡検査でカンジダ菌の有無を調べます。菌が見つかれば、抗真菌薬入りの軟こうを塗って治療します。患部を清潔にして、薬を塗れば、通常は1～2週間でよくなります。

おむつかぶれと間違えて、ステロイド薬入りの軟こうを塗ってしまうと、症状が悪化するので注意しましょう。

とびひ（伝染性膿痂疹《でんせんせいのうかしん》）

水疱ができて、体のあちこちに広がっていきます

主な症状●膿が出る水疱

こんな病気

水疱が破れると、あっという間に全身に広がります

湿疹、あせも、すり傷、虫刺されなどをかき壊した傷口に、黄色ブドウ球菌や連鎖球菌などが感染して起こる病気です。顔や体に水疱ができ、飛び火のようにあちこちにうつっていきます。水疱は強いかゆみがあるのが特徴です。水疱の膜が薄いので、衣服でこすれたり、つめでひっかいたりするとすぐに破れます。水疱の中には感染力の強い細菌が入っているので、水疱が破れて中の液が飛び散ると、ほかの部分にもあっという間に広がっていきます。水疱が破れたあとは赤くただれて、かさぶたに。しばらくすると乾いてきれいに取れます。

治療とホームケア

患部をガーゼで覆って病院を受診して

とびひのような水ぶくれを見つけたら、広がらないように患部をガーゼで覆って小児科や皮膚科を受診しましょう。治療は患部を消毒して水疱の中身を出したあと、抗菌薬入りの軟こうを塗り、ガーゼで保護します。ひどいかゆみが伴うときは、抗ヒスタミン軟こうが処方されることもあります。

水疱のあとが乾いてきれいになるまでは、入浴はやめ、シャワーにし、タオルは家族とは別にします。湿疹や虫刺されができたときは、かきむしったりしないようにしましょう。

あざ

あざ

色や形、現れる体の部位はさまざまです

主な症状●皮膚の一部に色がついているように見える

こんな病気

色素細胞の先天的異常で悪性化するものも

皮膚をつくっている色素細胞や皮膚の下にある毛細血管の先天的な異常や増殖によって起こる病気です。赤、青、黒、茶色などの色や形、現れる体の部位はさまざまです。赤いあざは皮膚の中の毛細血管が異常に増殖したり、拡張して起こり、血管腫と呼ばれます。あざには、成長とともに自然に消えていくあざと、ほうっておくと悪性化するものがあります。

治療とホームケア

気になるときは、レーザー治療が効果的

気になるあざはそのままにしないで、専門医の診察を受けましょう。消えるとされているあざも、個人差があるので残る場合があります。あざの中には、レーザー治療が効果的なものがあります。治療を始める時期などは、医師とよく相談して決めましょう。

●蒙古斑（もうこはん）

赤ちゃんのおしりや腰などにある青っぽいあざで、日本人ではほとんどの赤ちゃんに見られます。10才くらいまでには自然に消えますが、手足や胸にできた蒙古斑（異所性蒙古斑）は消えにくいので、気になるときは皮膚科に相談しましょう。

●太田母斑（おおたぼはん）

顔の片側、目の周囲にできる青色に褐色の点々が混ざったあざ。白目や口の粘膜に見られることもあります。自然に消えることはありません。

●カフェオレ斑（かふぇおれはん）

カフェオレ色の平らなあざ。全身に6個以上出た場合は、遺伝性の病気が疑われることもあります。

●先天性色素性母斑（せんてんせいしきそせいぼはん）

生まれつきあるこげ茶や黒のあざで、小さなものはほくろと呼ばれます。足の裏やかかとなど、刺激を受けやすい部位のものや、5cm以上のものは注意が必要です。急に数が増えたり、皮膚から盛り上がり大きくなったときは、すぐに受診しましょう。

●いちご状血管腫（いちごじょうけっかんしゅ）

生後1週間から1カ月以内に赤い点が現れ、次第に皮膚から盛り上がった赤いあざになります。小さなものは自然に消えるのでそのまま経過をみますが、部位や大きさによっては早期からの治療をすすめられます。早めに医師に相談しましょう。

●サーモンパッチ（さーもんぱっち）

赤ちゃんによく見られる赤あざです。額の中央、上まぶた、上唇など、体の中心に沿って出ます。平らで境界線がはっきりしていません。多くは3才くらいまでに自然に消えます。

●単純性血管腫（たんじゅんせいけっかんしゅ）

赤ワインのような色をした平らなあざです。体のどこにでも現れ、2〜3cmの小さいものから十数センチの大きいものまであり、自然には消えません。早期治療ほど効果が高いので、早めに皮膚科へ。

ワイン色
年齢とともに色が濃くなり盛り上がることも

サーモンパッチと違い境界線がはっきりしているのが特徴です。

目の病気

結膜炎《けつまくえん》

ウイルスや細菌で、結膜が炎症を起こす病気です

主な症状 ● 目の充血、目やに

こんな病気

結膜が炎症を起こし、目が充血します

白目とまぶたの裏側を覆っている部分（結膜）が炎症を起こす病気です。ウイルスや細菌によるもの、アレルギーによるもの、目をこするなど物理的な刺激によるものなど、さまざまな原因で起こります。

白目が充血したり、黄色い目やにが出るなどの症状から始まり、ひどくなると、目やにがびっしりこびりついて目が開けられなくなることもあります。代表的なものに、ウイルス性結膜炎と細菌性結膜炎があります。

治療とホームケア

ウイルス性結膜炎は、家族への感染に注意

ウイルス性結膜炎の治療には、点眼薬や眼軟こうなどを使います。感染力がとても強いので、家族にうつさないためにもタオルや洗面器などは別のものを使って。

とくに、目に触った手はすぐに石けんを使ってよく洗いましょう。細菌性結膜炎は抗菌薬入りの点眼薬を使うと1週間ほどで治ります。

鼻涙管閉塞《びるいかんへいそく》

乳幼児期に起こりやすい傾向があります

主な症状 ● 涙目、目やに

こんな病気

涙が鼻へ流れる通路が詰まっている状態です

涙は目頭の穴から鼻への通路を通って鼻腔へと流れます。この通路（鼻涙管）が詰まった状態が鼻涙管閉塞です。乳児期は涙管が細いので起こりやすい傾向があります。

目がうるみ涙があふれ、寝ている間に目やにでまぶたがふさがりますが、一般的に結膜炎と違って目が充血することはありません。ほとんどは1才ごろまでに自然に治ります。

治療とホームケア

目やにをふき取り、鼻涙管をマッサージ

早めに眼科を受診します。抗菌薬入りの点眼薬と目頭を押すマッサージを続けることで治ることがあります。マッサージは医師の指導の元に涙嚢《るいのう》から鼻涙管に沿って上から下へと指で軽く押します。これをするとだいたい1カ月くらいで治ってきます。治らないときは、眼科でブジーという細い針金を鼻涙管に通し、ふさいでいる薄い膜を破ります。

涙嚢から鼻涙管に沿って下のほうにマッサージします。

さかさまつげ（睫毛内反症《しょうもうないはんしょう》）

まつげが内向きになり、眼球に触れている状態です

主な症状● 涙目、目の充血、目やに

こんな病気　目がうるうるしているときは受診を

まつげは外向きに生えていますが、赤ちゃんのまぶたは脂肪がついていて腫れぼったい感じになっているので、まつげが内向きになる傾向が。その結果、まつげが眼球に触れている状態をさかさまつげといいます。目がうるうるしているときは受診を。まつげが目に触れる程度によっては、結膜炎を起こして目が充血し、目やにが多く出ることがあります。

治療とホームケア　3〜4才ごろまで治らなければ、手術することも

角膜を傷つけるほどでなければ、自然に治っていくことが多いので手術を急ぐ必要はありません。角膜が傷ついたり、結膜炎をおこしたりするときには、角膜保護薬と抗菌薬入りの点眼薬などで結膜炎などの感染予防をしながら様子を見ていきます。もし、3〜4才ごろになってもさかさまつげが治らないときは、成長とともにまつげがかたくなり、角膜を傷つけてしまう可能性もあるので、手術をすることもあります。

斜視《しゃし》

黒目がずれていて、視線が定まりません

主な症状● 目を細める、両目の視線が定まらない

こんな病気　さまざまな原因とタイプがあります

片方の目だけは目標を向いているのに、もう一方が別のほうを向いている状態。片方の目が内側を向く内斜視、外側に向く外斜視、上または下を向く上下斜視があります。遠視や、目を動かす筋肉がバランスよく働いていない、中枢神経の病気などが原因で起こります。先天性斜視には、遺伝的要素も認められています。0〜3カ月ごろの赤ちゃんは、白目になったり、目と目が離れて見えたりして、斜視が疑われることがあります。偽内斜視（仮性内斜視）は成長とともに目立たなくなり、目の機能にも問題はありません。

治療とホームケア　眼鏡による矯正や手術を行います

ものが二重に見えるので、無意識のうちに片目で見るようになります。そのため使わない目の視力が発達しなくなったり（弱視）、両目でものを見る両眼視機能が発達しなくなる心配があります。1才を過ぎたら、眼鏡で屈折異常を矯正したり、黒目を正しい位置にずらす手術をします。

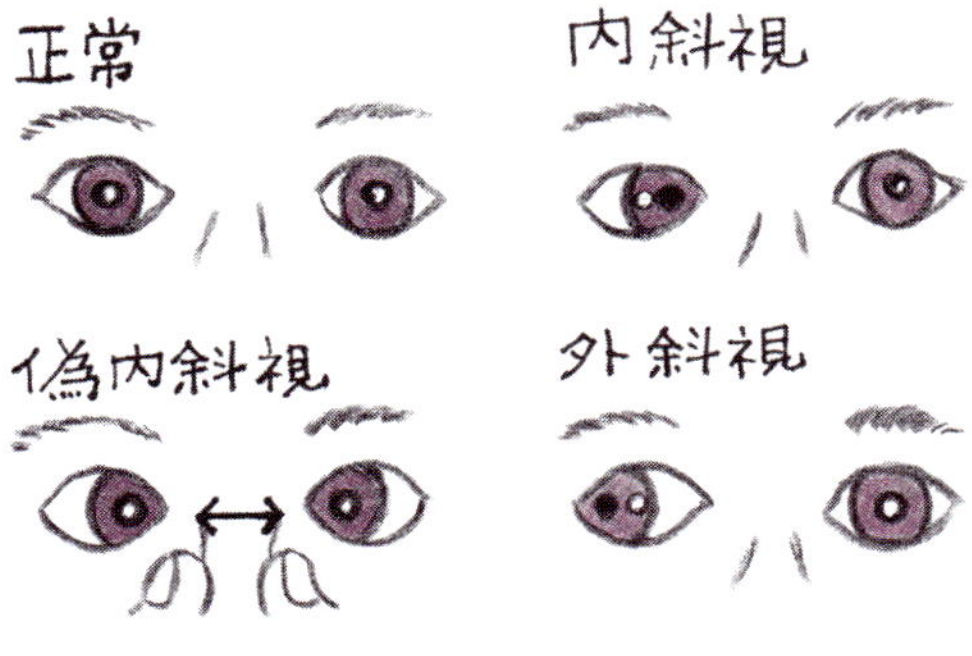

1才を過ぎたら、矯正や手術が必要です。3〜4才くらいまでには治しておきましょう。

耳の病気

難聴《なんちょう》

片方、または両方の耳がよく聞こえない状態です

主な症状●耳が聞こえにくい

こんな病気

赤ちゃんには先天性のものが多いようです

外耳道など、音の伝わる部分に障害のある伝音性難聴と、音は伝わっているのにそれを感じる機能に障害のある感音性難聴があります。先天性のものと後天性のものがありますが、赤ちゃんには、先天性の感音性のものが多いようです。

大きな音やママの呼びかけに反応しないときは、耳鼻科を受診しましょう。

治療とホームケア

聴覚機能と言葉の訓練を早めに始めます

伝音性難聴は、早くから治療をすれば、多くの場合、治ります。感音性難聴は、補聴器の装着や、重症の赤ちゃんでは人工内耳の手術の可能性があり、専門医療機関での治療が必要になります。両方の耳が難聴なら、補聴器の装着をはじめ、専門の施設などで聴覚機能の訓練や、言葉を獲得するための訓練を行います。乳幼児期からの開始が望ましいので、音への反応が鈍いときは早めに耳鼻科へ。

外耳炎《がいじえん》

外耳道が細菌に感染して炎症を起こす病気です

主な症状●耳の痛み

こんな病気

赤く腫れて、耳に触れると痛がります

外耳道(耳の穴の鼓膜から外の部分)が細菌に感染して炎症を起こしたものです。赤ちゃんの機嫌が悪くなって、ちょっとでも耳に触ったり、引っ張ったりすると痛がります。耳の入り口が狭くなり、耳の中に赤くふくれたおできが見えます。

治療とホームケア

抗菌薬の投与や穴をあけて膿を出します

初期の症状なら抗菌薬入りの軟こうや飲み薬を服用して化膿を防ぎます。化膿して痛みが激しいときは、鎮痛薬や抗菌薬を服用しながら、炎症が起きている部位には抗菌薬とステロイド薬入りの軟こうを塗って、丸めた綿球を耳の中に入れておきます。さらに患部に小さな穴をあけて膿を出すことも。

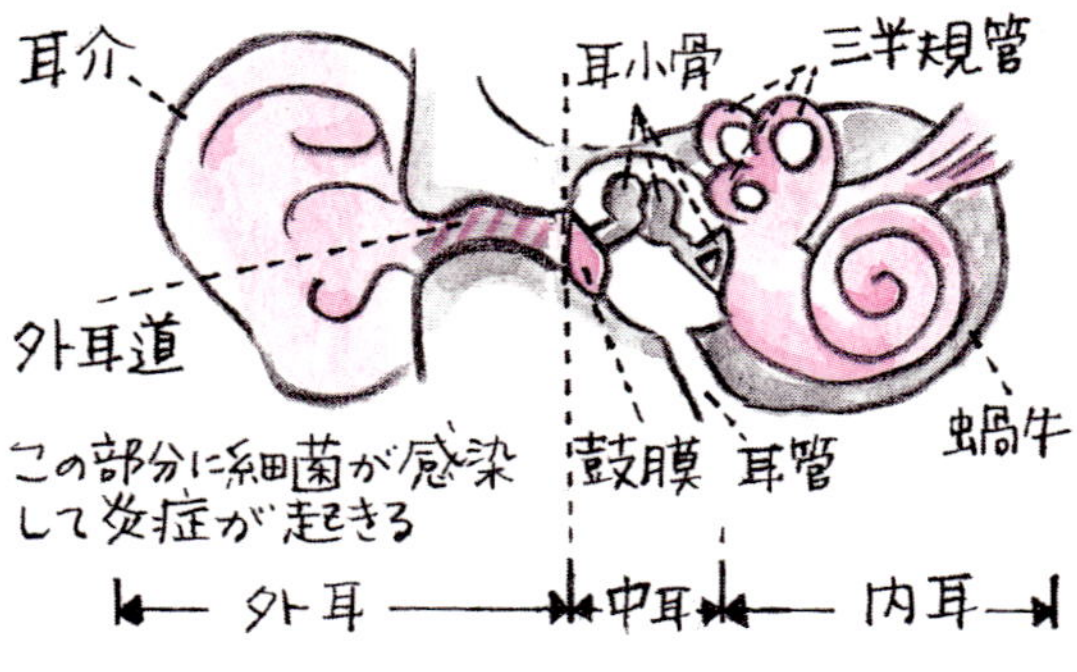

外耳炎は、外耳道が細菌感染することが原因。耳の入り口が狭くなり、耳の中におできが。

骨・関節の病気

先天性股関節脱臼《せんてんせいこかんせつだっきゅう》

大腿骨の先端が骨盤からはずれてしまう病気です

主な症状● 脚の長さ、開き具合が左右で違う

こんな病気 生まれつき股の関節が緩いことが原因です

生まれつき股の関節が緩く、大腿骨《だいたいこつ》の先端が骨盤からはずれてしまう病気です。片方だけ脱臼があるときは、脚の長さや脚の開き具合が左右で違います。両ひざを立てるとひざの高さが違う、あお向けにしたときに太ももの高さが違う、あお向けにしたときに太もものつけ根にできるしわの数が左右違うなどでわかります。

治療とホームケア 器具をつけて矯正します

疑わしい場合はX線検査を行います。診断がつけば、リーメンビューゲルというズボンつりのような装具をつけて矯正します。治らない場合は、股を引っ張ってギプスで固定したり、手術を行います。早期発見のため、3～4カ月健診（P.168参照）は必ず受けるようにしましょう。

おむつは股関節を開いた形で当てましょう。

筋性斜頸《きんせいしゃけい》

首にしこりができて、首が同じ方向に傾きます

主な症状● 首にしこりがある、同方向を向く

こんな病気 しこりができる原因は不明です

生後4～5日ごろから首の片側にしこりができます。だんだん大きくなって、2～3週間後に最も大きくなります。しこりの原因は不明です。首の筋肉の胸鎖《きょうさ》乳突筋《にゅうとつきん》が短縮して、赤ちゃんはいつもしこりがある方向と反対側を向くようになり、向きを変えてもまた同じ方向を向きます。9割以上は1年ほどで消えます。

治療とホームケア 頭の形が変形しないように工夫して

縮んだ筋肉を伸ばそうと、ママやパパが勝手にマッサージをしてはいけません。1年半～2年を経過しても首の傾きが治らない場合は、胸鎖乳突筋の腱を切る手術を行います。家庭では、顔を向けている側の背中からおしりにかけて、丸めたバスタオルを当て、同じ方向を向かないように工夫しましょう。ベッドの位置を変え、赤ちゃんの頭の向きを変えてあげてもいいでしょう。

首のしこりがないほうに赤ちゃんは顔を傾けます。

停留精巣《ていりゅうせいそう》（停留睾丸《ていりゅうこうがん》）

陰嚢の中に精巣が入っていない病気です

主な症状● 陰嚢に触れても精巣がない

こんな病気

はっきりとした原因は不明です

生まれるまで、赤ちゃんの精巣（睾丸）はおなかの中にあり、出産が近づくとだんだん下りてきて、生まれる直前に陰嚢内に収まっているのですが、精巣がおなかの中や鼠径部に留まっている状態を停留精巣（停留睾丸）と呼びます。原因は不明です。

片方だけ下りていないことが多く、陰嚢が片側だけ小さくて気づきます。陰嚢を触ってみると精巣に触れないので、はっきりわかります。

治療とホームケア

ほとんどの場合、3カ月ごろまでに治ります

ほとんどの場合、3カ月ごろまでに自然に下りてきます。長い間、精巣がおなかの中にとどまった状態にあると、大人になって精子をつくる能力が低下したり、がん化することがあります。

自然に下りてこない場合は、1才になるまでに、精巣を陰嚢内に下ろして固定する手術を行います。

陰嚢水腫《いんのうすいしゅ》

精巣を包んでいる陰嚢に水がたまり、大きく腫れます

主な症状● 陰嚢が腫れる

こんな病気

触っても痛がることはありません

精巣を包んでいる陰嚢の中に、水がたまる状態で病気ではありません。陰嚢が大きくなりますが、ほとんど片方だけで起こります。先天的な原因としては、胎児のときに腹腔《ふくこう》内にあった精巣が陰嚢内に下りてくるとき、腹腔との境がうまく閉じなかったときに起こります。精巣の炎症が原因になることもありますが、痛みはなく片方の陰嚢だけが腫れるので、気がつきます。

治療とホームケア

ほとんどの場合、成長とともに治ります

ほとんどの場合、成長とともに水が自然に体内に吸収されていくので、特別な治療は必要ありません。3才ごろまでに治らなかったり、2才以降に目立ってきたりした場合は、腹腔と陰嚢のつなぎ目を閉じる手術を行うことがあります。大きさが変化するときは、ヘルニアを合併していることがあります。

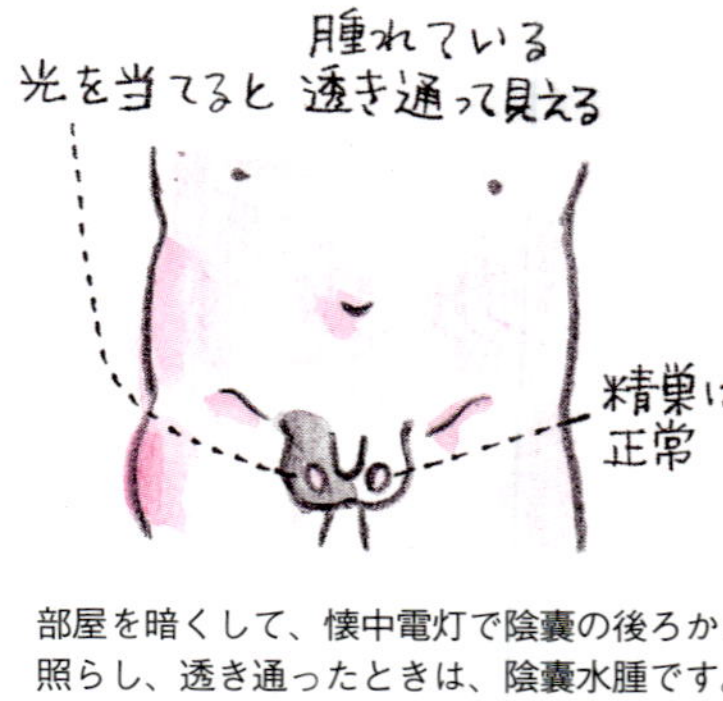

部屋を暗くして、懐中電灯で陰嚢の後ろから照らし、透き通ったときは、陰嚢水腫です。

亀頭包皮炎《きとうほうひえん》

陰茎の先が赤く腫れて痛みます

主な症状●陰茎の先が腫れる、膿が出る

こんな病気

亀頭と包皮の間が、赤く腫れます

陰茎の先の亀頭や包皮の間にあかがたまり、そこに細菌が繁殖して炎症を起こします。赤ちゃんや幼児の陰茎は、いつも先まで包皮をかぶっているので、そこに細菌が繁殖して炎症を起こしがち。陰茎の先が赤く腫れます。排尿時も痛がり、尿道が腫れてうまく出なかったり、陰茎の先から膿が出ることもあります。

治療とホームケア

抗菌薬の塗り薬や飲み薬を使います

包皮は成長とともに自然にむけるので、いずれこの病気は解消されます。炎症が気になるときは、その部分を消毒して抗菌薬の入った塗り薬や飲み薬を使えば、比較的すぐに治ります。

しかし、再発を繰り返すときは、包皮を切開する手術を行います。家庭では、性器を汚れた手で触らせないようにし、おむつを小まめに替えるようにしましょう。おふろのときは無理に包皮をむいたりせず、やさしく洗いましょう。

鼠径《そけい》ヘルニア《へるにあ》（脱腸）

泣いたり、いきんだりすると、鼠径部がふくらみます

主な症状●鼠径部、陰嚢がふくらむ

こんな病気

腸が鼠径部にはみ出す病気です

おなかの中にあるはずの腸が、太もものつけ根の鼠径部にある小さな穴から、鼠径部に飛び出すもので、いわゆる脱腸です。普段はふくらんでいませんが、排便のときや泣いたときなど、おなかに力が加わったときや、体を使って遊んだ日の夕方などにふくらみが目立ってきます。皮膚の上から触ると、やわらかいこぶのようで、痛みはありません。この病気は100人に2人くらいと比較的よく見られ、とくに男の子に多いのが特徴です。女の子では腸ではなく、卵巣が出ることもあります（卵巣ヘルニア）。

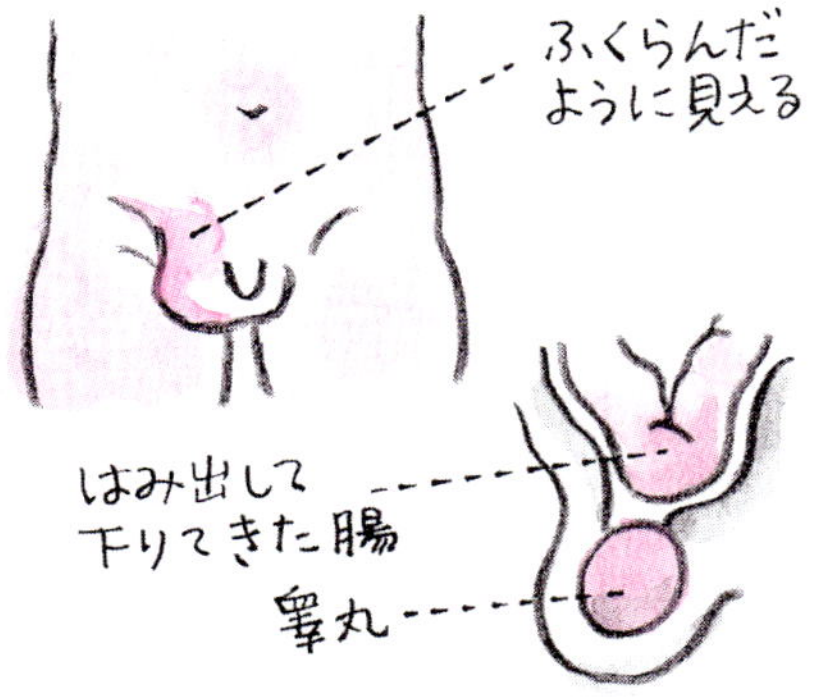

腸が太もものつけ根から飛び出します。皮膚の上から触ると、やわらかいこぶのよう。

治療とホームケア

定期的に受診をしましょう

初めて気がついたときは、受診しましょう。ヘルニアと診断されたら、定期的な診察が必要です。日常の生活は通常どおりで大丈夫です。1才ごろまでに30%は自然に治ります。何度もヘルニアが出るようなら手術を行います。腸が鼠径部に飛び出したまま戻らなくなってしまった状態が嵌頓《かんとん》ヘルニアです。飛び出した腸が根元のところで締めつけられるため痛みがひどく、赤ちゃんは激しく泣きます。その部分が壊死することもあるので、すぐに受診しましょう。

アレルギーの病気

アトピー性皮膚炎《あとぴーせいひふえん》

顔やひじの内側に、かゆみの強い湿疹ができます

主な症状●かゆみ、湿疹

こんな病気　アレルギー体質などが原因になります

慢性的に繰り返すかゆみの強い湿疹で、両親のどちらかにアトピー性皮膚炎、花粉症、ぜんそくなどアレルギー性の病気がある場合、アトピー性皮膚炎を起こしやすい体質を遺伝的に持っています。3～4カ月ごろまでは通常の乳児湿疹との区別が難しいことがありますが、頬、首のまわり、耳、胸などにかゆみの強い赤いブツブツが出ます。かき壊すと、ジクジクしてなかなか治りません。赤ちゃん時代はジクジクした湿疹ですが、1才を過ぎると乾いた湿疹になり、手足の関節の内側や足首にもできます。学童期や成人まで湿疹が続くことも。

ゴシゴシ石けんで洗うのは皮膚のバリアが壊れ、症状が悪化するためNG。

治療とホームケア　肌のバリアー機能を保つスキンケアを

アレルギーの原因物質は、口以外に荒れた肌からも侵入し、食物アレルギー反応を起こす物体がつくられます。そのため、肌を清潔にして保湿を行い、肌のバリアー機能を高めることが予防になります。ダニやハウスダストが原因になることもあるので、掃除もまめに。強いかゆみなら抗ヒスタミン薬を服用します。

気管支ぜんそく《きかんしぜんそく》

ハウスダスト、動物の毛などが原因で起こります

主な症状●呼吸の際にゼーゼーと音がする、呼吸が苦しい

こんな病気　気管支が狭くなり、呼吸が苦しくなります

ハウスダスト、動物の毛などのアレルゲンを吸い込むことによって発作的に症状が現れます。気管支が狭くなるため、息をするとゼーゼー、ヒューヒューと音がします。春先や初秋など、季節の変わり目で気温の変化が激しい夜に多く見られる傾向があります。

軽症の場合はせき込むだけですが、症状が進むと、ゼーゼーと肩を上下させて苦しそうな呼吸をします。1才以前にはっきりと診断するのは難しいようですが、必ず医師の精密な検査を受けましょう。

治療とホームケア　発作が起きないようにコントロールして

発作時には気管支拡張薬の内服、吸入、点滴などの治療を行います。また、気管支拡張薬や抗アレルギー薬の内服、ステロイド薬の吸入などで、発作が起きないようにコントロールします。ほかのアレルギーの病気と同じように、床をフローリングにする、家具のほこりを水ぶきするなど、ハウスダストや花粉などのアレルゲンを排除することも大切です。気管支ぜんそくは、10才を過ぎるころには軽くなり、治ることも多いのですが、成人

まで続くこともあります。

食物アレルギー《しょくもつあれるぎー》

下痢、じんましん、嘔吐などが起こります

主な症状● 下痢、嘔吐、じんましん、鼻炎、結膜炎

こんな病気　卵、牛乳、小麦などが原因になります

卵、牛乳・ミルク、小麦など、特定の食べ物（P.164参照）を食べると、嘔吐、下痢、じんましん、鼻炎や結膜炎などを起こします。腸管粘膜を保護する免疫グロブリンAが赤ちゃんには少なく、消化機能も未熟なために、食物の消化が不十分なまま吸収されてしまい、いろいろなアレルギー反応を起こします。小さな赤ちゃんでは下痢の症状として出てくることが多いのですが、食物アレルギーが原因とはわかりにくく、大きくなって別の症状が出て、検査でわかることも。

治療とホームケア　検査でアレルゲンを特定します

アレルギー反応を起こす原因（アレルゲン）を特定するためには、病院で血液検査などを行います。医師の診断や指導に基づいて、食事の献立を作るようにしましょう。ママの判断で勝手に食事や食材を制限すると、成長に必要な栄養がとれず、栄養障害を起こすことがありますので自己判断せず、医師の指示に従いましょう。

じんましん《じんましん》

アレルギーが原因で発疹が突然現れます

主な症状● 盛り上がった発疹、かゆみ

こんな病気　全身のどこにでもでき、強いかゆみが特徴です

境界線のはっきりしない赤い、時には白い皮膚の盛り上がりが突然現れます。大きさもさまざまです。全身どこにでもでき、強いかゆみを伴います。食べ物、薬、細菌、ウイルス感染、虫刺されなどによるアレルギーの一種と考えられていますが、原因の特定が難しいこともあります。

治療とホームケア　冷やしたタオルを当て、かゆみを和らげます

かゆみは冷たくしたタオルで冷やすと和らぎます。症状が出ているときは、抗ヒスタミン薬やステロイド薬入り軟こうなどのかゆみを鎮める薬が処方されます。じんましんを繰り返すときは、長期にわたって抗アレルギー薬を服用することもあります。原因となっているアレルゲンがわかれば、それを避けるのがいちばんですが、ただし、素人判断でアレルゲンを決めつけてしまうのは危険です。いたずらに食事を制限すると、成長に影響を及ぼす可能性もあります。

素人判断でアレルゲンを決めつけるのは禁物。病院で検査を受けてから対策を。

INDEX

索引

目次と併せてご利用ください。50音順に配列しています。

あ行

か行

さ行

た行

な行

は行

ま行

や行

ら行

わ行

たまひよ新・基本シリーズ
初めての育児 最新版

発　行　日　2016年３月31日　第１刷発行

編　　　者　ひよこクラブ編

発　行　人　山元倫明

編　集　人　坂井一之

発　行　所　株式会社ベネッセコーポレーション
〒206-8686 東京都多摩市落合1-34
お問い合わせ　0120-68-0145

印刷・製本　凸版印刷株式会社

ISBN978-4-8288-6786-1　C2077

乱・落丁本はお取り替えいたします。定価はカバーに表示してあります。